コンパクト解説 会社法
7

資金調達

伊藤 見富法律事務所【編】

商事法務

はしがき

　本書は、株式会社の資金調達について、押さえておくべきポイントを幅広く簡潔に記載した、実務家向け解説書です。

　株式会社の資金調達には、株式、新株予約権、社債、借入れ等の手法が存在し、それぞれに固有の商品性と手続があります。また資金調達を行う株式会社にも、成熟した上場会社からスタートアップのベンチャー企業までさまざまなステージがあり、株式にかかる譲渡制限の有無、機関設計の違い等によって適用される会社法上の規定も異なってきます。さらに、金商法や上場規則の適用を受ける場合、単に手続やスケジュールだけでなく商品性にまで深く影響を及ぼすことも少なくありません。

　本書では、会社法上の重要な論点について、できるだけ横断的かつ平易な解説をするとともに、実務上しばしば遭遇する典型的な条項や留意事項にも触れるように心がけました。金商法、上場規則、独禁法、外為法等の他の法令については紙数の関係から導入的な解説にとどまりましたが、これらについても触れることで見落としのない全体像の理解ができるよう努めました。

　また、横断的な理解を深めていただく観点から、株式会社のコーポレートファイナンス理論についての初歩的な解説も総論で触れています。一方で、自己株式の取得に関する規制、会社の計算、株式分割・併合、減資等については、資金調達でないことから扱いませんでした。新株予約権のうちストックオプションや買収防衛目的で発行されるものについても、やはり資金調達との関連性が乏しいため触れていません。

　本書の参考文献には、本書の執筆にあたり参考にさせていただいた書籍のみならず、初学者がさらに深く論点を勉強または調査するために必要あるいは有益と思われる書籍も一部掲載しました。

　本書の企画編集にあたりましては、株式会社商事法務の岩佐智樹氏、水石曜一郎氏および大藤大氏に多大なご指導をいただきました。改めましてここに感謝の意を表します。

　最後に、米国証券取引法についてモリソン・フォースター外国法事務弁護士事務所所属弁護士の細川兼嗣氏、本書の校正作業について当事務所弁護士の國峯孝祐氏および仲野覚成氏、また、商業登記や実務上の留意点全般について当事務所

コーポレートパラリーガルの高橋恵子氏のそれぞれから多大な協力をいただきましたことを申し添えます。

平成28年7月

伊藤　見富法律事務所
編著者
弁護士　**吉村龍吾**　　弁護士　**斎藤三義**
弁護士　**合田久輝**　　弁護士　**高　賢一**

目　次

第1章　総　論

- Q1　資金調達の方法 …… 1
- Q2　エクイティとデットの違い …… 2
- Q3　コーポレートファイナンス …… 4
- Q4　ハイブリッド型の資金調達 …… 6
- Q5　資金調達に関する規制 …… 7

第2章　エクイティによる資金調達

1　株式 …… 8

- Q6　募集株式の発行等、新株発行と自己株式処分、増資 …… 8
- Q7　募集株式の発行等の方法 …… 8
- Q8　授権資本制度 …… 10
- Q9　授権資本制度——4倍ルールとその適用時点 …… 11
- Q10　ダイルーション（希薄化）と新株発行等の規制 …… 13
- Q11　募集株式の発行等の手続 …… 14
- Q12　非公開会社における募集事項の決定——株主割当ての場合 …… 17
- Q13　非公開会社における募集事項の決定——第三者割当ての場合 …… 18
- Q14　公開会社における募集事項の決定——株主割当ての場合 …… 19
- Q15　公開会社における募集事項の決定——公募・第三者割当ての場合 …… 20
- Q16　公開会社における募集事項の通知 …… 21
- Q17　有利発行 …… 21
- Q18　払込金額の端数 …… 23
- Q19　外貨建て払込金額 …… 24
- Q20　現物出資の意義および規制 …… 24
- Q21　デットエクイティスワップ …… 25
- Q22　募集株式の申込み・割当て・引受け …… 26
- Q23　支配株主の異動を伴う場合 …… 28
- Q24　総数引受契約 …… 29
- Q25　投資契約 …… 31
- Q26　募集株式の発行等の効力発生、払込期日と払込期間の違い …… 33

- Q27 出資の払込みにおける注意点 ………………………………………… 33
- Q28 募集株式の発行等——株主総会決議が必要な場合 ………………… 33
- Q29 募集株式の発行等のスケジュール ……………………………………… 34
- Q30 募集株式の発行等の後の手続 …………………………………………… 36
- Q31 差止請求 …………………………………………………………………… 37
- Q32 著しく不公正な方法による発行の差止め …………………………… 38
- Q33 募集株式の発行等の無効・不存在確認の訴え ……………………… 39
- Q34 金銭出資の場合の関係者の民事責任 ………………………………… 40
- Q35 現物出資の場合の関係者の民事責任 ………………………………… 41
- Q36 仮装払込み ………………………………………………………………… 41
- Q37 募集株式の発行等と会社の計算 ……………………………………… 42

② 種類株式 ………………………………………………………………………… 43

- Q38 種類株式とは ……………………………………………………………… 43
- Q39 種類株式の種類の数え方 ……………………………………………… 45
- Q40 属人的定め ………………………………………………………………… 45
- Q41 種類株式発行の目的 …………………………………………………… 46
- Q42 剰余金の配当に関する異なる定め …………………………………… 47
- Q43 残余財産の分配 …………………………………………………………… 49
- Q44 議決権制限株式 …………………………………………………………… 50
- Q45 譲渡制限株式 ……………………………………………………………… 51
- Q46 取得請求権付株式 ………………………………………………………… 52
- Q47 転換価額の調整 …………………………………………………………… 54
- Q48 取得条項付株式 …………………………………………………………… 59
- Q49 全部取得条項付株式 …………………………………………………… 60
- Q50 拒否権付種類株式 ………………………………………………………… 61
- Q51 選任権付種類株式 ………………………………………………………… 63
- Q52 種類株式の発行手続 …………………………………………………… 64
- Q53 種類株式の有利発行 …………………………………………………… 65
- Q54 種類株式の上場 …………………………………………………………… 66
- Q55 種類株主総会決議 ………………………………………………………… 67
- Q56 種類株主総会の手続 …………………………………………………… 72
- Q57 種類株式と登記 …………………………………………………………… 73

③ 新株予約権 ……………………………………………………………………… 75

- Q58 新株予約権とは …………………………………………………………… 75
- Q59 新株予約権による資金調達 …………………………………………… 76
- Q60 新株予約権の内容 ………………………………………………………… 76

Q61	新株予約権の行使価額	77
Q62	行使価額の調整	78
Q63	新株予約権の発行の手続	79
Q64	新株予約権の発行のスケジュール	87
Q65	新株予約権の成立	88
Q66	新株予約権発行と定款変更	89
Q67	新株予約権の有利発行	89
Q68	新株予約権の割当てと支配株主の異動	90
Q69	新株予約権発行後の手続	92
Q70	新株予約権の行使	93
Q71	エクイティ・コミットメントライン	94
Q72	新株予約権付ローン	95
Q73	MSワラント	96
Q74	ライツオファリング	98
Q75	ライツオファリングの手続	99
Q76	新株予約権と会計処理	103

4 新株予約権付社債 …… 104

Q77	新株予約権付社債とは	104
Q78	新株予約権付社債の発行手続とスケジュール	105
Q79	新株予約権付社債の成立	113
Q80	新株予約権付社債発行と定款変更	113
Q81	新株予約権付社債発行後の手続	113
Q82	新株予約権付社債に付された新株予約権の行使	115
Q83	新株予約権付社債と有利発行	116
Q84	MSCB	117
Q85	新株予約権付社債の会計処理	119

第3章　デットによる資金調達

1 社債 …… 121

Q86	社債とは	121
Q87	社債の種類	122
Q88	CP・短期社債	124
Q89	社債の発行の手続	124
Q90	社債の発行のスケジュール	127
Q91	社債の募集事項	128

- Q92 社債に物的担保を付すための手続 130
- Q93 社債に人的保証を付すための手続 131
- Q94 振替社債 132
- Q95 社債管理者 133
- Q96 社債権者集会 135
- Q97 海外で発行される社債についての規制 137
- Q98 社債発行後の手続 138

2 借入れ等 139
- Q99 金銭の借入れに必要な機関決定 139
- Q100 保証・リース 140

第4章 会社法以外の規制

1 金融商品取引法による規制 142
- Q101 金商法上の規制 142
- Q102 発行開示制度 143
- Q103 有価証券届出書 145
- Q104 募集 146
- Q105 私募 149
- Q106 有価証券届出書提出前の取得勧誘の禁止 152
- Q107 有価証券届出書の提出時期 153
- Q108 有価証券届出書の効力発生および効力発生前の取得禁止 153
- Q109 有価証券届出書の記載内容等 154
- Q110 有価証券届出書の訂正 159
- Q111 有価証券通知書 160
- Q112 発行登録制度 161
- Q113 目論見書 162
- Q114 臨時報告書 163
- Q115 継続開示会社 165
- Q116 有価証券報告書 165
- Q117 米国証券法上の規制 166

2 金融商品取引所規則による規制 168
- Q118 金融商品取引所による規制 168
- Q119 適時開示制度 168
- Q120 資金調達を行う場合の適時開示 170
- Q121 第三者割当てによる株式等の募集の場合の適時開示 176

Q122	監査役、監査等委員会または監査委員会の適法性意見	179
Q123	第三者割当てにかかる上場制度	179
Q124	第三者割当てにおける割当予定先の反社会的勢力との関係の確認	181
Q125	第三者割当てにおける譲渡報告	182
Q126	MSCB等の発行	182
Q127	支配株主からの資金調達	184
Q128	支配株主等に関する開示	185
Q129	親会社等の決算情報の開示	187
Q130	エクイティ・ファイナンスのプリンシプル	187

③ 投資家に課される規制 189

Q131	投資家に課される規制の概要	189
Q132	独禁法上の留意点	190
Q133	外為規制	193
Q134	大量保有報告	198
Q135	親会社等状況報告書	200

編者・著者紹介 203

凡　例

1　法令等の略称　（　）はかっこの中で用いる場合

法	会社法
施行規則（施）	会社法施行規則
計算規則（計）	会社計算規則
金商法（金商）	金融商品取引法
金商法施行令	金融商品取引法施行令
開示府令	企業内容等の開示に関する内閣府令
定義府令	金融商品取引法第二条に規定する定義に関する内閣府令
大量保有府令	株券等の大量保有の状況の開示に関する内閣府令
開示ガイドライン	企業内容等の開示に関する留意事項
上場規則	上場会社に適用のある東京証券取引所等の金融商品取引所が定める規則
上場規程	東証が定める有価証券上場規程
上場規程施行規則	東証が定める有価証券上場規程施行規則
上場審査ガイドライン	東証が定める上場審査等に関するガイドライン
振替法（振替）	社債、株式等の振替に関する法律
担信法（担信）	担保付社債信託法
独禁法（独禁）	私的独占の禁止及び公正取引の確保に関する法律
届出規則	私的独占の禁止及び公正取引の確保に関する法律第九条から第十六条までの規定による認可の申請、報告及び届出等に関する規則
企業結合ガイドライン	企業結合審査に関する独占禁止法の運用指針
外為法（外為）	外国為替及び外国貿易法

直投令	対内直接投資等に関する政令

2　判例誌の略称

民集	大審院民事判例集・最高裁判所民事判例集
判時	判例時報
金判	金融・商事判例

3　その他の略称

東証	株式会社東京証券取引所
公取委	公正取引委員会
振替機構	株式会社証券保管振替機構

4　本書における用語の定義

非公開会社	発行する株式のすべてに譲渡制限を設けている会社。会社法上は「公開会社でない株式会社」等と表現されている。
公開会社	発行する株式の全部または一部に譲渡制限が設けられていない会社
取締役会設置会社	取締役会を置く株式会社または法の規定により取締役会を置かなければならない株式会社
発行会社	株式、新株予約権その他の有価証券を発行する会社
種類株式発行会社	2以上の種類株式を発行する株式会社
上場会社	東証等の金融商品取引所に株式を上場している会社
振替株式	上場株式等、振替法に基づき振替機関が振替制度で取り扱う株式

参考文献

相澤哲ほか編著『論点解説新・会社法――千問の道標』(商事法務、2006年)
江頭憲治郎『株式会社法〔第6版〕』(有斐閣、2015年)
神田秀樹『会社法〔第18版〕』(弘文堂、2016年)
伊藤靖史ほか『会社法〔第3版〕』(有斐閣、2015年)
宍戸善一監修・岩倉正和=佐藤丈文編著『会社法実務解説』(有斐閣、2011年)
長島・大野・常松法律事務所編『アドバンス会社法』(商事法務、2016年)
坂本三郎編著『一問一答平成26年改正会社法〔第2版〕』(商事法務、2015年)
山下友信編『会社法コンメンタール(3)――株式(1)』(商事法務、2013年)
山下友信編『会社法コンメンタール(4)――株式(2)』(商事法務、2009年)
神田秀樹編『会社法コンメンタール(5)――株式(3)』(商事法務、2013年)
江頭憲治郎編『会社法コンメンタール(6)――新株予約権』(商事法務、2009年)
岩原紳作編『会社法コンメンタール(7)――機関(1)』(商事法務、2013年)
森本滋=弥永真生編『会社法コンメンタール(11)――計算等(2)』(商事法務、2010年)
江頭憲治郎編『会社法コンメンタール(16)――社債』(商事法務、2010年)
江頭憲治郎=中村直人編著『論点体系会社法(1)』(第一法規、2012年)
江頭憲治郎=中村直人編著『論点体系会社法(2)』(第一法規、2012年)
江頭憲治郎=中村直人編著『論点体系会社法(3)』(第一法規、2012年)
江頭憲治郎=中村直人編著『論点体系会社法(5)』(第一法規、2012年)
江頭憲治郎=中村直人編著『論点体系会社法(補巻)』(第一法規、2015年)
酒巻俊雄=龍田節編代・上村達男ほか編『逐条解説会社法(3)』(中央経済社、2009年)
太田洋ほか編代『新株予約権ハンドブック〔第3版〕』(商事法務、2015年)
松井信憲『商業登記ハンドブック〔第3版〕』(商事法務、2015年)
中村直人編者『株主総会ハンドブック〔第4版〕』(商事法務、2016年)
武井一浩ほか編著・金子敦紀ほか著『資金調達ハンドブック』(商事法務、2008年)
森・濱田松本法律事務所編・戸嶋浩二著『新・会社法実務問題シリーズ・2 株式・種類株式〔第2版〕』(中央経済社、2015年)
森・濱田松本法律事務所編・安部健介=峯岸健太郎著『新・会社法実務問題シリーズ・3 新株予約権・社債〔第2版〕』(中央経済社、2015年)
橋本円『社債法』(商事法務、2015年)
西岡清一郎=大門匡編『商事関係訴訟〔改訂版〕』(青林書院、2013年)
東京地方裁判所商事研究会編『類型別会社訴訟Ⅱ〔第3版〕』(判例タイムズ社、2011年)
松尾直彦『金融商品取引法〔第4版〕』(商事法務、2016年)
中村聡ほか『金融商品取引法――資本市場と開示編〔第3版〕』(商事法務、2015年)

長島・大野・常松法律事務所編『アドバンス金融商品取引法〔第 2 版〕』（商事法務、2014 年）
黒沼悦郎＝太田洋編著『論点体系金融商品取引法(1)』（第一法規、2014 年）
岸田雅雄監修『注釈金融商品取引法(1)』（金融財政事情研究会、2011 年）
町田行人『詳解大量保有報告制度』（商事法務、2016 年）
根本敏光『大量保有報告制度の実務』（商事法務、2009 年）
鈴木克昌ほか『エクイティ・ファイナンスの理論と実務〔第 2 版〕』（商事法務、2014 年）
武井一浩監修・山中政人ほか著『上場会社のための第三者割当の実務 Q&A』（商事法務、2011 年）
西村総合法律事務所編『ファイナンス法大全〈上〉』（商事法務、2003 年）
東京証券取引所上場部編『東京証券取引所会社情報適時開示ガイドブック（2015 年 6 月版）』（東京証券取引所、2015 年）
田辺治＝深町正徳編著『企業結合ガイドライン』（商事法務、2014 年）
平山賢太郎「企業結合審査手続の現状と課題」ジュリスト 1451 号（2013 年）47 頁
日本銀行国際局国際収支課外為法手続グループ「外為法 Q&A（対内直接投資編）」（2016 年 4 月）
日本銀行国際局国際収支課外為法手続グループ「外為法 Q&A（資本取引編）」（2016 年 4 月）

第1章 総　　論

Q1　資金調達の方法

株式会社が行う資金調達にはどのような方法がありますか。

　株式会社が、会社の運営上資金が必要であるにもかかわらず、内部資金が不足している場合、または内部資金が不足していなくても内部資金を使用するよりも外部資金を調達した方がよいと判断した場合、会社の外部から資金を調達することとなります。その際、どのようなかたちで資金調達を行うかを検討することとなりますが、外部資金の調達手段としては、大きく分けて、エクイティ（Equity）による資金調達とデット（Debt）による資金調達が存在します。

　エクイティによる資金調達の主なものとしては、株式会社が発行する株式または新株予約権が挙げられます。これに対して、デットによる資金調達の主なものとしては、株式会社による借入れや社債が挙げられます。このほかにも、広義のデットによる資金調達としては、ファクタリング、割賦販売、手形割引等が挙げられます。また、エクイティの性質とデットの性質を兼ね備えたハイブリッド型の資金調達手段もさまざまなかたちで存在します。

　デットは投資家の立場から見て元本と利息相当分という定まったリターンしか得られないという意味でフィックストインカム（Fixed Income）ともいわれます。エクイティはデットに劣後するものの、ダウンサイドリスクは株主有限責任の原則から投資金額に限定されており、一方企業価値のアップサイドを総取りできるという性質を有します。

　一般的に、上場会社等、規模が大きい会社の場合は、市場からエクイティまたはデットの手法により調達するという選択肢を検討できますが、中小規模の会社の場合は、格付け等の関係から市場から調達するという選択肢は現実的でない場合が多く、主として銀行等からの借入れや関係者に対する株式の発行等により資金調達を行うことが多いといえます。

　なお、貸借対照表上の区分から、またエクイティの代表である株式はデットの残余を総取りするという点（residual right）で株式会社の「所有権」に近い性格

を有することから、エクイティを自己資本、デットを他人資本と呼ぶこともあります。

> **Q2 エクイティとデットの違い**
>
> エクイティによる資金調達とデットによる資金調達にはどのような違いがありますか。

典型的なエクイティによる資金調達（たとえば普通株式の発行）と典型的なデットによる資金調達（たとえば借入れ）とを比較すると、①法的性質、②リターンおよびリスク、③ガバナンスへの関与の方法および程度、④会計・税務上の取扱い等が異なります。

1 法的性質

株主は株式会社のいわば所有者であるのに対して、貸付人は株式会社の債権者にすぎません。また、株式会社と株主との間の関係は主として会社法の規定に基づき決せられるのに対して、借入人たる株式会社と貸付人との間の関係は、民法の契約自由の原則に基づき締結された借入人と貸付人との間の契約により決せられます。

2 リターンおよびリスク

エクイティとデットを投資家の立場から見ると、リターンおよびリスクの面で異なり、一般的に、エクイティはハイリスク・ハイリターン、デットはローリスク・ローリターンであるとされます。

(1) リターン

エクイティの場合、企業価値が向上すれば大きなリターンを得る可能性があるのに対して、デットの場合、リターンは企業価値の変動に関係なく原則として固定されています。

ア 利益の分配

株主は剰余金の配当請求権を有するところ、分配可能額がある場合は、分配可能額の範囲内である限り、その配当額に上限はなく、会社がその都度支払額を自由に決めることができます。これに対して、デットの債権者は分配可能額の有無にかかわらず、一定額の利息の支払いに限定されます。

イ 残余財産の分配

会社の清算時において、株主は株式会社の債権者に劣後し、債権者に対する弁済後の残余財産からしか分配を受けられないものの、残余財産については全額分配を受けることができます。これに対して、会社の清算時において、デットの債権者は、株主に先立ち会社財産から弁済を受けることができますが、当該弁済額

は元本と利息に限定されます。

　ウ　売却益・売却損

　上記の利益の分配および残余財産の分配の差異から生ずる自然な帰結として、会社の清算より前に、株主が第三者に株式を売却する際（これには第三者が株式会社を買収する場面を含みます）、企業価値が向上した場合はそれと相関関係があるかたちで株主が利益にあずかることができるのが通常であり、逆に企業価値が減少した場合は売却損が出ることとなります。デットの債権者は、会社の清算または債権の返済期限より前に株式会社の債権を第三者に売却する際、企業価値が著しく減少した場合は割り引いて売却せざるをえない場合があるものの、債権の譲渡金額は、企業価値の向上により原則として影響を受けません。

(2)　リスク

　エクイティの場合は、デットの場合と比べて、経営に参与していてリターンが大きくなる可能性があることの裏面として、企業価値が減少した場合には、その責任をとって、ダウンサイドも大きいのが通常です。これに対して、経営に直接的に関与しないデットについては、企業価値が減少した場合のリスクは相対的に小さいといえます。

　ア　返還義務の有無

　株式会社は、株主に対して株主が出資した金額の返還義務および配当の支払義務を法律上負いませんが、デットの債権者に対しては原則として元本の返済義務および利息の支払義務を負います。かかる支払義務を懈怠した場合には債務不履行（デフォルト）となります。エクイティについては原則としてデフォルトという概念はありません。

　イ　倒産時の優先劣後関係

　上記のとおり、株式会社の残余財産については、株主はデットの債権者より劣後した地位にあり、株式会社の倒産手続は株主ではなく債権者が主導的な役割を果たします。まずはデットの支払いが行われ、その支払い後残額がある場合に限りエクイティに対する支払いが行われるのが原則です。

　ウ　担保・保証の可否

　株式は債務ではないことから、被担保債務・被保証債務とはなりえず、担保権や保証を設定することができませんが、デットの場合、担保権や保証を設定することができます。デットは担保や保証の提供を受けることにより、株式会社が負担する上記の返済義務・支払義務をより確実なものとすることができ、倒産時にも優先的に弁済を受ける権利を有することとなります。

3　ガバナンスへの関与の方法および程度

　株主は、株式会社の所有者として、株主が株式会社から直接に経済的利益を受

ける権利である自益権のみならず、株主が株式会社の経営に参与しあるいは取締役等の行為を是正・監督する権利である共益権を有します。具体的には、株主は、株式会社の取締役を選任する権利を含め、株主総会において議決権を行使することにより株式会社の運営に関する重大な事項を決定する権利を有し、違法行為の差止請求権、取締役の解任請求権等、取締役の行為を是正・監督する権利およびそれを可能とするために株式会社から一定の情報を取得する権利を有します。

これに対して、デットの債権者の場合は、株式会社との間の契約に規定されているコベナンツ（誓約事項）により取締役の行為を拘束したり、期限の利益喪失事由として一定の事項を規定することにより取締役の行為に影響を与えたりするにすぎません。コベナンツとしては、たとえば、株式会社が一定の行為を行ってはならないとする不作為誓約、株式会社が債権者に対して一定の事項を報告する義務、株式会社が一定の財務指標を遵守しなければならないとする財務制限条項、株式会社が一定の行為を行わなくてはならないとするその他の作為誓約等が規定されることがあります。また、期限の利益喪失事由として一定の事項を規定し、その事由に該当することとなった場合、債権者はデットについて期限の利益を喪失させ、株式会社に早期に弁済させ、債権者が担保・保証の提供を受けている場合は、必要に応じてそれについて実行・履行請求することができます。このように、デットの債権者は会社法上株主に認められる権利は有しないものの、このような契約上の規定が、取締役の違法または不適切な行為に対する抑止力として機能しているといえます。

4 会計・税務上の取扱い

一般的に、エクイティは貸借対照表上、資本として取り扱われますが、デットは貸借対照表上、負債として取り扱われます。この違いは、自己資本比率を算定するにあたり特に重要となります。

税務の観点からは、株主への配当は税引後利益により支払われるため、課税所得から控除されませんが、一般に株式会社がそのデットの債権者に対して支払う支払利息は費用として損金算入され、課税所得から除外されることから、デットの方がエクイティより株式会社にとって税務上は有利です。

Q3 コーポレートファイナンス

最適な資本構成・資金調達を検討する際のポイントは何ですか。

レバレッジ・レシオ（Leverage Ratio）とは、企業のエクイティ（分母）に対するデット（分子）の割合を示す数値をいいます。一般にレバレッジ・レシオが高いということはエクイティ投資家から見れば少ない資本で高いリターンを狙うこ

とができ（レバレッジ効果）、逆にデット投資家からするとデットの回収リスクが高まることを意味します。

　資本市場が完全な市場として理想的に機能するという前提を置くとき、「レバレッジ・レシオの変動は企業価値に何の影響も及ぼさない」(Modigliani-Miller (MM) 理論) という説が存在します。しかし、実際はその前提と異なり、会社にとってどのような資本構成・資金調達が最適かを検討する際には、さまざまな要素を考慮に入れる必要があります。

1　完全ではない市場

(1)　情報の非対称性

　MM理論は、情報は偏在しないことを前提としていますが、実際には、経営者と投資家との間には、情報の非対称性が存在し、投資家の間でも情報の非対称性が存在します。そして、デットよりエクイティの方が、情報の非対称性による影響を受けやすいといわれています。

(2)　利害の不一致

　株主と債権者との間には潜在的な利益相反が存在し、経営者は、株主の利益を最大化するために、債権者の利益の犠牲のもと、過剰な投資を行う等の行為に及ぶ可能性があります。また、資金提供者の利益と経営者の利益も完全に一致しない場合があります。この点については、デットの場合は、必ず一定額の利息の支払いを行う義務があることから、経営者が余剰資金を自己の立場や利益のために使用する危険性が低いという考えがあります。

2　節税メリットと信用リスク

(1)　税務上の取扱いの違い

　株主への配当は税引後利益により支払われるため、課税所得から控除されませんが、一般に株式会社がそのデットの債権者に対して支払う支払利息は費用として損金算入され、課税所得から除外されることから、デットの方がエクイティより株式会社にとって税務上は有利です。

(2)　信用リスク

　デットの割合が大きければ大きいほど、信用リスクが増大します。そして、信用リスクが増大すると、利率が上昇する等追加の資金調達のコストが増加します。また、万一倒産した場合は、倒産手続を遂行するためにコストが発生することになります。

　以上から、資金調達をする株式会社の観点からは、信用リスクが過大にならない限り、節税メリットを最大限享受すべく、レバレッジ・レシオが高い方がよいという考え方があります。

3 投資家が重視する指標

会社の企業価値や株価が上昇するかは、投資家が企業の業績判断の指標として何を重視するかにもよります。

(1) 1株あたりの利益（Earnings Per Share）

企業の業績判断の指標として、1株あたりの利益を重視するのであれば、レバレッジ・レシオを高めることにより1株あたりの利益を高くできます。

(2) フリー・キャッシュ・フロー（Free Cash Flow）

フリー・キャッシュ・フローを重視するのであれば、支払利息の増加はキャッシュ・フローの額を圧迫するため、会社がレバレッジ・レシオを高めると、フリー・キャッシュ・フローの数値が悪くなります。

(3) EBITDA (Earnings Before Interest, Tax, Depreciation and Amortization)

対象企業の粗利益から支払利息、営業権の償却費、減価償却費、法人所得税等を差し引かないで対象企業の事業が生み出すキャッシュ・フローそれ自体を把握するEBITDAを重視するのであれば、会社がレバレッジ・レシオを高め、結果として支払利息が増加しても、その数値は悪化しません。

4 市場の状況・タイミング

市場の状況・タイミングによって、株価は異なり、利率も異なります。株価が高いときに株式を発行し、株価が低いときに自己株式を買い集め、利率が低いときに借入れを行うことが合理的といえます。

5 取引のコスト

会社が採用するエクイティまたはデットの手法によって、その取引を実施するにあたりかかる取引コストがどのくらいかも考慮に入れる必要があります。

Q4　ハイブリッド型の資金調達

ハイブリッド型の資金調達とはどのようなものですか。

エクイティとデットの混合または中間に位置するものとして、ハイブリッド（hybrid）やメザニン（mezzanine）と呼ばれるものがあります。従来はエクイティとデットに大別されていた資金調達手段も、株式会社のニーズにあわせてエクイティとデットの両方の性質を兼ね備えたものがさまざまなかたちで存在するようになり、実務上、資金調達の選択肢を多様化するものとして欠かせないものとなっています。

まず、その法的性質はエクイティであるが、その内容にデットの要素があるものがあります。たとえば、株式会社は、株式にかかる議決権、剰余金の配当または残余財産の分配等、会社法上規定されている一定の事項について、内容の異な

る種類株式を発行することができるところ、剰余金の配当および残余財産の分配に関する扱いについて普通株式より優先した内容を定めたり、議決権を一定程度制限したりする優先株式があります。

逆に、たとえば、その法的性質はデットであるものの、償還期限の定めのない劣後債である永久劣後債があります。このうち、①会社の収益状況が一定基準に満たないときは利払義務の延期が認められ、②債務超過の判断にあたり債務の額に算入されない等、何項目かの要件を満たすものは、金融機関のBIS規制上第二分類（Tier2）の資本項目と認められます。また株式会社の利益に応じた収益を得ることができる（利益に応じて利率が変動する）利益参加型社債もあります。

また、エクイティである新株予約権とデットである社債が不可分一体のかたちで組み合わされた新株予約権付社債があります。これには、エクイティに変換するときにデットが消滅する転換社債型のものと、金銭等当該デット以外の財産を出資する形で新株予約権が行使され、デットとエクイティが並存する（非分離型の）新株引受権型のものとがあります。

Q5 資金調達に関する規制

株式会社が資金調達を行う場合に、どのような規制がありますか。

エクイティには、会社法が適用されますが、株式会社が上場会社である場合、市場で行う場合または勧誘する相手の数等によっては、金商法や上場規則が適用されます。また、エクイティの割合やそれを取得する者の属性によっては、外為法や独禁法が適用されることがあります。

デットの場合、その権利関係は基本的には民法上の契約的規律となりますが、その機関決定については会社法の基本的な規定が適用されます。借入れには民事的強行法規としての利息制限法や業法としての貸金業法が適用され、社債には、会社法のほか、エクイティの場合と同様、株式会社が上場会社である場合や市場で行う場合、または勧誘する相手の数等によっては、金商法や上場規則が適用されます。

第2章　エクイティによる資金調達

1　株式

> **Q6　募集株式の発行等、新株発行と自己株式処分、増資**
>
> 募集株式の発行等とは何を指しますか。株式の発行と自己株式の処分とはどのように異なりますか。増資とは何を指しますか。

　会社法では、「株式の発行」（いわゆる通常の「新株発行」）と「自己株式の処分」をあわせて「募集株式の発行等」と称して同じ手続で規制しています。

　「新株発行」とは、会社法上の用語ではなく、発行済株式総数が増加する場合を総称する講学上の概念です。株式は、株式無償割当て、新株予約権の行使、取得請求権・取得条項・全部取得条項付株式の取得または企業再編の対価の交付等に際して発行される場合がありますが、本書では、それら以外の通常の新たな株式の発行を「新株発行」と呼んでいます。

　「自己株式の処分」とは、発行済株式総数を変動させることなく、会社が保有する自己株式を第三者に譲渡することですが、株主間の持株比率の維持や払込金額の適正といった既存株主のダイルーションに関する規制の観点（**Q10**参照）では新株発行と同様の効果を有することから、手続面を中心に法199条以下において新株発行と同一の規制に服します。本書では、新株発行と自己株式の処分をあわせて「新株発行等」と呼ぶことがあります。

　新株発行と自己株式の処分では、発行済株式総数が増加するかどうかの点以外に、会社の計算上大きな違いがあります（**Q37**参照）。新株発行は、資本金の増加を伴うことから、「増資」と呼ばれることがあります。

> **Q7　募集株式の発行等の方法**
>
> 株主割当て、公募、第三者割当てとはどのようなものですか。

1 募集株式の発行等の3類型

募集株式の発行等(**Q6**参照)は、会社法上、株式の割当てを受ける権利をすべての既存の株主に対して与える「株主割当て」(法202条)とそれ以外のものとに分類され、後者については、会社法上の用語ではありませんが、一般に、不特定・多数の者に対して株式の引受けの申込みの勧誘をして割当てを行う「公募」と、特定の第三者に対して引受けの申込みの勧誘をして割当てを行う「第三者割当て」に分類されます。

なお、公募と第三者割当てとは、後述のとおり募集の方法が異なるものの、会社法上の手続に差異はありません。もっとも、金商法上は「第三者割当」に関する定義が置かれており(開示府令19条2項1号ヲ)、公募とは異なる規制がなされています。また、上場規程においても、かかる金商法上の定義が準用されており(上場規程2条67号の2)、公募の場合と比べて要求される開示・届出等も異なります。

募集株式の発行等の方法

2 株主割当て

株主割当てにおいては、すべての既存の株主に対して、その保有する株式の数に応じて株式の割当てを受ける権利が付与されます(法202条1項、2項本文)。株主は、かかる権利に基づいて株式の引受けの申込みをするか、権利を行使せず引受けの申込みをしないかを選択することができます(株式会社の株主は、有限責任を負うにすぎないため、別途契約で合意しない限り、追加的な引受けを行う法律上の義務は負いません)。

株主割当ては、各株主の持株比率を維持することができること、また、対価となる払込金額が株式の時価と乖離していても、既存の株主に経済的損失が生じないことから(公募や第三者割当てにおいて時価よりも低い払込金額で株式の引受けが行われると、既存の株主に経済的損失が生じます。**Q17**参照)、各株主が持株比率の維持に関心を持ち、また、株式に市場価格がないために時価を算定することが困難な非公開会社における資金調達の方法として活用されています。もっとも、既存の株主は、引受けの申込みをしないと、持株比率の低下や既存株式の価値の低下による経済的損失を被るおそれがあり、株主は、これを避けるためには、本来

望まない引受けの申込みと払込みをせざるをえなくなります。

3 公募

公募においては、不特定・多数の者に引受けの申込みの勧誘を行い、割当てがなされます。広く投資家から資金を集めることに適しており、一般に、上場会社や株式の新規公開を試みる会社の資金調達に用いられます。

公募における払込金額は、上場会社の場合には原則として時価、すなわち株式の市場における価格である株価により決まりますが、株価は日々変動するため、実務上、募集事項の決定に際しては、具体的な払込金額ではなく、払込金額の決定方法を決定し、当該決定の方法を公告する方法が用いられています（法199条1項2号、201条2項）。

4 第三者割当て

第三者割当てにおいては、特定の第三者（既存の株主であるかどうかを問いません）に対してのみ、株式の割当てがなされます。第三者割当ては、純粋な資金調達を目的として行われる場合のほか、引受人との業務上の関係強化や、業績が不振な会社の救済等を目的として、業務提携の相手方、取引金融機関または投資ファンド等に対して行われる場合もあります。

なお、第三者割当ての手法は、実務上、株主割当てと同じ結果をもたらすために用いられることも多く見られます。たとえば、100％親会社に対する新株発行も通常は第三者割当ての方法でなされます。

Q8 授権資本制度

授権資本制度とは何ですか。

新株発行等の規律は、公開会社と非公開会社とで大きく異なります。その1つが授権資本制度に関する規制です。

授権資本制度とは、株式会社が発行することができる株式の総数（発行可能株式総数（法37条1項）。授権資本または授権株式数ともいいます）を定款で定めておき、その授権の範囲内で、取締役会決議等により、定款変更をすることなく株式を発行することができるという制度です。これは機動的な資金調達のために認められています。

授権資本制度においては、株主の持株比率の低下の限界を画するため、公開会社では、設立時には発行可能株式総数の少なくとも4分の1の株式を発行しなければならず（法37条3項）、また、後述の定款変更をする際にも発行済株式総数の4倍までしか発行可能株式総数を増加できません（法113条3項1号）（4倍ルールの適用時期と条件付決議の関係について**Q9**参照。種類株式との関係での発行可

能株式総数についてQ52参照。新株予約権との関係での発行可能株式総数についてQ66、69参照）。なお、非公開会社においては、このような制限はありません。

授権資本制度のもとでは、発行可能株式総数を超えて株式を発行するためには、株主総会の特別決議により、発行可能株式総数を増加するための定款変更が必要となります（法466条、309条2項11号）。

> **Q9　授権資本制度——4倍ルールとその適用時点**
>
> 　公開会社において、発行済株式総数の4倍を超えて株式を発行することはできますか。

1　公開会社における株式発行の4倍ルール

株式の発行は、発行可能株式総数の範囲内で行う必要がありますが、公開会社では、設立時には発行可能株式総数の少なくとも4分の1の株式を発行しなければならないため、発行可能株式総数を増加させない限り、発行後の発行済株式総数が発行前の発行済株式総数の4倍を超えることとなる株式の発行をすることはできません。

ただし、自己株式の消却（法178条1項）により発行済株式総数が減少している場合、発行可能株式総数は当然には減少しないため、発行可能株式総数が発行済株式総数の4倍を超えるという事態が生じえます。この場合には、発行前の発行済株式総数の4倍を超えることとなる株式の発行をすることができます。

そして、Q8で述べたとおり、発行可能株式総数を増加させるためには、株主総会の特別決議により定款変更（法466条、309条2項11号）を行う必要があります。しかしながら、公開会社では、定款変更後の発行可能株式総数は、発行済株式総数の4倍を超えることができないとされています（4倍ルール、法113条3項1号）。

2　条件付株主総会決議による定款変更

4倍ルールの基準となる発行済株式総数は、定款変更のための株主総会決議の時点ではなく、「定款の変更が効力を生じた時」において判断されます（法113条3項柱書）。定款変更のための株主総会決議時に、すでに株式の発行決議がされているような場合においては、当該株式の発行を停止条件として、発行可能株式総数を、当該株式の発行後の発行済株式総数の4倍以内の数に増加させる旨の定款変更をすることも可能であるとされています（最判昭和37・3・8民集16巻3号473頁）。

例：発行可能株式総数1万株、発行済株式総数7500株の場合

通常の決議

7500株（発行済株式総数）
1万株（発行可能株式総数）

←発行可能株式総数は、発行済株式総数の4倍を超えて増加できないため、発行可能株式総数は3万株までしか増やせない

↓

7500株（発行済株式総数）
3万株（発行可能株式総数）

条件付決議

7500株（発行済株式総数）
1万株（発行可能株式総数）

① 2500株の新株が発行されることを条件に発行可能株式総数増加の効力が発生するとの停止条件を付して定款変更の株主総会の特別決議を行う

↓

1万株（発行済株式総数）
1万株（発行可能株式総数）

↑定款変更の効力発生時点の発行済株式総数が基準となる

② 2500株の新株の発行により発行済株式総数が発行可能株式総数に達する

↓

1万株（発行済株式総数）
4万株（発行可能株式総数）

③ 2500株の新株が発行された時に定款変更の効力が発生するため、①の決議時における発行済株式総数（7500株）の4倍を超えて、4万株まで発行可能株式総数を増加できる

Q10 ダイルーション（希薄化）と新株発行等の規制

ダイルーションとは何ですか。公開会社と非公開会社では新株発行等の規制はどのように異なりますか。

1 ダイルーションとは

ダイルーション（希薄化）とは、新株発行等により既存株主が被る不利益を意味し、共益権の希薄化と経済的な希薄化の両方を含みます。具体的には、新株発行等がなされると、既存株主がそれまで有していた持株比率等が低下することがあります（共益権の希薄化）。さらに第三者割当増資の場合、新株発行等の1株あたりの発行価額によっては自己の有する既存株式に経済的損失が発生します（経済的な希薄化）。また時価を発行価額とする第三者割当てであっても調達資金の運用いかんによってはやはり1株あたりのリターンが低下するという意味での経済的な希薄化が既存株主に起こります。

第三者割当増資ではこのようなダイルーションが起こらざるをえません。株主割当増資であれば原則としてこのようなダイルーションは起こりませんが、意に沿わない増資に応じない場合には結果的にダイルーションが起こることになります（**Q12**参照）。新株発行等の規制は、これら既存株主の利益と会社の資金調達のニーズとを調整するものといえます。

2 新株発行等の規制（非公開会社の場合）

非公開会社における発行決議（募集事項の決定、**Q12**、**13**参照）は、株主割当てと第三者割当てのいずれの場合においても、発行の規模や払込金額等にかかわらず、原則として株主総会の特別決議によって行われます（法199条2項、202条3項4号、309条2項5号）。

非公開会社においては、閉鎖性を考慮して、持株比率に応じた株主割当ての方法が原則とされており（法202条1項・2項本文）、株主が申込み・引受けを行う限り、ダイルーションは起こりませんが、株主割当ての場合であっても、株主が持株比率を維持するために本来望まない募集株式の申込み・引受けをしなければならないおそれがあるため、原則として株主総会の特別決議が求められます。ただし、資金調達のための迅速な手続による決定のニーズの観点から、定款の定めにより取締役（取締役会設置会社においては取締役会）に決定を委ねることができます（同条3項1号・2号）。

また、第三者割当ての場合には、各株主の持株比率を変動させ、ダイルーションが起きるため、株主総会の特別決議が必要とされています。かかる決定権限については、株主割当てのように定款の定めをもっても取締役や取締役会に委ねる

3 新株発行等の規制（公開会社の場合）

一方、公開会社における発行決議は、授権資本制度のもと、発行可能株式総数の範囲内であれば、原則として、取締役会決議により行うことが可能です。ただし、公開会社であっても、経済的な希薄化を伴う有利発行については株主総会の特別決議が（**Q17**参照）、また、支配株主の出現を伴うような大規模なダイルーションをもたらす一定の場合には株主総会の普通決議が必要となっています（**Q23**参照）。さらに、授権資本を超える発行については定款変更手続が必要となるため、株主総会の特別決議が必要となります（**Q9**参照）。

Q11 募集株式の発行等の手続

募集株式の発行等を行うためには、どのような手続が必要ですか。

募集株式の発行等にあたっては、会社法上、下記の手続を経る必要があります（スケジュールの例については**Q29**を参照）。

募集株式の発行等を行うための会社法上の手続の概要

```
┌─────────────────────────┐
│      募集事項の決定       │
│       （発行決議）        │
└─────────────────────────┘
募集株式数、払込金額、出資の履行の時期、組み入れる資本金の額等を決定する
              ↓
┌─────────────────────────┐
│ 株主に対する募集事項の通知または公告 │
└─────────────────────────┘
決定された募集事項の内容を株主に知らせ、発行差止めの機会を与える
※一定の場合には不要
              ↓                              ↓
┌─────────────────────────┐      （総数引受契約の場合）
│ 募集株式の引受けの申込みをしようと │              ↓
│ する者に対する募集事項等の通知    │
└─────────────────────────┘      ┌──────────────┐
申込みをしようとする者に募集事項を通知  │ 総数引受契約の │
              ↓                    │    締結       │
┌─────────────────────────┐      └──────────────┘
│      募集株式の申込み     │      株式会社が募集株式を発行するにあたり、
└─────────────────────────┘      引受けをしようとする者との間で、発行
申込みをしようとする者の意思を確認する   される募集株式の全部を引き受ける旨の
              ↓                    契約を締結する
```

募集株式の割当て・通知
申込者の中から割当てを受ける者とその数を定め、申込者に通知する（なお、申込みを条件として発行決議と同時に割当ての決議を行うことも多い）

↓

募集株式の引受け
申込者は割当てを受けた数について引受人となる

↓

出資の履行
金銭出資の場合は金銭の払込み 現物出資の場合は現物出資財産の給付

↓

募集株式の発行等の効力発生
引受人は払込みをした日（払込期間を定めた場合）または払込期日に株主となる 出資の履行を行わなかった引受人は株主となる権利を失う

↓

発行後の手続等
株券の発行や商業登記等、株式の発行後に必要な手続を行う

1　募集事項の決定

　株式会社が募集株式の発行等を行う場合、募集事項等を決定する必要がありますが、割当ての方法や会社の機関設計等（公開会社であるか、取締役会設置会社であるか、指名委員会等設置会社や監査等委員会設置会社で取締役に委任がされているか等）によって、決定すべき事項および決定を行う株式会社の機関が異なります（**Q12～15**参照）。

2　株主に対する募集事項の通知または公告

(1)　株主割当ての場合

　株主割当ての場合は、申込期日の2週間前までに下記の事項について株主に対する通知を行う必要があります（法202条4項）。かかる通知は公告をもって代えることはできませんが、全株主の同意がある場合には省略することが可能です。なお、株主に株式の割当てを受ける権利を与えることについて基準日を設ける場合には、基準日の2週間前までに基準日設定公告（法124条3項本文）が必要ですが、株主の変動が少ない会社では基準日を定めないで手続を行うことも可能です。

① 募集事項（**Q12** 参照）
② 当該株主が割当てを受ける募集株式の数
③ 申込期日
(2) 株主割当て以外の場合

　公開会社においては、原則として、募集事項の決定を取締役会の決議によって行います（法 201 条 1 項、199 条 2 項）。そのため、募集事項の決定があったことを株主に知らせるため、払込期日または払込期間の初日の 2 週間前までに募集事項を通知または公告する必要があります（法 201 条 3 項・4 項）。ただし、上記時点までに金商法上の一定の開示書類（有価証券届出書、発行登録書または臨時報告書等）を提出している場合（当該募集事項に相当する事項が内容として含まれている場合に限られます）には、通知または公告をする必要はありません（法 201 条 5 項、施 40 条）。

　これに対し、非公開会社においては、募集事項の決定は原則として株主総会の特別決議により行われるため（法 199 条 2 項、309 条 2 項 5 号）、株主に対して募集事項の通知または公告を行う必要はありません。

3　募集株式の引受けの申込みをしようとする者に対する募集事項等の通知

　株式会社は、募集事項等の決定後、当該募集に応じて募集株式の引受けの申込みをしようとする者に対し、下記の事項を通知する必要があります（法 203 条 1 項、施 41 条）。ただし、かかる通知は、金商法 2 条 10 項に基づき上記の事項が記載された目論見書が交付されている場合その他一定の場合には不要です（法 203 条 4 項、施 42 条）。

① 株式会社の商号
② 募集事項
③ 金銭の払込みの場所
④ 発行可能株式総数
⑤ 株式の内容についての特別の定めがある場合（法 107 条 1 項）については当該株式の内容
⑥ 種類株式発行会社については、各種類株式の内容（法 108 条 1 項）
⑦ 単元株式数の定めがある場合は単元株式数
⑧ 一定の事項（譲渡制限付株式の譲渡承認機関等、施 41 条 5 号参照）につき定款の定めがある場合にはその規定
⑨ 株主名簿管理人を置く場合にはその氏名・名称および住所等
⑩ 定款に定められた事項（①ないし⑨を除く）で、申込みをしようとする者が通知を請求した事項

4　募集株式の申込み・割当て・引受け

募集株式の発行に際しては、募集株式の引受けにかかる申込みおよび割当てが行われ、引受人が決定されます（**Q22** 参照）。

5　出資の履行

募集株式の引受人が決定すると、出資の履行が行われます。

出資の履行が金銭によって行われる場合、引受人は払込期日または払込期間内に、株式会社が定める払込取扱場所において、払込金額の払込みを行います（法208条1項）。

これに対し、出資の履行が現物出資（**Q20** 参照）によって行われる場合、払込期日または払込期間内に、払込金額の全額に相当する現物出資財産を給付します（法208条2項）。

なお、この払込債務または給付債務について、募集株式の引受人が会社に対して有する債権を自働債権とする相殺を主張することはできません（法208条3項）。

引受人は、払込期日に出資の履行をした場合は当該期日に、払込期間内に出資の履行をした場合は当該出資の履行をした日に、出資の履行をした募集株式の株主になります（法209条1項各号）。

払込期日または払込期間内に出資の全額の履行が行われない場合、当該引受人は、募集株式の株主となる権利を失います（失権、法208条5項）。なお、引受人の一部が出資の履行を行わずに失権しても、当該募集株式の発行等は、他の引受人による出資の履行があった限度で成立します。

Q12　非公開会社における募集事項の決定――株主割当ての場合

非公開会社が行う株主割当てにおける募集事項の決定の手続はどのようなものですか。

1　決定すべき事項

株式会社が募集株式を引き受ける者の募集をしようとする場合、当該募集株式について、法199条1項各号に規定する一定の事項（募集事項）を定める必要があります。募集事項の決定は、割当ての方法を問わず、募集株式の発行等を行う際には必要となります。

募集事項として決定が必要となる事項は、発行または処分する募集株式の数、その対価および対価の支払時期、ならびに発行により生じる資本金等の変動に関する事項であり、具体的には下記のとおりです。

① 募集株式の数

② 募集株式の払込金額（募集株式1株と引換えに払い込む金銭または金銭以外の財産の額をいいます）またはその算定方法
③ 金銭以外の財産を出資の目的とするときは、その旨ならびに当該財産の内容および価額
④ 募集株式と引換えにする金銭の払込みまたは財産の給付の期日またはその期間
⑤ 増加する資本金および資本準備金（自己株式の処分の場合には資本金および資本準備金の変動は生じないため、株式を発行する場合にのみ定める必要があります）

また、募集株式の発行等が、株主割当ての方法により行われる場合は、上記の募集事項のほかに、下記の事項を定める必要があります（法202条1項）。
⑥ 株主に対して、申込みをすることにより募集株式の割当てを受ける権利を与える旨
⑦ 募集株式の引受けの申込期日

2 決定機関

非公開会社において、募集株式の発行が株主割当ての方法によって行われる場合、原則として、株主総会の特別決議（法202条3項4号、309条2項5号）が必要となりますが、定款において、かかる決定を取締役（取締役会設置会社でない場合）または取締役会の決定に委ねることも可能です（法202条3項1号・2号）。これは、非公開会社の株主は、通常、持株比率の維持に関心を有しており、株主割当てにおいて募集株式の引受けの申込みおよび払込みをしないと、ダイリューションによる不利益を受けるおそれがあるため、原則として株主総会の特別決議を要する一方、資金調達のため迅速な手続による決定に対するニーズの観点から、定款授権による取締役または取締役会による決定も可能とするものです。なお、かかる定款授権がない限り、株主割当ての場合は、法200条1項に基づき、株主総会の特別決議によって募集事項の決定を取締役または取締役会に委任すること（**Q13**参照）はできません（法202条5項）。

Q13　非公開会社における募集事項の決定――第三者割当ての場合

非公開会社が行う第三者割当てにおける募集事項の決定の手続はどのようなものですか。

1 決定すべき事項

募集株式の発行等が第三者割当ての方法により行われる場合、**Q12**で述べた①ないし⑤の募集事項を決定すれば足り、⑥および⑦の事項を定める必要はありま

せん。

2　決定機関

(1) 株主総会の特別決議（原則）

非公開会社が行う第三者割当てにおける募集事項の決定は、原則として、株主総会の特別決議により行います（法199条2項、309条2項5号）。株主割当てと異なり定款授権による取締役または取締役会への委任は認められません。

これは、株主割当てにおいては、すべての株主に対して募集株式を引き受ける権利が与えられるため、引受けの申込みおよび払込みを行いさえすればダイルーションによる不利益を避けることができるのに対し、第三者割当てにおいては、各株主の持株比率の変動を避けることができないためです。

(2) 取締役または取締役会への委任

もっとも、会社の置かれた状況次第では手続の柔軟化が求められる場合もあることから、株主総会の特別決議により、募集事項の決定を取締役（取締役会設置会社でない場合）または取締役会に委任することが認められています（法200条1項、309条2項5号、なお監査等委員会設置会社や指名委員会等設置会社の場合に取締役会から取締役ないし執行役に委任できることについて**Q15**参照）。

この場合、当該株主総会の特別決議により、当該委任に基づいて募集事項の決定をすることができる募集株式の数の上限および払込金額の下限を定めなければならず（法200条1項）、かかる下限が募集株式を引き受ける者に特に有利な金額（**Q17**参照）である場合には、取締役は、当該株主総会において、当該払込金額でその者の募集をすることを必要とする理由を説明しなければなりません（同条2項）。

上記委任は、募集事項のうち、払込期日または払込期間の末日が当該決議の日から1年以内の日である募集についてのみ効力を有します（法200条3項）。

Q14　公開会社における募集事項の決定──株主割当ての場合

公開会社が行う株主割当てにおける募集事項の決定の手続はどのようなものですか。

1　決定すべき事項

公開会社が行う株主割当てにおいても、非公開会社の場合と同様、**Q12**で述べた①ないし⑤の募集事項、ならびに⑥および⑦の事項を決定する必要があります。

2　決定機関

公開会社においては、上記募集事項等は、取締役会の決議によって決定されます（法202条3項3号）。これは、公開会社においては資金調達の機動性が重視

されるためです（監査等委員会設置会社や指名委員会等設置会社の場合に取締役会から取締役ないし執行役に委任できることについて Q15 参照）。

> **Q15　公開会社における募集事項の決定——公募・第三者割当ての場合**
>
> 　公開会社が行う公募・第三者割当てにおける募集事項の決定の手続はどのようなものですか。

1　決定すべき事項

(1)　原則

　募集株式の発行が公募・第三者割当ての方法により行われる場合、非公開会社における第三者割当ての場合と同様、Q12 で述べた①ないし⑤の募集事項を決定すれば足り、その他の事項を定める必要はありません。

(2)　公募におけるブックビルディング方式の場合

　公開会社が市場価格のある株式の募集を行う場合、株価が刻々と変動する中で適切な払込金額で発行を行う必要があるため、募集事項のうち募集株式の払込金額またはその算定方法については、これらに代えて、公正な価額による払込みを実現するために適当な払込金額の決定の方法を定めることができます（法 201 条 2 項）。ここでの決定の方法とは、たとえば、引受証券会社が投資家の需要の調査を行い、これにより把握した投資家の需要状況に基づき、払込期日までの期間にかかる相場の変動リスク等を総合的に勘案して払込金額を決定する方法（いわゆるブックビルディング方式）等が挙げられます。

　この場合、後述の募集事項の通知・公告においては、払込金額またはその算定方法に代えて、当該払込金額の決定の方法を通知・公告すれば足ります（法 201 条 3 項）。

2　決定機関

　公開会社が行う公募・第三者割当てにおける募集事項の決定は、原則として、取締役会の決議によって行われます（法 201 条 1 項）。なお、監査等委員会設置会社において、取締役の過半数が社外取締役である場合、または定款に取締役会の決議により重要な業務執行の決定の全部もしくは一部を委任できる旨の規定がある場合には、取締役会はその決議によって募集事項の決定について取締役に委任することができ（法 399 条の 13 第 5 項本文・6 項）、また指名委員会等設置会社の場合、取締役会はその決議によって募集事項の決定について執行役に委任することができます（法 416 条 4 項本文）。

　ただし、公開会社の場合でも、募集事項のうち払込金額が、募集株式を引き受ける者に特に有利な金額である場合には、株主総会の特別決議によって募集事項

を決定する必要があり（法201条1項、199条3項、309条2項5号）、かかる株主総会において、取締役は、当該払込金額でその者の募集をすることを必要とする理由を説明しなければなりません（法199条3項）（**Q17**参照）。

Q16　公開会社における募集事項の通知

公開会社が行う公募・第三者割当てにおける募集事項の株主に対する通知・公告の手続はどのようなものですか。

公開会社においては、募集事項が決定された場合、募集事項の決定があったことにつき、株主に対し、払込期日または払込期間の初日の2週間前までに募集事項を通知または公告する必要があります（法201条3項・4項）。前述のとおり、募集事項につき、払込金額またはその算定方法の決定に代えて公正な価額による払込みを実現するために適当な払込金額の決定の方法を定める場合には、株主に当該決定方法を通知または公告すれば足ります。

もっとも、当該期日までに金商法上の一定の開示書類（有価証券届出書、発行登録書または臨時報告書等）を提出している場合（募集事項が内容として含まれている場合に限られます）には、通知または公告を省略することができます（法201条5項、施40条）。

Q17　有利発行

有利発行とはどのようなものですか。また、有利発行の判定基準は上場会社と非上場会社でどのように異なりますか。

1　有利発行とは

前述のように、株主割当て以外の方法による募集株式の発行等においてはダイルーションが避けられず、払込金額が当該募集株式を引き受ける者に特に有利な金額である場合、既存株主の有する株式の価値の低下により、既存株主に経済的損失が発生します。そこで、このように特に有利な払込金額による募集株式の発行等にかかる募集事項の決定については、公開会社か否かを問わず（公開会社が行う第三者割当てにおける募集事項の決定は、原則として取締役会によって行われます。**Q15**参照）、株主総会の特別決議によることとされています（法199条3項、201条1項、309条2項5号、株主総会決議を欠いた有利発行の効力については**Q33**参照）。また、かかる株主総会において、取締役は、特に有利な払込金額でその者の募集をすることを必要とする理由を説明しなければなりません（法199条3項）。なお、理由の説明の目的は、株主に対しその議案に関する議決権行使の判断を行う

ため必要な資料を提供する点にあり、当該説明された理由が客観的合理性を欠くこと自体は、株主総会決議の取消事由にはならないと解されています。

2　上場会社における有利発行の判定基準

　法199条3項にいう「特に有利な金額」とは、公正な払込金額に比して特に低い金額であると解されています。

　ここでの公正な払込金額とは、株式の時価を指すものと考えられており、上場会社においては、その株式の直近の市場価格がこれに該当すると考えられています。もっとも、募集事項の通知等の日から払込期日までの間に市場価格が下落するリスクがあるため（募集株式の発行により市場に出回る株式が増えると（または増えることが判明すると）、需要と供給のバランスが崩れ、市場価値が下落するリスクがあります）、募集事項の決定時点における株式の市場価格よりも若干割り引いた払込金額であっても、なお公正な払込金額として認められるものと解されています。

　この点、最判昭和50・4・8民集29巻4号350頁は、公正な払込金額を定めるにあたっては、払込金額決定前の株価、この株価の騰落修正、売買出来高の実績、会社の資産状態、収益状態、配当状況、発行済株式数、新たに発行される株式数、株式市況の動向、これから予測される新株の消化可能性の諸事情を総合し、旧株主の利益と会社が有利な資本調達を実現するという利益との調和の中に求められるとしたうえで、原則として、発行価額決定直前の株価に近接していることが必要であるとしており、必ずしも払込金額と市場価格が一致することを要求していません。

　実務上も、時価を基準として、数％のディスカウントをした価格が払込金額とされるのが通常です。日本証券業協会による「第三者割当増資の取扱いに関する指針」（平成22年4月1日）においても、「払込金額は、株式の発行に係る取締役会決議の直前日の価額（直前日における売買がない場合は、当該直前日からさかのぼった直近日の価額）に0.9を乗じた額以上の価額であること。ただし、直近日又は直前日までの価額又は売買高の状況等を勘案し、当該決議の日から払込金額を決定するために適当な期間（最長6か月）をさかのぼった日から当該決議の直前日までの間の平均の価額に0.9を乗じた額以上の価額とすることができる」とされており、10％以内のディスカウントであれば、有利発行にはあたらないことを前提としています。この指針に沿っている限りは発行差止めの対象とならないであろうという意味で、この指針は実務上規範的な基準となっています。なお、この指針では、直前日株価の90％以上が原則の基準とされ、過去平均株価の90％以上を採用する場合には、直前日株価に比べて過去平均株価がより適切に株式価値を示していることに関する合理的な説明が必要と理解されます。

なお、特定の者が株式を買い占め株価が急騰しているときに現経営陣が対抗措置として第三者割当てを行うような場合において、異常な高騰を示している株価を有利発行の判断基準から除外するべきか、またその具体的算定の方法論についてはさまざまな考え方があり、統一見解は現時点では確立されていません。

3 非上場会社における有利発行の判定基準

上場会社における有利発行の判定が当該株式の市場価格を基準として行われるのに対し、非上場会社においては株式の市場価格がないため、有利発行の判定には困難が伴います。

一般に、市場価格のない株式の評価方法には、配当還元方式、収益還元方式、類似業種会社比准方式、資産価額方式等種々の方法があり、下級審裁判例においては、発行会社や引受人の具体的事情等によって異なる評価方式が採用されています。

この点、最判平成27・2・19民集69巻1号51頁は、非上場会社の株価についてはさまざまな評価手法が存在し、その選択にかかる明確な判断基準が確立されていないこと、および個々の評価手法においても幅のある判断要素が含まれていることを前提に、裁判所が事後的に他の評価手法や異なる予測値等を採用して有利発行性を判断することは取締役らの予測可能性を害するとしたうえで、「非上場会社が株主以外の者に新株を発行するに際し、客観的資料に基づく一応合理的な算定方法によって発行価額が決定されていたといえる場合には、その発行価額は、特別の事情のない限り、『特ニ有利ナル発行価額』には当たらないと解するのが相当である」と判示しました（なお、本判決は、平成16年に行われた新株発行に関するものであり、平成17年改正前商法の適用が問題とされています）。本判決は、発行当時の公正な株価を事後的に算定するのではなく、会社が実際に行った発行価額決定の判断を前提に、それが客観的資料に基づいて一応合理的な算定方法がとられていれば有利発行にあたらないという判断手法を示すものであり、取締役会に広い裁量を認めたものと評価されています。今後、本判決の示した判断手法のもと、「客観的資料に基づく一応合理的な算定方法によって発行価額が決定されていた」ことの認定においてどの程度の密度で検証がなされるのか、また、どのような場合に「特別の事情」が認められるかについては、留意が必要です。

Q18 払込金額の端数

募集株式の払込金額は端数が出てもかまわないでしょうか。

募集事項として決定される払込金額とは、「募集株式1株と引換えに払い込む

金銭又は給付する金銭以外の財産の額」をいうものとされていますが（法199条1項2号）、たとえば、募集株式300株につき払込金額の総額を1億円として募集株式の発行等を行いたい場合、1株と引換えに払い込む金額は33万3333.333……円となり、1円未満の端数が生じます。もっとも、ここでの「募集株式1株と引換えに払い込む金額又は給付する金銭以外の財産の額」は、整数であることまで要求されていませんので、払込金額に端数が出ても問題ありません。実務上は、「募集株式300株あたり1億円（1株あたり300分の1億円）」というように、払込金額を分数表記で併記して記載する方法が考えられます。

Q19　外貨建て払込金額

募集株式の払込金額を外貨建てで定めることはできますか。

募集株式の発行等に伴う資本金の計上に関する計算規則14条1項1号イは、外国の通貨をもって金銭の払込みを受けた場合には、払込みを受けた日の為替相場に基づいて円建てで資本金の増加額を計算することとしており、募集株式の発行等にあたって、払込金額を外貨建てで定めることも可能であると解されています。

Q20　現物出資の意義および規制

現物出資とはどのようなものですか。また、現物出資を行う場合にはどのような規制がありますか。

一般に、現物出資とは、動産、不動産、債権、有価証券、知的財産権、事業の全部または一部等の金銭以外の財産による出資をいいます。株式会社においては、労務による出資（引受人が将来のサービスを提供することを約束して、それを対価に株式会社が株式を発行すること）はできません。募集株式の発行等において、出資の履行が現物出資により行われる場合、募集株式の引受人は、払込期日または払込期間内に、株式会社に対して、払込金額に相当する現物出資財産を給付します（法208条2項）。

このような現物出資については、出資される現物財産の価値が過大に評価され、他の株主との公平や、会社の財産的基礎が害されることを防ぐため、株式会社は、原則として、募集事項の決定後、遅滞なく、募集事項として定めた現物出資財産の価額の調査のために検査役の選任を裁判所に申し立てる必要があります（法207条1項）。そして、選任された検査役は、現物出資財産の価額について必要な調査を行い、その結果を裁判所に対して報告します（同条4項）。実務上、検

査役として弁護士が選任されるのが通常であり、株式会社は検査役に対して裁判所の定める額の報酬を支払うことになります（同条3項）。裁判所は、検査役の報告を受け、現物出資財産の価額が不当であると認める場合には、これを変更する決定をしなければなりません（同条7項）。このような検査役の調査には、おおむね1か月から50日程度の期間が必要であるとされ、また上述のように報酬の支払義務が生じる等、検査役による調査には相当のコストがかかります。

　もっとも、下記のうちいずれかに該当する場合には、例外的に、かかる検査役による価額の調査が不要とされています（法207条9項各号）。

① 現物出資者に対して割り当てる株式の総数が発行済株式総数の10分の1を超えない場合
② 現物出資財産について募集事項として定めた価額が500万円を超えない場合
③ 現物出資財産が市場価格のある有価証券である場合において、当該財産について募集事項として定めた価額が、その決定日における市場での最終価格等（施43条）を超えない場合
④ 現物出資財産について募集事項として定めた価額の相当性につき、弁護士、公認会計士、税理士等の証明を受けた場合
⑤ 現物出資財産が株式会社に対する弁済期の到来している金銭債権である場合において、当該金銭債権について募集事項として定めた価額が、当該金銭債権にかかる負債の帳簿価額を超えない場合（Q21参照）

Q21　デットエクイティスワップ

デットエクイティスワップを行うにはどのような手続が必要ですか。

1　デットエクイティスワップとは

　デットエクイティスワップ（以下「DES」といいます）とは、債権の株式化、すなわち、債権者が株式会社に対して有する債権（デット）と当該株式会社の株式（エクイティ）を交換する（スワップ）ことを指します。現金出資と債務返済の両建て手続を簡便化するのみならず、債務者である株式会社にとっては、債務を減らし、資本を増やすことにより財務体質を改善することができ、債権者にとっては、債権による出資を行い、株主として企業の経営状態の改善に関与することができるというメリットがあり、会社の事業再生の一環としても用いられます。会社法上、DESは、①債務者である株式会社が第三者割当てによる募集株式の発行等を行い、②債権者が当該株式会社に対する債権を現物出資して株式の割当てを受けるという方法によって実現されます。したがって、第三者割当ての手続

に従うほか、後述のとおり、現物出資の手続を履践する必要があります。

2　必要な手続

現物出資については、Q20において述べたとおり、原則として、現物出資財産の価額に関する検査役による調査が必要ですが、DESについては、例外的に、当該金銭債権の弁済期が到来しており、かつ、募集事項として定めた価額が、当該金銭債権にかかる負債の帳簿価額を超えない場合にあたるときは、出資の対象となる金銭債権の価額に関する検査役の調査が不要となります（法207条9項5号）。

法207条9項5号は、DESを念頭に置いた規定であり、弁済可能性の低下により、実質的な価値の判断が難しい会社に対する債権であっても、検査役調査を不要とし、帳簿価額、すなわち名目的な価値にて評価することを認めるものです。弁済可能性の低下した債権の実質的な価値は、通常、名目的な価値よりも実質的な価値が低いものの、DESによる出資は、そのことのみを理由として有利発行に該当するという扱いはされません。

なお、上記のように検査役の調査が不要になるのは、出資の対象となる金銭債権の弁済期が到来している場合に限られますが、かかる債権の弁済期が到来していない場合でも、会社において期限の利益を放棄することで、同要件を満たすことができます。もっとも、会社が合理的理由なく恣意的に期限の利益を放棄することが、既存株主の利益に反する場合には、当該期限の利益の放棄を決定した取締役の任務懈怠責任（法423条1項）を生じさせる可能性があることに留意が必要です。

Q22　募集株式の申込み・割当て・引受け

募集株式の申込み・割当て・引受けの手続はどのようなものですか。

募集株式の発行等に際しては、募集株式の引受けの申込みをしようとする者に対して募集事項等の通知が行われます。申込みをする者は、これを受けて申込みをし、株式会社による割当てが行われることで、引受人が決定されます。

1　募集株式の申込み

募集事項の決定が行われると、株式会社は、引受けの申込みをしようとする者に対し、下記の事項の通知を行います（法203条1項）。

① 　株式会社の商号
② 　募集事項
③ 　金銭出資の場合における払込取扱場所

ただし、当該会社が金商法に基づき、上記の事項が記載された目論見書を交付している場合等、引受けの申込みをしようとする者の保護に欠けるおそれがない

ものとして法務省令で定める場合には、かかる通知は不要です（法203条4項、施42条）。

　かかる通知を受け、募集株式の引受けの申込みをする者は、①その氏名または名称および住所、ならびに、②引き受けようとする募集株式の数を記載した書面を会社に提出することで、申込みを行います（法203条2項）。募集株式が振替株式である場合は、引受けの申込みをしようとする者は、かかる書面に自己のために開設された当該振替株式の振替えを行うための口座を記載することも必要です（振替150条4項）。かかる申込みは、会社の承諾を得て、電磁的方法によっても行うことができます（法203条3項）。

2　募集株式の割当て

　会社は、上記の申込みを行った者の中から、募集株式の割当てを受ける者および割り当てる募集株式の数を定め（法204条1項）、払込期日の前日までに、申込者に通知を行います（同条3項）。かかる割当ての決定においては、株主割当ての場合を除き、募集株式の割当てを受ける者および割り当てる募集株式の数（ただし、申込みを受けた数以下に限られます）を、自由に決めることができ、このことを割当自由の原則といいます。もっとも、割当ての決定が、会社に対する支配権の維持や確立を目的として行われる場合、著しく不公正な方法による発行として、当該発行が違法となり、募集株式発行差止請求や新株発行無効の訴えの対象となる場合があります（**Q31**、**33**参照）。

　上記割当ての決定は、当該募集株式が譲渡制限株式（**Q45**参照）である場合は、定款に別段の定めがない限り株主総会の特別決議（取締役会非設置会社の場合）または取締役会にて行う必要があります（法204条2項、309条2項5号）。なお、申込みがなされることを条件として発行決議と同時に割当ての決定を行った場合には、割当てについて改めて機関決定を行う必要はありません（監査等委員会設置会社や指名委員会等設置会社の場合に取締役会から取締役ないし執行役に委任できることについて**Q15**参照）。

3　募集株式の引受け

　上記の手続を経て募集株式の割当てを受けた申込者は、株式会社が割り当てた数の募集株式について、引受人となります（法206条1号）。

4　総数引受契約の場合

　後述する総数引受契約（**Q24**参照）を締結する場合は、募集株式の申込みおよび割当てに関する規定が適用されません（法205条1項）。

Q23 支配株主の異動を伴う場合

支配株主の異動をもたらす募集株式の発行等については会社法上どのような手続が必要ですか。

1 支配株主の異動

法206条の2は、募集株式の割当て等により支配株主の異動が生ずる場合の特則といわれます。しかし、「支配株主の異動」とは、会社法上使用されている用語ではなく、本条においては、自らおよびその子会社等（法2条3号の2、被支配法人をいいます）とあわせて株式会社の総株主の議決権の過半数を保有する株主が新たに出現することをいいます。

なお、新株予約権の発行の際の同様の規律についての定義と異なり（Q68参照）、また、上場規程において使われている「支配株主」という用語は異なる定義となっている（Q120参照）ため留意が必要です。

支配株主の「異動」とは、上場規則における適時開示制度や金商法における臨時報告書提出事由等で使われる場合と異なり、新たに支配株主が出現する場合のみを念頭に置いており、既存の支配株主が支配株主でなくなる場合は含みません。発行会社の親会社等（法2条4号の2）に対する割当てや株主割当ての場合も支配株主の新たな出現ではないため含まれません（法206条の2第1項ただし書）。

2 支配株主の異動をもたらす場合の手続

かかる支配株主の出現をもたらす募集株式の発行等は、会社支配への影響が生じるため、公開会社においては、払込期日の2週間前までに、株主に対し、当該引受人（特定引受人）の氏名または名称および住所、引受後の当該引受人および総株主の議決権数その他一定の事項について株主に通知をするか、上記事項について公告をする必要があります（法206条の2第1項・2項、施42条の2）。ただし、当該会社が金商法上の一定の開示書類（有価証券届出書、発行登録書または臨時報告書等）の提出を行っている（当該募集事項に相当する事項が内容として含まれている場合に限られます）等、株主の保護に欠けるおそれがない場合については、かかる通知または公告をする必要はありません（法206条の2第3項、施42条の3、40条）。

また、総株主の議決権の10分の1以上の議決権を有する株主が当該通知・公告の日から2週間以内に、かかる引受人による募集株式の引受けに反対する旨を会社に対し通知したときは、会社は、払込期日（または払込期間の初日）の前日までに、株主総会の普通決議による承認を受ける必要があります（法206条の2第4項）。ここでの株主総会の決議は、議決権を行使できることのできる株主

の議決権の過半数(定款で3分の1以上の割合を定めた場合はその割合以上)の出席が求められます(同条5項)。ただし、当該公開会社の財産の状況が著しく悪化している場合において、会社の事業の継続のために緊急の必要がある場合は、かかる株主総会の承認を要しません(同条4項ただし書)。

なお、新株予約権の発行の際の同趣旨の規律は **Q68** で再度解説します。

法206条の2が適用されるかどうかの判定にあたって、新株予約権の行使等によって増加しうる株式数(潜在株式数)をどのように考慮するかというテクニカルな点にも留意が必要です。次の表で明らかなように、本条の適用の有無の判定にあたっては、分母分子ともに潜在株式数は一切考慮されません。

募集株式の発行が支配株主の異動をもたらす場合

①引受人が何も保有していない場合	$0.5 <$	$\dfrac{\text{当該引受人が引き受ける株式の議決権数}}{\text{現在の総株主の議決権数}+\text{引受人の全員が引き受ける株式の議決権数}}$
②引受人が株式を保有している場合	$0.5 <$	$\dfrac{\text{当該引受人が引き受ける株式の議決権数}+\text{当該引受人が現在保有する議決権数}}{\text{現在の総株主の議決権数}+\text{引受人の全員が引き受ける株式の議決権数}}$
③引受人が株式と新株予約権を保有している場合		
④引受人が新株予約権のみを保有している場合	$0.5 <$	$\dfrac{\text{当該引受人が引き受ける株式の議決権数}}{\text{現在の総株主の議決権数}+\text{引受人の全員が引き受ける株式の議決権数}}$

Q24 総数引受契約

総数引受契約とはどのようなものですか。

総数引受契約とは、募集株式の発行等にあたって、会社と募集株式を引き受けようとする者との間で締結する、その者が募集株式のすべての引受けを行う契約をいいます(法205条1項)。総数引受契約が締結された場合、募集株式の申込みおよび割当てに関する規定は適用されません。総数引受契約の対象となる募集株式が譲渡制限株式に該当する場合、定款に別段の定めがない限り、株主総会の

特別決議（取締役会設置会社においては取締役会の決議）によって、当該契約の承認を受ける必要があります（法205条2項、309条2項5号、監査等委員会設置会社や指名委員会等設置会社の場合に取締役会から取締役ないし執行役に委任できることについて**Q15**参照）。

　総数引受契約がなされる場合としては、第三者割当てによる募集株式の発行や、公募の際の買取引受方式により証券会社が唯一の引受人となる場合等が考えられます。

　なお、総数引受契約については、引受人が1名または1社であることは必ずしも求められておらず、引受人が複数いる場合であっても、実質的に同一の機会に一体的な契約で募集株式の総数の引受けが行われていれば、物理的に1通の契約書にまとめる必要はありません。実務上は、引受人全員が同一日付で同じ形式と内容（引受株式数等を除く）の契約を締結することが求められます。

総数引受契約の例

募集株式総数引受契約

　株式会社〇〇（以下「発行会社」という）および〇〇（以下「引受人」という）は、発行会社が［平成〇年〇月〇日付株主総会決議］［平成〇年〇月〇日付取締役会決議］に基づき下記のとおり募集する新株式について、引受人が当該新株式〇株を引き受けることにつき合意したので、ここに募集株式総数引受契約（以下「本契約」という）を締結する。

　(1) 募集株式の種類および数：　普通株式〇株
　(2) 募集株式の払込金額：　　　総額金〇円（1株につき金〇円）
　(3) 払込期日：　　　　　　　　平成〇年〇月〇日
　(4) 増加する資本金の額：　　　金〇円（1株につき金〇円）
　(5) 増加する資本準備金の額：　金〇円（1株につき金〇円）
　(6) 募集株式の割当先：　　　　引受人：〇株
　(7) 払込みを取り扱う銀行およびその取扱店
　　　　（取扱場所）〇〇
　　　　（名　　称）〇〇
　　　　（口　　座）〇〇

　本契約締結の証として、本契約書2通を作成し、発行会社および引受人のそれぞれが、署名または記名押印の上、各1通を保有する。

平成〇年〇月〇日

　　　　　　　　　　　　　　　　　　　　　　発行会社：
　　　　　　　　　　　　　　　　　　　　　　引受人：

Q25 投資契約

募集株式の発行等にあたり締結される投資契約にはどのような内容が定められますか。

募集株式の発行等にあたり、株式の引受けに関する投資契約（株式引受契約、出資契約といった名称の場合もあります）が締結されることがあります。投資契約の締結主体は、発行会社と引受人であることが多く見られますが、発行会社の経営者や他の主要株主も投資契約の当事者となることがあります。もっとも、株式の引受けに関する内容のみ投資契約に規定し、株主である発行会社の経営者やその他の株主との利害調整については、別途、他の株主も含めた株主間契約を締結するケースもあります。

かかる投資契約は契約上の効力しか持ちません（すなわち投資契約の違反行為がただちに当該行為の無効を意味せず、また違反の救済も多くの場合損害賠償に限られます）が、デフォルトルールとしての会社法の規定を一定限度で修正し補うために、実務的には頻繁に利用されます。株式会社が種類株式、新株予約権および新株予約権付社債を発行する場合においても同様です。

1 投資契約を締結する目的

募集株式の発行等にあたり投資契約が締結される目的は、①株式引受けに際しての引受人のリスクのヘッジ、②発行会社のガバナンスの確保、③引受人の投下資本回収に関する権利の確保、④引受人保有株式に対するロックアップ等の点が挙げられます。

2 投資契約において定められる条項

上記の目的を実現するために、投資契約においては、下記のような条項がよく見られます（なお、いわゆるみなし清算条項について **Q43** 参照）。

投資契約の代表的な条項

資金使途制限	払い込まれた資金の使途を限定する条項です。
払込の前提条件	投資契約では、払込みの前提条件を規定し、前提条件が満たされなかった場合には、引受人は払込義務を負わない旨が規定されます。具体的には、①表明保証や義務違反の不存在、②株式発行に必要な手続の完了、③発行会社の事業に重大な悪影響を与える事象の不存在等の事項が前提条件とされます。
表明保証条項	表明保証条項とは、契約の相手方に対し、一定の事実が真実かつ正確であることを表明し、保証するものです。投資契約の場

	合、引受人にとっては、発行会社に経営状況等についての表明保証をしてもらうことが重要となります。発行会社が表明保証条項に違反した場合、引受人は、発行会社に対し、補償条項に基づく損害賠償請求や契約上の株式買取請求を行うことができるとされることがあります。このような条項により、引受人は投資におけるリスクをヘッジすることができます。
会社の運営に関する条項	投資契約では、発行会社のガバナンスを確保するための条項、具体的には、①役員選任権、主要会議体へのオブザーバー参加権、②一定の事項についての、引受人の事前承諾・引受人に対する事前通知、③経営に関する情報へのアクセス権や監査権等に関する条項が規定されます。これらの条項により、引受人は発行会社の経営をモニタリングし、ガバナンスを確保することができます。
投下資本回収に関する条項	投資契約では、引受人の投下資本回収の機会を確保する条項が定められます。代表的なものとしては、たとえば、発行会社や経営者株主に対する株式買取請求権に関する条項が挙げられます。種類株式を使ったメザニン投資の場合には、引受人の金銭を対価とする取得請求権を確保するために、分配可能額の維持や、引受人が要求した場合には減資を行って分配可能額を確保する義務が規定されることがあります。また、経営者がその保有する株式を第三者に売却する際の tag-along right（引受人が保有する株式についても共同して売却することの請求権；co-sale right ともいわれます）、また引受人が保有する株式を売却する際の drag-along right（経営者が保有する株式についても同時に売却することの請求権）といった、引受人の投下資本の回収を容易にする条項が設けられることがあります。
希薄化防止条項	引受人の持株比率（完全希薄化ベースで定められることもあります）を維持するため、新たなエクイティの発行に際して持株比率に応じた引受権を付与する条項が定められることもあります。
経営者の義務	経営者の義務として、競業避止義務、職務専念義務、退任の制限等を定める条項、経営者の保有株式の無承諾譲渡禁止や先買権（first refusal right：経営者が株式売却を希望する際に引受人が優先して購入できる権利）が設けられることもあります。
ロックアップ	引受人の保有する株式について発行会社や他の株主の事前承諾のない売却や担保差入れ等の処分を禁止する条項です。またロックアップを定めなくても、引受人の保有する株式の処分について経営者等や発行会社に優先的購入権や先買権等を付与することもあります。

Q26 募集株式の発行等の効力発生、払込期日と払込期間の違い

募集株式の発行等の効力はいつ発生しますか。

募集株式の発行等において、出資の履行をした引受人は、払込期日が定められている場合には当該払込期日に（法209条1項1号）、払込期間が定められている場合においては、出資の履行をした日に（同項2号）、当該株式の株主となり、募集株式の発行等の効力が生じます。

したがって、払込期間を定めた場合に払込日が異なる株主については、募集株式の発行等の効力発生日が異なるため、株主名簿における株式取得日（法121条3号）が異なることとなるほか、新株発行の商業登記にあたっても差異が生じます（**Q30**参照）。

Q27 出資の払込みにおける注意点

払込みに際して気をつけるべき点としてどのようなものがありますか。

出資の払込みに際しては、払込期日または払込期間内に払込金額の全額を払い込まなければならないため（法208条1項）、払い込んだ金額が不足する場合や、払込期日または払込期間後に払込みをする場合は、払込みとして認められないことから、募集株式の発行等の効力が発生せず、当該引受人はその全部について失権してしまいます（同条5項）。

したがって、送金手数料、為替手数料もしくはリフティングチャージ等の手数料の控除または為替レートの変動を原因として、振込金額が払込金額に満たないことにならないよう留意する必要があります。また、海外から送金を行う場合、着金までに要する期間を考慮し、払込期日または払込期間内に払込みが完了するように注意する必要があります。

Q28 募集株式の発行等——株主総会決議が必要な場合

募集株式の発行等にあたり株主総会が必要なのはどのような場合ですか。

募集株式の発行等にあたり株主総会が必要となるのは以下のとおりです。なお、種類株式を発行するための手続（**Q52**参照）や種類株式発行会社の場合の種類株主総会の要否に留意が必要です（**Q55**参照）。また、第三者割当てにかかる企業行動規範上、株主総会の意思確認決議を経る場合があります（**Q123**参照）。

1 非公開会社・公開会社共通
　① 定款変更により発行可能株式総数を増加する場合（法113条3項、466条、309条2項11号）
2 非公開会社の場合
　① （株主割当ての場合を除き）募集事項を決定する場合（特別決議、法199条2項、309条2項5号）
　② （株主割当ての場合を除き）募集事項の決定を取締役（取締役会設置会社においては取締役会）に委ねる場合（特別決議、法200条1項、309条2項5号）
　③ 株主割当てにおいて、募集事項を決定する場合（特別決議、法202条3項4号、309条2項5号）（ただし、取締役の決定または取締役会の決議によって定めることができる旨の定款の定めがある場合を除く。法202条3項2号）
　④ 取締役会非設置会社において、譲渡制限株式である募集株式の割当てを決定する場合（特別決議、法204条2項、309条2項5号）
　⑤ 取締役会非設置会社において、譲渡制限株式である募集株式について総数引受契約を締結する場合（特別決議、法205条2項、309条2項5号）
3 公開会社の場合
　① （株主割当ての場合を除き）有利発行における募集事項を決定する場合（特別決議、法201条1項、199条3項、309条2項5号）
　② 支配株主の異動をもたらす募集株式の発行について、総株主の議決権の10分の1以上の議決権を有する株主がかかる引受人による募集株式の引受けに反対する旨を会社に対し通知したときにおける承認（普通決議、法206条の2第4項、309条1項）

Q29　募集株式の発行等のスケジュール

募集株式の発行等を第三者割当てで行う際のスケジュールとはどのようなものですか。

1 募集株式の発行等のスケジュール

下記は、上場会社が第三者割当ての方法により募集株式の発行等を行う場合のスケジュールの例です。

第三者割当てによる新株発行のスケジュールの例（東証に上場している普通株式、有利発行にあたらない場合、参照方式（または組込方式）で待機期間を中15日とした場合）

日付	会社法上の手続	金商法上の手続	東証の開示ほか
8/9		財務局に事前相談	
8/13			東証に事前相談
8/23	募集事項の決定（取締役会決議）	参照方式（組込方式）による有価証券届出書の提出	適時開示 振替機構への発行事項の通知
9/8	申込期日	届出の効力発生	
9/9	割当ての決定（取締役会決議） 割当内容の通知	目論見書の交付	
9/10	払込期日 出資の履行		新規記録通知データの通知
9/12			新規記録
9/24	変更登記		

2　公開会社における第三者割当てによる募集株式の発行等の最短期間

　会社法上、公開会社における第三者割当てにかかる手続のうち、日程上の制限があるのは、①払込期日の2週間前までに行う必要のある株主に対する募集事項の通知または公告、および、②払込期日の前日までに行う必要のある募集株式の割当ての通知です。

　このうち、①については、株主に募集株式の発行等の差止めの機会を与える趣旨であるため、株主全員の同意により省略することができます。また、②については、総数引受契約を締結する場合には適用がなく、不要となります。したがって、会社法上、上記の方法により、第三者割当てにかかる手続をすべて同日付で行うことで、即日で第三者割当てを行うことができます。もっとも、上場会社その他の継続開示会社においては、有価証券届出書の提出、効力発生までの待機期間、東証や財務局との事前相談等があるため、即日での発行はできません。

3　非公開会社の場合

　非公開会社が募集株式の発行を行う場合には、上記スケジュールにおける金商法上の手続および東証の開示に関する手続は不要です（金商法上の手続については、金商法上の「募集」（Q104参照）に該当しないことを前提とします）。また、非公開会社においては、募集事項の決定が株主総会の特別決議によって行われるため（法199条2項、309条2項5号）、株主に対する募集事項の通知または公告（なお、上記スケジュールにおいては、払込期日の2週間前までに募集事項を記載した有価証券届出書が提出されているため省略されています）も不要となります。なお、非公

開会社においては株主総会の特別決議が必要となりますが、株主全員からの招集期間短縮・招集手続省略の同意や書面決議等を活用して株主総会の招集手続や株主総会決議の行い方を工夫することにより短期化が可能であり、総数引受契約締結の手法をあわせることにより、即日で第三者割当増資を行うことが可能です。

Q30　募集株式の発行等の後の手続

募集株式の発行等後の手続としてどのようなものがありますか。

1　株券発行会社における株券の発行

株券発行会社においては、株式を発行した日以後遅滞なく、当該株式にかかる株券を発行しなければなりません（法215条1項）。ただし、非公開会社においては、株式譲渡が頻繁ではないことから、株主から請求があるときまでは、株券を発行しないことができます（同条4項）。株券の記載事項は以下のとおりです（法216条）。

① 発行会社の商号
② 当該株券にかかる株式の数
③ 譲渡による当該株券にかかる株式の取得につき発行会社の承認を要するときはその旨
④ 種類株式発行会社の場合は当該株券にかかる株式の種類および内容
⑤ 株券の番号

2　株主名簿への記載または記録（振替制度を利用する会社以外の場合）

会社は、募集株式の発行等により株主となった者にかかる下記の株主名簿記載事項（法121条）を株主名簿に記載・記録します（法132条1項1号・3号）。

① 株主の氏名または名称および住所
② 株主の有する株式の数（種類株式発行会社にあっては、株式の種類および種類ごとの数）
③ 株主が株式を取得した日
④ 株券発行会社である場合には株式にかかる株券の番号

3　株式振替制度

平成23年1月に振替法が施行されて以降、金融商品取引所に上場されている株式（上場株式）については、株券が廃止され、株主の権利の管理は、振替機構および証券会社等に開設された口座において電子的に行われることとなりました（いわゆる株券の電子化）。

振替制度のもと、上場会社の株式が発行された場合には、引受人の指定する口座に振替株式を新規記録するための手続（新規記録手続）が必要となります。具

体的には、会社は、振替株式を発行した日以後、遅滞なく、下記の事項等の通知（新規記録通知）をしなければなりません（振替130条1項、社債、株式等の振替に関する命令11条）。

① 当該発行にかかる振替株式の銘柄
② 当該振替株式の株主である加入者の氏名または名称
③ 当該加入者のために開設された振替口座
④ 加入者ごとの振替株式の数
⑤ 当該発行にかかる振替株式の総数および株式の内容
⑥ 新規記録をすべき日

振替制度を利用している会社においては、会社が株主総会の開催や剰余金の配当等を行うために権利行使者を決定するための一定の日（基準日）を定めた場合に、振替機関が会社に対し、当該一定の日の振替口座簿に記載された株主の氏名または名称、住所、保有株式の種類および数等を通知することとされており（総株主通知、振替151条1項）、かかる総株主通知を受けた会社は、通知された事項を株主名簿に記載・記録します。

なお、自己株式の処分がされた場合においては、会社から引受人に対して自己株式が交付されるため、会社は、当該振替株式について振替の申請を行うことになります。

4 登記

新株発行がなされると、登記事項である発行済株式の総数、種類および数、ならびに資本金の額が増加するため（資本金の増加につき **Q37 参照**）、新株発行の効力発生日から2週間以内に、本店所在地において変更登記をする必要があります（法915条1項）。当該変更登記は、払込期日を定めた場合は、払込期日から2週間以内に行う必要があります。払込期間を定めた場合は、出資の履行日が異なる複数の株式引受人について異なる日付の登記原因により数回の変更の登記申請を行うこともできますが、煩雑にすぎるため、当該払込期間の末日現在までの変更分を一括して登記申請しても差し支えなく、その場合は、当該末日から2週間以内に登記申請を行う必要があります（同条2項）。

なお、自己株式の処分の場合は、発行済株式の総数、種類および数、ならびに資本金の額に変更が生じないので、登記手続は不要です。

Q31　差止請求

募集株式の発行等の差止めはどのような場合に認められますか。

法210条は、①募集株式の発行等が法令または定款に違反する場合（1号）、

および、②募集株式の発行等が著しく不公正な方法により行われる場合（2号）において、既存株主が不利益を受けるおそれがあるときに、既存株主の請求により、当該募集株式の発行等を差し止めることを認めています。会社に損害が生じるおそれは要件ではありません。

法令または定款に違反する場合としては、法令や定款によって必要となる手続に違反して発行等がなされる場合や、発行可能株式総数を超えて発行がなされる場合等が考えられ、実務上、公開会社において、有利発行に該当するにもかかわらず株主総会の特別決議を経ていないとの主張に基づき差止めの請求がなされることが見受けられます。著しく不公正な方法により行われる場合としては、支配権の帰すうへの影響を目的として株式の発行を行おうとする場合等が挙げられます（判断基準について **Q32** 参照）。

また、既存株主が不利益を受けるおそれとしては、株式価値の希薄化による経済的不利益や、持株比率の減少等により株式の共益権的利益が損なわれる場合等が挙げられます。

なお、募集株式の発行等の手続は、募集事項の決定から効力発生までの期間が短いことが通常であるため、実務上、同条に基づく差止請求権を本案として、会社を債務者として募集株式発行差止仮処分を申し立てる（民事保全法23条2項）という方法がとられています。かかる差止仮処分命令への違反は、判例上、新株発行・自己株式の処分の無効の訴えの原因となると解されています。

> **Q32 著しく不公正な方法による発行の差止め**
>
> 募集株式の発行等の差止請求における「著しく不公正な方法」は、どのように判断されますか。

著しく不公正な方法とは、不当な目的を達成する手段として募集株式の発行等が行われる場合と考えられています。不当な目的の例としては、会社の支配権をめぐる争いに際して、取締役が議決権の過半数を維持・争奪する目的や反対派の少数株主権を奪う目的で行う募集株式の発行等が例として挙げられます。募集株式の発行等については、複数の目的が混在する場合や、不当な目的を有していても、正当な資金調達を目的として掲げる場合もあるため、下級審裁判例においては、募集株式の発行等を決定した複数の動機のうち、支配権の維持・争奪や少数株主権の排斥等、不当な動機が他の動機に優越する場合に差止めを認めるという、いわゆる主要目的ルールを用いて判断するものが見受けられます（東京地決平成16・7・30判時1874号143頁、東京地決平成元・7・25判時1317号28頁）。同ルールの実際の運用においては、資金調達の必要性を問題とし、かかる必要性が

認定されれば、支配権の維持等の目的がなかったとはいえない場合であっても、優越性の判断には深く立ち入らずに不公正発行を理由とする差止めを認めない傾向がある、との指摘がなされています。

Q33 募集株式の発行等の無効・不存在確認の訴え

募集株式の発行等の効力を事後的に争うにはどのような方法がありますか。

募集株式の発行等の効力を事後的に争う方法としては、新株発行・自己株式の処分の無効の訴えを提起する方法および新株発行・自己株式の処分の不存在の確認の訴えを提起する方法があります。

1 新株発行の無効の訴え

新株が発行されると、それを前提に多数の当事者間に利害関係が生じます。そのため、たとえ新株発行に瑕疵があっても、これを一般原則に従って当然に無効とすると、無効の主張の時期に制限がなく、いつまでも法律関係が安定しないほか、仮に訴訟において無効が確認されても、当該訴訟の当事者間のみにしか判決の効力が及ばず、法的安定性を害することになります。

そのため、会社法は、新株発行の効力を事後的に争う手段として、新株発行の無効の訴えを設けています（法828条1項2号・2項2号、834条2号）。これにより、新株発行の無効は、新株発行の無効の訴えを認容する判決を得なければ主張できず、また、当該判決の効力は、当事者間のみではなく、第三者に対しても及ぶことになります（なお、新株発行の無効の訴えが棄却された場合の判決の効力は第三者には及びません）。また、新株発行を無効とする判決は遡及効を有さず、将来に向かってのみ新株発行が無効になるとされており（法839条、834条2号）、積み重なった法律関係が覆されないようになっています。

新株発行の無効の訴えを提起することができるのは、株主、取締役、清算人、監査役等に限られており、その提訴期間も、新株発行の効力が生じた日から6か月以内（非公開会社においては1年以内）に限られています（法828条1項2号）。

新株発行の無効の訴えにおいて、何が無効事由にあたるかについて会社法は規定しておらず、解釈にゆだねられています。もっとも、法的安定性の観点から、無効事由は、より限定的に解されています。たとえば、公開会社において、有利発行として株主総会の特別決議が必要であるにもかかわらずこれを経ずに行った新株発行については、無効事由は認められないと解されています（最判昭和46・7・16判時641号97頁。なお、非公開会社における募集事項の決定は、有利発行であるかどうかにかかわらず株主総会の特別決議によらなければならないため、必要な株

主総会決議を欠くという問題は生じません）。他方で、定款所定の発行可能株式総数を超える発行、新株発行を差し止める判決や仮処分を無視して行った新株発行や、差止事由があったにもかかわらず、公示がされなかったために差止請求の機会が与えられなかった場合については、無効事由にあたるものと解されています。譲渡制限株式の募集にかかる株主総会決議の瑕疵や不存在についても無効事由とする下級審裁判例や学説もあります。

2 新株発行の不存在の確認の訴え

新株発行の不存在の確認の訴え（法829条1号、834条13号）は、新株発行の実体が存在しない場合に、確認訴訟の一般原則に従って新株発行が存在しないことの確認を求めるものです。したがって、新株発行の無効の訴えのような原告適格や提訴期間等に限定はありません。

不存在の確認の訴えが認められる事由としては、新株発行の手続がまったく行われず、変更の登記のみが存在する等、新株発行の実体が存在しない場合等が挙げられます。

3 自己株式の処分の無効の訴え、自己株式の処分の不存在の確認の訴え

自己株式の処分についても同様に無効の訴え（法828条1項3号・2項3号、834条3号）と不存在の確認の訴え（法829条2号、834条14号）が法定されています。

> **Q34 金銭出資の場合の関係者の民事責任**
>
> 金銭出資の場合に株式引受人や取締役が差額填補責任を負うのはどのような場合ですか。

1 株式引受人の責任

募集株式の引受人が、取締役等と通じて著しく不公正な払込金額で募集株式を引き受けた場合、引受人は、払込金額と募集株式の公正な価額との差額を会社に対して支払う義務（差額填補責任）を負います（法212条1項1号）。かかる責任追及については、取締役と通謀した者の責任追及を会社自身が行わない場合は、株主代表訴訟によって行うことができます（法847条1項）。

ここでの「著しく不公正な払込金額」については、有利発行における「特に有利な金額」と同様に判断されるものと解されています。ただし、当該金額での発行を行うことにつき、株主総会の特別決議を経ている場合（法199条2項、309条2項5号）には、原則として本条に基づく責任追及の対象となりません。

2 取締役の責任

引受人と通謀して募集株式の発行等を行った取締役については、公正な払込金

額との差額につき、会社に対して損害賠償責任を負う可能性があります（法423条1項）。また、既存株主の保有株式の価値減少に関し、取締役の第三者責任や不法行為責任も生じえます。

Q35 現物出資の場合の関係者の民事責任

現物出資の場合に株式引受人や取締役その他関係者が差額填補責任を負うのはどのような場合ですか。

1 株式引受人の責任

募集株式の発行等の効力発生時における現物出資財産の価額が、募集事項として定めた当該財産の価額に著しく不足する場合、当該現物出資を行った株式引受人は、当該不足額について、会社に対して支払う義務を負います（法212条1項2号）。かかる責任は無過失責任です。

もっとも、株式引受人が、かかる不足につき善意でかつ重過失がない場合は、当該募集株式の引受けの申込みを取り消すことが認められています（法212条2項）。これは、引受人に過度の責任が課せられないよう配慮したものです。

2 取締役の責任

上記のように現物出資財産の価額が著しく不足する場合、取締役会において当該価額の決定に関する議案を提案した取締役およびかかる提案の決定に同意した取締役等は、当該不足額について会社に対する責任を負います（法213条1項）。ただし、現物出資財産につき検査役による調査を経ている場合、または自らが職務を行うについて注意を怠らなかったことを証明した場合には、かかる責任を免れることができます（同条2項）。

3 現物出資財産の価額の相当性について証明をした者の責任

法207条9項4号の現物出資財産の価額の相当性について証明をした、弁護士、公認会計士、税理士等（**Q20**参照）も、当該証明をするについて注意を怠らなかったことを証明しない限り、当該不足額につき責任を負います（法213条3項）。

Q36 仮装払込み

仮装払込みとはどのようなものですか。また関係者はどのような責任を負いますか。

1 仮装払込みとは

募集株式の発行等に際して行う出資の履行における仮装払込みは、多くの場合

債務超過等の状況にある株式会社が自己の財政状態を表面的に改善させるため、特に上場会社にあっては上場廃止を回避するためになされます。仮装払込みは、多くの場合、いわゆる「見せ金」の方法により行われます。見せ金とは、出資の履行者が、払込取扱機関以外の者から借り入れた金銭を出資の履行に充て、募集株式の発行等の効力発生後に当該金銭を引き出して借入先の返済に充てるという仮装の方法をいいます。このような払込みの仮装がなされると、発行された株式の価値に相当する財産が会社に払い込まれていないことになり、既存株主の利益が害されます。

2 仮装払込みの関係者の責任

募集株式の払込金額の払込みまたは現物出資財産の給付を仮装した株式引受人は、当該払込みを仮装した払込金額の全額または当該給付を仮装した現物出資財産につき、会社に対して支払いまたは給付する義務を負います（法213条の2第1項）。本条による株式引受人の責任は、無過失責任であり、総株主の同意がなければ免除することができません（同条2項）。また、引受人は、かかる支払い等を行った後でなければ、当該募集株式の株主としての権利を行使することができません（法209条2項）。もっとも、かかる仮装払込みをした募集株式の引受人から当該募集株式を譲渡された者は、悪意または重大な過失がない限り、株主としての権利を行使することができます（同条3項）。

上記の場合において、株式引受人が出資の履行を仮装することに関与した取締役も、会社に対して、株式引受人と同様に支払いまたは給付を行う義務を負います（法213条の3第1項本文）。ただし、自らがその職務を行うについて注意を怠らなかったことを証明した場合には、かかる責任を免れます（同項ただし書）。

さらに、上記の責任のほかに、株式引受人は、公正証書原本不実記載罪（刑法157条）に問われたり、発行会社が上場会社である場合には、有価証券売買のための相場の変動を図るための偽計として金商法上の刑事罰（金商197条の2第13号、158条等）を課されたりする可能性もあります。

Q37 募集株式の発行等と会社の計算

募集株式の発行等が行われた場合の会社の計算はどのようになりますか。

新株発行においては、資本金が増加し、貸借対照表における「資本金」（および「資本準備金」）に変動が生じます。他方で、自己株式処分においては、「資本金」および「資本準備金」に変動は生じず、当該自己株式の処分差益または差損の額に応じて、貸借対照表における「その他資本剰余金」に変動が生じます。

1　新株発行と会社の計算

新株発行の場合、当該発行に際して株式会社に対して払い込まれ（金銭の出資の場合）、または給付された（現物出資の場合）財産の額に応じて資本金が増加しますが、払込金額等の2分の1を超えない額については、資本金として計上しないことができ、資本金として計上しない額については、資本準備金として計上されます（法445条1項〜3項）。すなわち、新株発行の場合は、新たに発行される株式の対価のうち、2分の1以上の任意の額の分だけ資本金が増加し、残りの額は資本準備金に計上されることになります。新株発行の際の登録免許税は資本金の増加額に基づいて計算されるため、対価の一部を資本準備金に計上することにより登録免許税を節約できます。

2　自己株式処分と会社の計算

これに対して、自己株式処分の場合には、当該処分される株式が新株として発行されたときに資本金（および資本準備金）が増加しているため、これを処分しても資本金および資本準備金に変動は生じません。

もっとも、その他資本剰余金に変動が生じます。すなわち、保有自己株式は貸借対照表上純資産の部のマイナスとして計上されていますが、自己株式処分の対価が当該自己株式の帳簿価格を上回る場合、当該上回る額（処分差益）の分だけその他資本剰余金が増加し、これとは逆に帳簿価格を下回る場合、当該下回る額（処分差損）の分だけその他資本剰余金が減少します。

２　種類株式

Q38　種類株式とは

種類株式とはどのようなものですか。

会社は、一定の事項について内容の異なる2以上の種類の株式を発行することができます（法108条1項）。会社法上は、その内容が異なる株式ごとに、「種類」株式が形成されると解されます。すなわち、たとえば、会社がいわゆる普通株式とそれと内容の異なる株式の2種類の株式を発行している場合、それぞれが「種類」株式となります。ただし、実務上は、普通株式に対して、それと内容の異なる株式を種類株式と呼ぶ場合が多くあります。種類株式の内容および各種類株式ごとの発行可能種類株式総数は、定款に定め、登記しなければなりません（法108条2項、911条3項7号）（**Q52**、57参照）。

法108条1項は、種類株式の内容として、以下の事項について異なる定めを

設けることを認めています。種類株式について内容を異にできる事項は、以下に列挙された事項に限られ、その他の事項について内容を異にすることはできません。1つの種類株式の内容は、通常、以下の各事項を組み合わせて設計されます。たとえば、剰余金配当および残余財産分配について普通株式に優先するが、株主総会での議決権はなく、株式譲渡に際しては取締役会の承認が必要であって、普通株式および現金を対価とする取得請求権や取得条項が定められているものをA種種類株式の内容とするというのが、その一例です。

種類株式の内容

1	剰余金の配当	剰余金の配当や残余財産の分配について異なる定めをすることができます。
2	残余財産の分配	
3	議決権の制限	株主総会において議決権を行使することができる事項について、異なる定めをすることができます。
4	譲渡制限	譲渡による当該種類の株式の取得について、会社の承認を要することを定めることができます。
5	取得請求権	当該種類の株式について、株主が会社に対してその取得を請求することができることを定めることができます。この請求権は、取得の対価を金銭とする場合、償還請求権と呼ばれることがあります。取得の対価を他の株式とする場合は、転換請求権と呼ばれることがあります。
6	取得条項	当該種類の株式について、一定の事由が生じたことを条件として、会社がこれを取得することができることを定めることができます。取得の対価を金銭とする条項は強制償還条項と呼ばれることがあります。取得の対価を他の株式とする場合の会社の権利は、強制転換請求権と呼ばれることがあります。
7	全部取得条項	当該種類の株式について、株主総会の特別決議によって、会社がその全部を取得することができることを定めることができます。
8	拒否権	株主総会または取締役会において決議すべき事項のうち、当該決議のほか、当該種類の株式の株主を構成員とする種類株主総会の決議があることを必要とすることを定めることができます。この定めにより、当該種類株主総会は、株主総会等の決議事項のうち一定の事項の承認を拒否する権利を有することになります。

9	取締役・監査役選任権	当該種類の株式の株主を構成員とする種類株主総会において、取締役または監査役を選任することを定めることができます。この定めにより、全体の株主総会で選任される取締役および監査役とは別に、種類株主総会だけで取締役または監査役を選任することができることになります。

Q39　種類株式の種類の数え方

種類株式の内容のうち配当の額のみが異なる株式は、別の種類の種類株式と考えるのでしょうか。また、払込金額のみが異なる場合も、別の種類の種類株式と考えるのでしょうか。

会社法では、一定の事項についての内容が異なる株式は、異なる種類の種類株式と整理されます（法108条1項）。配当の額は、会社法が異なる定めをすることを認めた株式の内容の1つですので（同項1号）、配当の額が異なるのであれば、別の種類の種類株式と解されます。

一方、払込金額は、会社法が異なる定めをすることを認めた株式の内容ではありません（法108条1項参照）。したがって、払込金額を異にするだけで、株式の内容がまったく同一であれば、同一の種類の種類株式と解されます。もっとも、たとえば、優先配当額や取得請求権の定めにおける取得価額が、払込金額と連動するかたちで定められている場合等は、払込金額が異なることにより株式の権利内容が異なることになりますので、種類株式の内容が同一といえるのか判断が難しい場合があります。

Q40　属人的定め

属人的定めとはどのようなものですか。

非公開会社は、①剰余金の配当を受ける権利、②残余財産の分配を受ける権利、③株主総会における議決権に関する事項につき、株主ごとに異なる取扱いを行う旨を定款で定めることができます（法109条2項、105条1項）。このような株主ごとに異なる取扱いを行う旨の定めを、一般に「属人的定め」といいます。

たとえば、剰余金の配当を受ける権利について、特定の株主を持株割合を超える割合で優遇するといった内容、株主総会における議決権に関する事項について、各株主の持株数にかかわらず、全株主の議決権数を同じにするといった内容、あるいは特定の株主の所有株式について一株複数議決権を認めるといった内容等の

規定を定款で設けることが考えられます。これらの定めは株式の属性を異ならしめるというより、特定の株主に特別な権利を与えるものと考えられるため、一般に「属人的」といわれます。

これらの定款の定めの新設・変更には、原則として、総株主の頭数の半数以上であって、総株主の議決権の4分の3以上の多数による株主総会決議が必要です（法309条4項）。

法109条2項は、株主平等の原則（同条1項）の例外として規定されていることに示されているとおり、属人的定めの制度は、旧有限会社法の制度を受け継いだ例外的な制度であり、株主相互の関係が閉鎖的で緊密である特殊な場合（閉鎖的同族会社やジョイントベンチャー等）に利用されることがあります。

属人的定めは、種類株式を構成するものではありませんが、その株主が有する株式は、剰余金配当請求権、残余財産分配請求権、議決権に関する事項について内容の異なる種類の株式とみなして、会社法第2編および第5編の規定（種類株主総会、種類株主総会に代わる株式買取請求および株式併合の際の取扱い等）が適用されます（法109条3項）。

属人的定めは登記事項ではありません。

Q41　種類株式発行の目的

種類株式を発行する目的にはどのようなものがありますか。

会社が種類株式を発行する目的は、一義的には、資金調達です。たとえば、ベンチャー企業が種類株式を発行してベンチャーキャピタルからの出資を募る場合や、M&Aに際して買収のために設立されたSPC（特別目的会社）が、種類株式の発行によりメザニンファイナンスを行うことで買収資金を調達する場合等があります。

また、以下のような場合は、種類株式の内容に着目して、資金調達だけではない目的のために種類株式が利用されることがあります。

1　ジョイントベンチャー

ジョイントベンチャーでは、会社運営にかかる各当事者の拒否権、コールオプション（株式の売渡請求権）・プットオプション（株式の買取請求権）、取締役・監査役の選任権等を、当事者間のジョイントベンチャー契約で定めておくことが多く行われます。これらの一部について、拒否権付種類株式、取得請求権付株式、取得条項付株式、取締役・監査役選任権付株式等が利用されることがあります。

種類株式を利用することのメリットは、違反した場合の効果や強制力にあります。たとえば、上記の権利を契約に規定しているだけでは、契約違反（主に損害

賠償・契約解除）を主張できるのみであり、違反行為が会社法上無効であることを主張することは難しいと考えられます。これに対して、種類株式の内容として定めておけば、違反行為が会社法上無効であることを主張することが可能な場合もあります。

2 事業承継

たとえば、会社を後継者に相続させるに際し、後継者と決めた相続人に対しては普通株式を、それ以外の相続人に対しては議決権制限株式を生前贈与したり相続させたりすることで、後継者に議決権を集中させる一方、それ以外の相続人には経済的利益を確保することが可能です。

Q42 剰余金の配当に関する異なる定め

剰余金の配当に関する優先株式とはどのようなものですか。

種類株式の内容として、剰余金の配当について異なる定めを置くことができます（法108条1項1号）。すなわち、他の株式に先立って剰余金の配当を受けることができるとしたり、その反対に、剰余金の配当について他の株式に劣後すると定めたりすること等が考えられます。他の種類株式に先立って剰余金の配当を受けることのできる種類株式を優先株式、剰余金の配当について他の種類株式に劣後する種類株式を劣後株式といいます。

1 優先株式が用いられる場面

優先株式は、最もよく用いられる種類株式です。会社が資金調達を目的として種類株式を発行する場合、引受人側にはさまざまなニーズがあります。たとえば、エクイティ出資のかたちをとるものの、投下資本の元本や利息相当分の回収についてはできる限り確保したいといったニーズ等があります。

かかるニーズに応えるために、剰余金の配当に関する定めが活用されます。たとえば、無議決権株式としたうえで、剰余金配当の定めについて非参加的・累積的とし、他の株式を対価とする取得請求権はなく、現金を対価とする取得請求権（償還請求権）を有するといった内容の優先株式であれば、当該優先株式から得られる経済的利益は固定額に近づくことから、その経済的機能は社債に類似します。

なお、上場会社が優先株式を発行して資金調達をする場合は、普通株式による公募増資、銀行からの借入れ、社債の発行等の資金調達手段をとることが難しい場合が多く見られます。また、デットエクイティスワップの対価として発行されるケースもよく見られます。

また、優先株式は、ベンチャー企業が、投資家から資金を調達する際にもよく利用されます。ベンチャー企業が発行する優先株式には、剰余金の配当や残余財

産の分配等について投資家の優先権を確保する内容が定められることとともに、拒否権等、当該ベンチャー企業のガバナンスに関する内容も定められることが多く見られます。

2 定款の定め

　優先株式を発行する場合には、定款において、当該優先株式の発行可能種類株式総数とともに、当該優先株式の株主（優先株主）に交付する配当財産の価額の決定の方法、剰余金の配当をする条件その他剰余金の配当に関する取扱いの内容を定める必要があります（法108条2項1号）。配当財産の価額については、固定額で定めることもできますし、また配当財産の価額を確定するための算定式を定めることも可能です。

　また、参加型・非参加型の別、累積型・非累積型の別についても規定されます。参加型とは、優先株主が所定の優先配当金額の配当を受領した後、残余の配当金額について普通株主と同一の条件でさらに配当を受けることができるものをいいます。一方、残余の配当金額からの配当にあずかれないものを非参加型といいます。累積型とは、ある事業年度に所定の優先配当金額の配当が行われなかった場合に、不足額について翌事業年度以降に繰り越されるものをいいます。一方、未払配当額が翌年度以降に繰り越されず、切り捨てられるものを非累積型といいます。非参加型・累積型は、経済的には社債に類似します。

3 トラッキングストック

　剰余金配当についての優先株式ではありませんが、剰余金の配当に関する異なる定めのある種類株式の例として、トラッキングストックを挙げることができます。トラッキングストックとは、会社の特定の事業部門や子会社の業績に連動して配当が行われる株式をいいます。具体的なトラッキングストックの内容としては、たとえば、会社が特定の子会社から支払われる剰余金配当額と同額をトラッキングストック保有者に支払うといった内容が定められます。好調な事業部門が存在する場合、当該事業部門を分社化したうえで上場することにより資金調達を行うこともできますが、そうすると当該事業部門への支配力が弱まってしまいます（子会社を上場した場合も同様です）。そこで、事業部門を分社化したうえでの上場や子会社上場を行わず、会社の支配力を維持したまま資金調達を行うことを可能とするため、トラッキングストックの利用が考えられます。

　日本では、平成13年にソニー株式会社が、子会社であるソニーコミュニケーションネットワーク株式会社を対象とするトラッキングストックを上場株式として発行したケースがあります。しかし、これ以降、上場会社においてトラッキングストックが発行されたケースはなく、またソニーが発行したトラッキングストックも平成17年に普通株式へ一斉転換されました。

Q43 残余財産の分配

残余財産の分配についての異なる定めとはどのようなものですか。みなし清算条項とはどのようなものですか。

種類株式の内容として、残余財産の分配について異なる定めを置くことができます（法108条1項2号）。会社清算時の残余財産の分配にあたり、他の株式に先立って分配を受けることができるとしたり（優先株式）、その反対に、他の株式に劣後してしか分配にあずかれないと定めたりすること（劣後株式）が考えられます。

1 残余財産の分配について異なる定めが規定される場面

剰余金の配当について優先性が定められている場合には、残余財産の分配についても優先性が定められることが多く見られます。これに対して、剰余金の配当については普通株式とまったく同じ扱いとする場合でも、残余財産の分配については優先性を定めることがあります。たとえば成長性の高いベンチャー企業にあっては、剰余金の配当が通常期待できないため配当には優先性を付さない場合であっても、残余財産の分配については優先性を規定することがしばしばあります。なお、残余財産の優先性についても、普通株式に対する参加型・非参加型の区別があります。

2 定款の定め

残余財産の分配について異なる定めの種類株式を発行する場合には、定款において、当該種類株式の発行可能種類株式総数とともに、当該種類の株主に交付する残余財産の価額の決定の方法、当該残余財産の種類その他残余財産の分配に関する取扱いの内容について定める必要があります（法108条2項2号）。

参加型・非参加型の別についても定められることは、剰余金の配当の場合（Q42参照）と同様です。

3 みなし清算条項

清算以外の場面でも、優先株式について一定の事由が生じた場合にあたかも清算が起きた場合と同視をして優先的に対価を受領する旨を定めることがあります。これは合併等の組織再編や支配権が交代するような株式譲渡等、投資家がExitする場面において、普通株式に優先する対価を定めておくものです。このようなみなし清算条項は、一般的には種類株式の内容を構成しないと考えられており、組織再編の場合について定款で定める場合もありますが、通常は株主間契約で定められます。

Q44　議決権制限株式

議決権制限株式とはどのようなものですか。

　種類株式の内容として、株主総会における議決権を行使することができる事項に関する異なる定めを規定することができます（法108条1項3号）。

　議決権に関する異なる定めとしては、株主総会におけるすべての事項について議決権を行使することができないと定めたり（完全無議決権株式）、一定の事項について議決権を行使できない（反対に、一定の事項についてのみ議決権を行使することができる）と定めたりすることができます。このように、株主総会において議決権を行使することができる事項について制限のある種類株式を議決権制限株式といいます。

　また、議決権の行使に条件を付して、一定の財務状態や業績をトリガーとして議決権を喪失させたり復活させたりするような仕組みも可能です。

　ただし、複数議決権（たとえば、A種種類株式は1株につき1議決権とするが、B種種類株式は1株につき10議決権というようなもの）は認められません。

　なお、議決権制限株式であっても、Q55で後述する種類株主総会における議決権が制限されるものではないことに留意する必要があります。

1　議決権制限株式が用いられる場面

　会社が資金調達を目的として優先株式を発行する場合、既存株主への配慮から株主の議決権比率に変動を生じさせることを回避したいという場面や、優先株式の引受人が銀行である場合に、銀行またはその子会社は、合算して国内の一般事業会社の議決権を5％を超えて取得・保有してはならないという、銀行法上のいわゆる5％ルールへの抵触を回避したいという場面があります。そのような場合、優先株式に議決権を制限する定めを置くことで、既存株主の議決権比率に変動を生じさせることなく、また、銀行法上のいわゆる5％ルールに抵触することなく、エクイティファイナンスを行うことが可能となります。

　また、Q41で述べたような、事業承継を目的として種類株式を利用する場合にも、議決権制限株式を活用することが考えられます。

2　定款の定め

　議決権制限株式について、定款において、当該議決権制限株式の発行可能種類株式総数とともに、①株主総会において議決権を行使できる事項、および②当該議決権制限株式につき議決権の行使の条件を定めるときはその条件について定める必要があります（法108条2項3号）。

3　発行株式数の制限

公開会社において、議決権制限株式の数が発行済株式総数の2分の1を超えるに至った場合には、会社は、ただちに、議決権制限株式の数を発行済株式総数の2分の1以下にするために必要な措置をとらなければなりません（法115条）。なお、法115条でいう議決権制限株式とは、単に、法108条1項3号の議決権を行使することのできる事項に関する異なる定めがある種類株式のことをいうのではなく、実際に議決権行使が制限される種類株式を指します。したがって、発行済株式総数の3分の2が、一定の条件が満たされた場合に議決権を行使することができなくなる種類株式であったとしても、当該条件が成就するまでは、法115条に定める措置は講じなくともよいということになります。

4　複数議決権制度

会社法上、種類株式の内容として、複数の議決権のある種類株式（たとえば、A種種類株式は1株につき1議決権とするが、B種種類株式は1株につき10議決権というようなもの）は認められていません。

しかし、種類株式の単元株式数は、種類株式ごとに定められることから（法188条3項）、各種類株式の単元株式数に差を設けることで（たとえばA種種類株式は1単元100株とし、B種種類株式については1単元10株式とする）、実質的に複数議決権を認めるのと同様の効果を生じさせることができます。かかる単元株式数の差を利用して複数議決権と同様の効果を生じさせることは、適法であると考えられています。

平成26年3月に上場したCYBERDYNE株式会社は、経済的権利に差異のない普通株式とB種種類株式について、普通株式については1単元100株につき1議決権であるのに対し、B種種類株式については1単元10株につき1議決権と定めています。これにより、B種種類株式の株主は、実質的に1株あたり普通株式の10倍の議決権を有することになり、複数議決権と同様の効果が生じています。

Q45　譲渡制限株式

譲渡制限株式とはどのようなものですか。

種類株式の内容として、当該種類株式の譲渡制限の有無を定めることができます（法108条1項4号）。会社法制定前には、会社が発行する一部の種類株式についてのみ譲渡制限を付すことができるかという点については争いがありましたが、会社法では、同号により、一部の種類株式についてのみ譲渡制限を付すことができることが明確になりました。なお、会社が発行する全部の株式について譲

渡制限株式とすることについては法107条1項1号が規定しています。

1 譲渡制限株式が用いられる場面

会社が発行する一部の株式についてのみ譲渡制限を付す場面としては、たとえば後述（Q50参照）する黄金株を発行する場合があります。黄金株が、発行先の友好的株主から他の者に譲渡されてしまうと、当初会社が想定していなかった第三者が当該会社の経営に重大な影響を及ぼすことになってしまうおそれがあることから、譲渡制限を付すニーズがあります。その場合、普通株式については譲渡制限は付さなくても、黄金株については譲渡制限を付すことになります。

なお、黄金株以外のケースでは、たとえば、上場会社であるトヨタ自動車株式会社が発行する普通株式には譲渡制限は付されていませんが、同社が個人向けに平成27年7月に発行したAA型種類株式については、中長期の保有を前提とするという目的から譲渡制限が付されているという例があります。

2 定款の定め

譲渡制限株式については、定款において、当該譲渡制限株式の発行可能種類株式総数とともに、①当該株式を譲渡により取得することについて会社の承認を要する旨、ならびに、②一定の場合においては会社が譲渡承認をしたものとみなすときは、その旨および当該一定の場合を定める必要があります（法108条2項4号、107条2項1号）。なお、会社における譲渡承認の決定は、定款に別段の定めがある場合を除き、取締役会設置会社の場合は取締役会、取締役会非設置会社の場合は株主総会の決議によります（法139条1項）。

Q46 取得請求権付株式

取得請求権付株式とはどのようなものですか。

取得請求権付株式とは、当該種類株式の株主が、会社に対して当該種類株式の取得を請求することができる株式です（法108条1項5号）。会社が発行するすべての株式について取得請求権付株式とすることも可能ですが（法107条1項2号）、ある種類の種類株式のみを取得請求権付株式とすることも可能です。

取得請求権付株式では、取得請求権を行使するための条件を規定することも可能です。たとえば、発行会社の財務状態が一定程度悪化した場合に限り取得請求権が行使できることとされることもあります。

なお、取得請求権付株式の取得の対価としては、金銭または発行会社の普通株式とされることが実務上は多く見られます。後者の場合は、転換株式とも呼ばれることがあります。

1 取得請求権付株式が用いられる場面

取得請求権付株式がよく用いられる場面としては、いわゆる社債型の優先株式（**Q42**参照）があります。社債型の優先株式では、一定の日において現金で償還されることを定める必要があるので、一定日の到来を条件とした取得請求権が定められることになります。

また、メザニンファイナンスにおいて発行される無議決権優先株式では、普通株式を対価とする取得請求権が定められることが多く見られます。これは、出資当初は議決権のない優先株式とし、発行会社の経営に深く関与はしないものの、財務状態が一定程度悪化した場合等には、取得請求権を行使し、議決権のある普通株式に転換することで大株主となり、発行会社の経営への関与を強めていくことを意図して定められます。

ほかにも、ベンチャーファイナンスにおいては、将来のIPO（株式公開）に備えて普通株式を対価とする取得請求権が設定されることが一般的です。また、金銭を対価とする取得請求権が付されることもありますが、この場合、行使の条件は、投資契約に違反した場合等に限定されることが一般的です。

2 定款の定め

取得請求権付株式では、定款において、当該取得請求権付株式の発行可能種類株式総数とともに、①株主が会社に対して当該株主の有する株式を取得することを請求することができる旨、②取得対価（他の株式、社債、新株予約権、新株予約権付社債、その他の財産）を交付するときは、その種類・内容、数・額または算定方法、③株主が会社に対して当該株式を取得することを請求できる期間を定める必要があります（法108条2項5号、107条2項2号）。

なお、前述のとおり、取得請求権付株式では取得請求権を行使するための条件を規定することも可能であり、通常は、一定の行使条件が定款に記載されます。

普通株式を対価とする取得請求権付株式では（他の株式を対価とする場合も同様ですが、以下では普通株式を対価とする場合を例に説明します）、取得請求権が行使された際に、取得請求権付株式1株に対して普通株式何株が交付されるか（転換比率）が重要です。転換比率は、通常、取得請求権株式の発行価額を「転換価額」で除すことにより求められます。そして、この転換価額には、取得請求権付株式の発行後に生じる事情に応じた調整条項が設けられることが多く見られます。転換比率および転換価額については、**Q47**で詳しく説明します。

3 発行可能種類株式数の確保

取得請求権付株式（取得請求期間の初日が到来していないものを除く）の取得の対価として交付されるある種類の株式の合計数は、当該種類の発行可能種類株式総数から当該種類の発行済株式数（自己株式を除く）を控除した数を超えてはな

らないものとされています（法114条2項1号）。したがって、発行会社の株式を対価とする取得請求権付株式を発行する場合には、かかる規制に留意して発行可能種類株式総数を定める必要があります。

4 財源規制

取得請求権付株式の取得の対価が、当該会社の株式以外の財産である場合には、当該財産の帳簿価額が、分配可能額（法461条2項）の範囲内でなければなりません（法166条1項ただし書）。したがって、金銭を対価とする取得請求権付株式は、十分な分配可能額が存在しなければ取得請求権を行使できないことに留意する必要があります。

一方、当該会社の株式を取得の対価とする場合には、分配可能額の有無を考慮することなく、取得請求権を行使することが可能です。

5 端数の処理

普通株式を対価とする取得請求権付株式の場合、取得請求権の行使により交付される普通株式の数を算定した結果、1株に満たない端数が生じたときは、当該端数分は切り捨てたうえで、普通株式の市場価格（市場価格がない場合は1株あたりの純資産額）に端数を乗じた額に相当する金銭を取得請求権を行使した株主に交付することとされています（法167条3項）。もっとも、かかる端数分の金銭の交付は、定款の規定により排除することが可能であり（同項）、実務上は定款の規定により排除されていることが通常です。

Q47 転換価額の調整

転換価額の調整とはどのようなものですか。

種類株式に関する転換価額とは、一般に、普通株式を対価とする取得請求権付株式において（他の株式を対価とする場合も同様ですが、以下では普通株式を対価とする場合を例に説明します）、取得請求権の行使により交付される普通株式の数を算定する際に用いられる価額をいい、通常、取得請求権を行使する取得請求権付株式の払込金額の総額を、転換価額で除した数の普通株式が交付されることになります。なお、転換価額は、取得価額と呼ばれることもあります。そして、取得請求権付株式においては、転換価額の調整条項が規定されることがよく見られます。

1 転換価額の調整を行う目的

転換価額の調整条項は、取得請求権付株式を発行した後に、①普通株式の株式分割・株式無償割当てや、②低い価額での株式等（新株予約権等のいわゆる潜在株式も含みます）の発行（以下「低額発行」といいます）が行われた場合に、転換価

額を調整することで、当該取得請求権付株式の経済的価値を保護することを目的としています。このような目的を有していることから、転換価額の調整条項は、希薄化防止条項ともいわれます。なお、転換価額の調整は必ず行われなければならないというものではなく、転換価額の調整条項を規定せず、低額発行が行われても転換価額の調整を行わないケースもあります。また、転換価額の調整を行うべきか否か、調整を行う場合にどのような調整方法を採用することが適切かという点は、具体的な事案ごとに発行会社と引受人との交渉によって決定されるものであり、論理必然的に定まるものではありません。

なお、上記①の株式分割・無償割当ての際の調整条項が設けられる場合には、普通株式について株式併合が行われた場合の調整条項も設けられることが一般的です。これは、取得請求権付株式の経済的価値を保護するためのものではありませんが、株式分割の際に調整を行うこととのバランス上、株式併合が行われた場合についても調整を行うこととするものです。

2 経済的価値の保護のメカニズム

転換価額の調整により取得請求権付株式の経済的価値を保護するメカニズムは以下のとおりです。

一般的に、取得請求権を行使した際に交付される普通株式の数は、取得請求権を行使した当該取得請求権付株式の数（以下「行使株式数」といいます）に、転換比率を乗じた数と定められます（取得対価の株式の数＝行使株式数×転換比率）。そして転換比率は、多くの場合、以下の式で求められることとされます。

$$転換比率 = \frac{取得請求権付株式の発行価額}{転換価額}$$

上記のような転換比率の算定式が規定された場合、通常、発行当初の転換価額は、当該取得請求権付株式の発行価額と同額に設定されます。その場合、発行当初の転換比率は1となりますので、取得請求権が行使された場合には、行使株式数と同数の普通株式が交付されることになります。

普通株式の株式分割・無償割当てや低額発行に際して転換価額の調整が行われる場合、通常は、調整後の転換価額は、調整前の転換価額よりも低い額になります。そのため、転換比率は1より大きくなることから、当該取得請求権付株式の株主は、行使株式数より多い数の普通株式の交付を受けることができます。つまり、株式分割・無償割当てや低額発行が行われたことで取得請求権の行使の結果得られるはずであった発行会社の普通株式1株あたりの価値が低下することから、交付される株式数を多くすることで、かかる価値の低下の影響を軽減しようというものです。

なお、上記の転換比率の算定式では、取得請求権付株式の発行価額が分子、転換価額が分母とされることが多いものの、分子として規定される価額についてはさまざまなバリエーションがあり、取得請求権付株式の発行価額に未払累積配当額を加えた額が分子とされることや、残余財産の分配における優先分配額が規定されている優先株式において、かかる優先分配額（たとえば、発行価額の1.5倍に相当する額）を分子とすることも見られます。

3 転換価額の調整方法

(1) 株式分割・無償割当て、株式併合の場合

株式分割・無償割当てや、株式併合に際して転換価額の調整を行う場合には、調整後の転換価額は、調整前転換価額に、株式分割・無償割当て前（または併合前）の発行済普通株式数を、株式分割・無償割当て後（または併合後）の発行済普通株式数で除した値を乗ずることで求められます。

(2) 低額発行の場合

上記1において、低額発行を「低い価額」での株式等の発行と定義しましたが、何をもって「低い価額」とするかについては、2つの考え方があります。

1つ目の考え方は、当該取得請求権付株式の発行価額（発行以降転換価額が調整された場合には調整後の転換価額、すなわち低額発行時の転換価額）を下回る価額での株式等の発行が行われた場合を低額発行と考えるものです（以下「コンバージョンプライス方式」といいます）。もう1つの考え方は、上場企業等、株式に市場価格（時価）が存在する場合に、低額発行時点における発行会社株式の時価を下回った価額での株式等の発行が行われた場合を低額発行と考えるものです（以下「マーケットプライス方式」といいます）。

非上場企業の場合には、市場価格が存在することは稀なので、基本的にはコンバージョンプライス方式によることになりますが、上場企業の場合には、コンバージョンプライス方式とマーケットプライス方式のいずれの考え方もありえます。

なお、転換価額の調整において用いられる「時価」は、発行日の市場価格ではなく、一定期間の市場価格の平均値とされることが一般的です。そのため、発行価額が発行日時点の市場価格を下回っていても調整が行われない場合があります。

ア　コンバージョンプライス方式の場合

コンバージョンプライス方式における低額発行に際して転換価額の調整を行う場合には、代表的な転換価額の調整方法として、①フルラチェット方式と②加重平均方式の2つがあります。加重平均方式は、さらにブロードベース加重平均方式とナローベース加重平均方式の2つに分かれます。

(ア) フルラチェット方式

フルラチェット方式は、低額発行時の転換価額を下回る発行価額で株式等が発行される場合に、転換価額を当該発行価額まで低下させる調整方法です。つまり、たとえば、低額発行時の転換価額が1000円である場合に、新たに株式を発行価額1株あたり500円で発行すれば、調整後の転換価額は500円となります。

(イ) 加重平均方式

加重平均方式は、以下の計算式により、転換価額を調整する調整方法です。

$$調整後転換価額 = \frac{既発行株式数 \times 調整前転換価額 + 新規発行株式数 \times 新規発行株式発行価額}{既発行株式数 + 新規発行株式数}$$

ブロードベース加重平均方式とナローベース加重平均方式の違いは、上記の計算式の「既発行株式数」をどう考えるかの違いです。すなわち、ブロードベース加重平均方式では、上記の「既発行株式数」について、新株予約権はすべて行使されたものと仮定し、種類株式はすべてその時点の転換比率で転換されたものと仮定したその時点の普通株式の数（いわゆる完全希薄化ベース）を「既発行株式数」と考えます。一方、ナローベース加重平均方式では、ブロードベース加重平均方式よりも「既発行株式数」を少なく考え、新株予約権については数に含まないで考えることになります（種類株式についてはその時点の転換比率で転換されたものと仮定することが多く見られます）。

イ マーケットプライス方式の場合

マーケットプライス方式における低額発行の場合にも、その調整方法の考え方は基本的にはコンバージョンプライス方式のものと同様です。

まず、フルラチェット方式の場合は、新たな株式等の発行時点における時価を、調整後の転換価額とすることになります。

一方、加重平均方式の場合には、調整の計算式は下記のものになります。

$$調整後転換価額 = \frac{既発行株式数 \times 調整前転換価額 + 調整前転換価額 \times \frac{新規発行株式数 \times 新規発行株式発行価額}{低額発行時点における時価}}{既発行株式数 + 新規発行株式数}$$

上記の計算式は、コンバージョンプライス方式における低額発行の際の加重平均方式と基本的な発想は同じであり、分子のうち、調整前転換価額をベースにした新たに発行される株式の総額の価値を算定するに際して、時価という概念を盛り込んだにすぎません。

4 設例

コンバージョンプライス方式において、各調整方法を用いた場合に、転換価額がどのように調整されるかについての具体例は以下のとおりです。

> ＜設例＞
> 普通株式を100株発行しているA社が、ある投資家Xに対して、A種種類株式を1株あたり1000円で50株発行する。A種種類株式の発行当初の転換価額は、発行価額と同額、すなわち1000円である。その後、A社は、別の投資家Yに対して、B種種類株式を1株あたり500円で50株発行した。さらに、A社は新株予約権を発行しており、B種種類株式の発行時点で当該新株予約権が行使された場合、A社は50株の普通株式を新株予約権者に交付しなければならない。

上記の設例の場合、A種種類株式の発行当初の転換価額は、発行価額と同額ですので、A種種類株式の発行当初の転換比率は1です。したがって、B種種類株式の発行がなければ、Xが取得請求権を行使した場合には、A種種類株式1株につき、普通株式1株が交付されることになります。

まず、フルラチェット方式ですと、転換価額は、B種種類株式の発行価額である500円へと調整されます。したがって、転換比率は2となり、Xは、A種種類株式1株につき、普通株式2株が交付されることになります。

次に、ブロードベース加重平均方式ですと、下記の計算式により調整後の転換価額が求められます。

$$\frac{200株 \times 1000円 + B種種類株式50株 \times 500円}{(普通株式100株 + A種種類株式50株 + 新株予約権相当株50株) + B種種類株式50株}$$

上記の計算により、調整後の転換価額は900円、すなわち転換比率は約1.11になり、Xが取得請求権を行使した場合には、A種種類株式1株につき、普通株式1.11株が交付されることになります。

最後に、ナローベース加重平均方式だと、下記の計算式で調整後の転換価額が求められます。

$$\frac{150株 \times 1000円 + B種種類株式50株 \times 500円}{(普通株式100株 + A種種類株式50株) + B種種類株式50株}$$

上記の計算により、調整後の転換価額は875円、すなわち転換比率は約1.14になり、Xが取得請求権を行使した場合には、A種種類株式1株につき、普通株式1.14株が交付されることになります。

このように、取得請求権付株式を保有する株主の観点からは、フルラチェット

方式、ナローベース加重平均方式、ブロードベース加重平均方式の順で、有利であることになります（端数は切り捨てられないと仮定しています）。

Q48　取得条項付株式

取得条項付株式とはどのようなものですか。

　取得条項付株式とは、会社が一定の事由が生じたことを条件として、当該株式を取得することができる株式をいいます（法108条1項6号）。会社が発行するすべての株式について取得請求権付株式とすることも可能ですが（法107条1項3号）、一部の種類の株式のみ取得条項付株式とすることも可能です。

　取得条項付株式を取得する「一定の事由」としては、株式の上場、会社が定めた期限日の到来等を規定することが考えられます。

1　取得条項付株式が用いられる場面

　取得条項付株式がよく用いられる例の1つは、ベンチャーファイナンスにおいて発行する優先株式の場合です。上場決定を条件として、普通株式を対価とする取得条項を定めることがよく見られます。通常、上場する際には、優先株式等の種類株式を普通株式に転換することが多いのですが、その際、上場に反対する株主が取得請求権を行使することは期待できないことから、取得条項によりすべての種類株式を普通株式に強制的に転換できるように取得条項が規定されます。このような取得条項付株式は、強制転換株式と呼ばれることがあります。

2　定款の定め

　取得条項付株式では、定款において、当該取得条項付株式の発行可能種類株式総数に加えて、①一定の事由が生じた日に会社がその株式を取得する旨およびその事由、②会社が別に定める日が到来することをもって一定の事由とするときはその旨、③一定の事由が生じた日に取得条項付株式の一部を取得することとするときはその旨および取得する株式の一部の決定方法、④取得対価（他の株式、社債、新株予約権、新株予約権付社債、その他の財産）を交付するときはその種類・内容、数・額または算定方法を定める必要があります（法108条2項6号、107条2項3号）。

　取得対価として当該会社の普通株式を交付する旨を定めている場合は（他の種類株式を対価とする場合も同様ですが、以下では普通株式を対価とする場合を例に説明します）、交付する普通株式の数について取得請求権に関する定め（転換価額の調整条項（**Q47**参照）を含みます）を準用することが多く見られます。

　既発行の株式について定款に取得条項の定めを設け、または当該定款の変更（廃止を除く）をするには、通常の定款変更手続のほか、その株式を有する株主全

員の同意を得なくてはなりません（法111条1項、110条）。

3 取得請求権付株式との相違

①取得の対価として交付される当該会社のある種類の株式の合計数は、当該種類の発行可能種類株式総数から当該種類の発行済株式数（自己株式を除く）を控除した数を超えてはならないこと（法114条2項2号）、②取得の対価として当該会社の株式を交付する場合には分配可能額の制限を受けず、それ以外の財産を取得の対価とする場合には分配可能額の制限に服さなければならないことは取得請求権付株式と同様です（Q46参照）。

4 端数の処理

取得条項付株式の取得の対価として普通株式を交付する場合に生じる端数の処理については、その端数の合計に相当する数の株式を競売その他の方法により換金し、かつ、その端数に応じて競売等により得られた代金を株主に交付しなければならないこととされており（法234条1項1号・2項）、取得請求権付株式と異なり、これは定款の規定により排除することはできません。かかる端数分の処理に関する取得請求権付株式と取得条項付株式の違いに着目して、会社が上場するに際して種類株式をすべて普通株式に転換する場合に、取得条項によるのではなく、種類株主に取得請求権を行使してもらうことで、端数処理の問題を生じさせないようにすることもあります。

Q49　全部取得条項付株式

全部取得条項付株式とはどのようなものですか。

全部取得条項付株式とは、会社が、株主総会の特別決議によりその種類の株式の全部を強制的に取得することができる株式をいいます（法108条1項7号）。

1 全部取得条項付株式が用いられる場面

全部取得条項付株式は、立法当初の意図としては、会社が債務超過の場合に、株主の全員ではなく多数の賛成によって、いわゆる100%減資（会社の発行済株式のすべてを消却すること）を行うために利用されることが想定されていました。もっとも、立法過程において債務超過の要件が不要とされたこと等により、実際には、M&Aにおいて買収後に対象会社に残った少数株主に対して、最終的に金銭を交付することでその保有する株式を取得し、対象会社を100%子会社化する際に（いわゆるスクイーズアウト）、全部取得条項付株式を用いることがよく行われていました。しかしながら、平成26年の会社法改正で特別支配株主による株式等売渡請求権が創設されたこと（法179条）、また、同様にスクイーズアウトのために利用される株式併合の端数処理に際して、反対株主の株式買取請求

権が設けられたこと（法182条の4）から、今後はスクイーズアウトをする際に全部取得条項付株式が用いられることは少なくなっていくことが予想されます。

2 定款の定め

全部取得条項付株式では、定款において、当該全部取得条項付株式の発行可能種類株式総数に加えて、①取得対価の決定方法、および、②株主総会の決議をすることができるか否かについての条件を定めるときはその条件を定める必要があります（法108条2項7号）。

既発行の種類株式を全部取得条項付種類株式にする定款変更を行うためには、通常の定款変更手続のほか、当該種類株式、および当該種類株式を交付される可能性のある取得請求権付株式・取得条項付株式にかかる種類株主総会の特別決議を要し（法111条2項、324条2項1号）、反対株主には株式買取請求権が与えられ（法116条1項2号）、当該種類株式を目的とする新株予約権の新株予約権者には、その新株予約権の買取請求権が与えられます（法118条1項2号）。

3 取得価格の決定の申立て

会社が全部取得条項付種類株式の全部を取得するには、株主総会において取締役がその取得理由を説明したうえで、株主総会の特別決議により、取得の対価の内容やその数額・算定方法、取得日等の事項を決定します（法171条、309条2項3号）。株主総会において決定された取得対価について不服のある株主は、株主総会に先立って取得に反対する旨の通知をし、かつ、株主総会において取得に反対すれば、株主総会の日から20日以内に裁判所に対し価格決定の申立てをすることができます（法172条1項1号）。会社は、上記株主総会の2週間前の日または取得の旨を株主に通知・公告する日（同条2項・3項）のいずれか早い日から、取得から6か月後までの間、所定の事項を記載した書面等を本店に備え置いて株主の閲覧に供し（法171条の2）、取得後も所定の事項を記載した書面等を本店に備え置かなければなりません（法173条の2）。

4 取得条項付株式との異同

取得の対価として当該会社の株式を交付する場合には分配可能額の制限を受けず、それ以外の財産を取得の対価とする場合には分配可能額の制限に服さなければならないことは取得請求権付株式、取得条項付株式と同様です（法461条1項4号）（**Q46**、**48参照**）。また、端数の処理については取得条項付株式と同様です（法234条1項2号）（**Q48参照**）。

Q50　拒否権付種類株式

拒否権付種類株式とはどのようなものですか。

拒否権付種類株式とは、株主総会または取締役会において決議すべき事項のうち、当該決議のほか、当該種類の株式の種類株主を構成員とする種類株主総会の決議があることを必要とする株式をいいます（法108条1項8号）。拒否権付種類株式にかかる種類株主総会の決議を必要とする事項については、株主総会または取締役会の決議に加え、当該種類株主総会の決議がなければ、その効力を生じないため（法323条）、当該種類株主総会は、当該事項について拒否権を有することになります。

1　拒否権付種類株式が用いられる場面

拒否権付種類株式は、一般的には、持株比率が少数であるにもかかわらず、発行会社のガバナンスへの影響力を保持しておきたい場合に用いられます。たとえば、ベンチャーファイナンスやメザニンファイナンスの投資家が、発行会社の経営の重要事項の意思決定に関与することを通じて健全な会社経営を維持したり、自らの権利を保護するために利用されます。

2　定款の定め

拒否権付種類株式では、定款において、当該拒否権付種類株式の発行可能種類株式総数に加えて、①種類株主総会の決議があることを必要とする事項、②種類株主総会の決議を必要とする条件を定めるときはその条件を定める必要があります（法108条2項8号）。

3　上場会社の拒否権付種類株式

拒否権付種類株式は、拒否権付種類株式の株主が、他の株主が議決権を行使した結果を覆すことも可能なことから、その影響力は大きく、特に拒否権付種類株式であって、敵対的買収の防衛等の支配権の維持を目的の1つとしたものは、「黄金株」と呼ばれることもあります。

かかる影響力の大きさから、東証においては、取締役の過半数の選解任その他の重要な事項について種類株主総会の決議を要する旨の定めがなされた拒否権付種類株式の発行は、株主および投資者の利益を侵害するおそれが少ないと東証が認める場合を除き、株主の権利内容およびその行使が不当に制限されるものとして、上場前にかかる株式を発行している会社は上場不適格であり、上場後にかかる株式を発行した場合、上場廃止になるものとしています（上場規程207条1項5号、上場審査ガイドラインII6(1)a、上場規程601条1項17号、上場規程施行規則601条14項3号）。東証が認める例としては、民営化企業が、その企業行動が国の政策目的に著しく矛盾することがないよう、国を割当先として拒否権付種類株式を発行するような場合があります。

現在、拒否権付種類株式を発行していながら普通株式の上場が認められているのは、国際石油開発帝石株式会社が拒否権付種類株式である甲種類株式1株を

発行し、経済産業大臣が保有しているケースのみです。

Q51　選任権付種類株式

選任権付種類株式とはどのようなものですか。

　選任権付種類株式とは、当該種類の株式の種類株主を構成員とする種類株主総会において、取締役または監査役を選任することを定めた種類株式をいいます（法108条1項9号）。指名委員会等設置会社および公開会社は、選任権付種類株式を発行することはできません（同項ただし書）。

　なお、取締役・監査役の選任については、投資契約（**Q25**参照）で規定されることが多く、種類株式の内容として取締役・監査役の選任権を規定することは必ずしも多くはありません。もっとも、投資契約において定めているのみでは、選任権が無視された場合に、会社法上の選任の効力を認めることが難しいことから、選任権の実効性を強化するために、種類株式の内容として、取締役・監査役選任権を定めることもあります。

1　選任権付種類株式が用いられる場面

　選任権付種類株式は、ジョイントベンチャーやベンチャーファイナンスにおいてよく用いられます。これらの場合においては、各株主が自己の利益を代弁する取締役を派遣することで、自己の利益を確保するための手段として選任権付種類株式が用いられます。

2　定款の定め

　選任権付種類株式では、定款において、当該選任権付種類株式の発行可能種類株式総数に加えて、①種類株主総会において取締役・監査役を選任することおよび選任する取締役・監査役の数、②①により選任することができる取締役・監査役の全部または一部を他の種類株主と共同して選任することとするときは、当該他の種類株主の有する株式の種類および共同して選任する取締役・監査役の数、③①または②に掲げる事項を変更する条件があるときは、その条件およびその条件が成就した場合における変更後の①または②に掲げる事項、④その他法務省令で定める事項（種類株主総会において社外取締役・社外監査役を選任しなければならないこととするときに定めるべき事項）を定める必要があります（法108条2項9号、施19条）。

　なお、選任権付種類株式を発行した場合は、取締役・監査役の選任は、各種類株主総会単位で行われ、全体の株主総会では行われません（法347条、329条1項）。すなわち、選任権付種類株式を定めた定款では、取締役または監査役の一部だけを種類株主総会において選任し、残りの取締役または監査役を全体の株主

総会で選任する旨を定めることはできません。つまり、普通株式とA種種類株式のみを発行している会社の取締役の定員が5名であり、そのうちの3名をA種種類株主総会で選任し、残りの2名を株主全体で選任することとしたい場合には、定款の規定の仕方としては、A種種類株主総会によって取締役3名を選任し、残りの取締役2名を普通株主とA種種類株主を構成員とする種類株主総会において選任すると定める必要があります。

3 選任権付種類株式の株主によって選任された取締役・監査役の解任

選任権付種類株式の定めによって選任された取締役・監査役は、①当該取締役・監査役を選任した種類株主総会の決議、②定款で定めた場合には株主総会の決議によって解任することができます。また、選任権付種類株式の定めによって選任された取締役・監査役の任期満了前に当該種類株主総会において議決権を行使できる株主が存在しなくなった場合には株主総会の決議により解任することができます（法347条、339条、341条）。さらに、選任権付種類株式の定めにより選任された取締役・監査役の職務の執行に関し不正の行為または法令もしくは定款に違反する重大な事実があったにもかかわらず、当該取締役・監査役を解任する議案が種類株主総会または株主総会において否決された場合には、総株主（当該取締役・監査役を解任する議案について議決権を行使することのできない株主および当該取締役・監査役である株主を除く）の議決権または発行済株式（当該会社および当該取締役・監査役である株主の有する株式を除く）の3％（定款により引下げ可）以上を有する株主（公開会社の場合は、6か月前（定款により引下げ可）からの継続保有要件あり）は、当該総会の日から30日以内に、裁判所に当該取締役・監査役の解任を請求することができます（法854条）。

Q52 種類株式の発行手続

種類株式を発行するためには、どのような手続が必要ですか。公開会社と非公開会社ではどのように異なりますか。

募集株式を発行する際の手続はQ11に記載のとおりですが、種類株式の発行に際しては、普通株式の発行手続に加え、さらなる手続が必要になります。ここでは、会社が新たな種類の種類株式を設けて発行する場合を例に説明します。

1 発行するために必要な手続

会社が新たな種類の種類株式を設ける場合には、まず、定款において当該種類株式の内容を定めるため（法108条2項）、株主総会決議で定款変更を行う必要があります。なお、機動的な種類株式の発行を可能とするため、同項各号に定める事項であって、かつ施行規則20条1項各号所定の事項に該当しない事項につ

いては、定款には内容の要綱のみを定め、具体的な内容については、当該種類株式をはじめて発行する時までに株主総会（取締役会設置会社では株主総会または取締役会）で定めることとすることもできます（法108条3項）。

なお、Q55で後述するように、種類株式発行会社が別の種類の種類株式を設ける場合において、既発行の種類株式の株主に損害を及ぼすおそれがあるときには、当該既発行の種類株式の種類株主総会の特別決議も必要となります（法322条1項1号イ）。

2　発行可能種類株式総数

種類株式を発行する場合には、当該種類株式の発行可能種類株式総数を定款に定める必要があります（法108条2項柱書）。なお、会社法は、発行可能株式総数についても定款に定めることを要求していますが（法37条、113条）、この発行可能株式総数と、発行可能種類株式総数の関係については特に規律が設けられておらず、発行可能種類株式総数の合計数が発行可能株式総数を超えることも、逆に発行可能種類株式総数の合計数が発行可能株式数を下回ることも問題ありません。もっとも、実務上は、発行可能株式総数と、発行可能種類株式総数の合計数を一致させることが多いように思われます。

3　公開会社と非公開会社との違い

公開会社は取締役会設置会社ですので、定款に種類株式の内容が定められているのであれば、有利発行でないかぎり、取締役会決議で当該種類株式を発行することができます（法201条1項、199条2項・3項）。しかしながら、Q53で後述するように、実務上は、公開会社の場合でも、株主総会の特別決議を経たうえで、種類株式を発行するケースが多く見られます（法199条3項、201条1項、309条2項5号）。

Q53　種類株式の有利発行

種類株式の発行が有利発行にあたる場合はどのような手続が必要ですか。

会社法は、公開会社が株式を発行する場合であっても、有利発行にあたる場合には、株主総会の特別決議を要求しており（Q17参照）、種類株式の発行に際しても、それが有利発行に該当するのであれば、株主総会の特別決議が必要になります（法199条3項、201条1項、309条2項5号）。

種類株式についてもファイナンス理論に基づき公正価格を算定して有利発行該当性を判断するべきと考えられますが、種類株式は、普通株式と権利内容が異なることから、その異なる内容を把握し、妥当な価値を算出することが難しく、普通株式以上にその公正な価値を算定することが困難です。また、新たな種類株式

を設ける場合には、定款変更が必要となることから、いずれにせよ株主総会の特別決議が必要となります。そこで実務上は、公開会社でも、種類株式の発行にあたり、念のため有利発行と扱って株主総会の特別決議を経たうえで、種類株式を発行するケースが多いように思われます。

Q54　種類株式の上場

種類株式を上場することはできますか。

東証では、上場会社が発行する非参加型優先株式または子会社連動配当株を上場することを認めています。また、東証は、複数議決権制度（**Q44**参照）のもとでの議決権の少ない株式や無議決権株式の上場も認めています。

1　優先株等の上場制度

東証では、すでに普通株式を上場している株式会社が発行する非参加型優先株式または子会社連動配当株式（「優先株等」）については、普通株式とは異なる取扱いによって上場することを認めています（上場規程第3編）。優先株等は、利益配当、残余財産の分配、株式の消却、普通株式等への転換権および議決権等の条件で、普通株式と異なる特殊な商品性を具備することになるため、上場審査にあたっても、上場会社の利益性、企業内容等の開示の適正性、公益または投資者保護の観点からの審査が行われます（上場規程805条1項、上場審査ガイドラインV）。

また、上場後も、優先株等の発行者である上場会社は、通常の適時開示だけでなく、優先株等への投資者の投資判断に重大な影響を与える情報についての適時開示も義務づけられています（上場規程806条）。

さらに、優先株等の絶対的な流通量が不足し、公正な価格形成が困難となる等優先株等の上場廃止基準に抵触した場合や、上場会社の発行する普通株式が上場廃止基準に適合することとなった場合には、優先株等の全銘柄の上場を廃止することとされています（上場規程808条）。

2　議決権種類株式の上場制度

東証の有価証券上場規程では、①複数の種類の議決権付株式を発行している会社における（取締役の選解任その他の重要な事項についての）議決権の少ない株式および②無議決権株式（取締役の選解任その他の重要な事項について議決権が制限されている株式）を上場させることができるとされています（上場規程205条9号の2、302条の2第1項）。

ただし、すでに普通株式を上場している会社の場合、無議決権株式を追加で上場することは可能ですが、議決権の多い株式または少ない株式を追加で上場する

ことはできません。

　新規上場の場合は、無議決権株式を議決権付株式（普通株式）と同時に、あるいは無議決権株式のみで（普通株式は上場させずに）上場させることが可能です。また、議決権の少ない株式のみを上場させることも可能です。しかし、議決権の少ない株式と議決権の多い株式を同時に上場させることはできません。

上場させることができる株式

	無議決権株式	議決権の多い株式	議決権の少ない株式
既上場会社	○（追加上場）	×	×
新規上場会社	○（単独・同時上場いずれも可）	×	○（他の株式との同時上場不可）

　無議決権株式および議決権の少ない株式の上場にあたっては、通常の上場審査基準を満たすことに加えて、議決権の多い株式等を有する特定の者が経営に関与し続けることができる状況を確保すること等が、株主共同の利益の観点から必要であると認められ、かつ、そのスキームが当該必要性に照らして議決権の多い株式等の株主を不当に利するものではなく相当なものであると認められること等の観点からの審査が行われます（上場審査ガイドラインⅡ6(4)(5)、Ⅲの4、Ⅴ）。

3　種類株式の上場例

　上場会社が発行する種類株式のほとんどは、剰余金の配当や残余財産の分配に関する優先株式であり、上場せずに、第三者割当てにより発行されるのが通例です。

　現在、取引所に上場されている優先株式は、株式会社伊藤園が平成19年9月に上場し、同年11月に公募増資にて発行した第1種優先株式のみです。

　議決権種類株式については、CYBERDYNE株式会社が平成26年3月に新規上場した際に、複数議決権制度のもとで議決権の少ない株式のみを東証マザーズに上場しています。

　現在のところ、無議決権株式の上場事例はありません。

Q55　種類株主総会決議

　種類株主総会の決議が必要となるのはどのような場合ですか。

　種類株主総会とは、ある種類の株式の株主（種類株主）の総会をいいます（法2条14号）。種類株主総会の決議は、①会社法の規定に基づいて行われる場合（法定種類株主総会）と、②定款の定めに基づいて行われる場合（任意種類株主総

会）があります（法321条）。

1 法定種類株主総会

　法定種類株主総会において要求される決議事項および決議要件は以下のとおりです。

法定種類株主総会の決議事項および決議要件

	決議事項	法定の決議要件	適用条項
①	ある種類の種類株主に損害を及ぼすおそれがある場合	特別決議（定款で排除可能）	法322条1項・2項
②	拒否権付種類株式が発行された場合における拒否権の対象事項	普通決議	法323条、108条1項8号
③	取締役・監査役選任権付種類株式が発行された場合における取締役・監査役の選解任	普通決議（監査役の解任のみ特別決議）	法347条、329条1項、339条1項、108条1項9号
④	ある種類株式に譲渡制限または全部取得条項を付す場合における定款変更	譲渡制限を付す場合：特殊決議 全部取得条項を付す場合：特別決議	法111条2項
⑤	種類株式発行会社における譲渡制限株式の募集または譲渡制限株式を目的とする新株予約権の発行	特別決議（定款で排除可能）	譲渡制限株式の募集：法199条4項、200条4項 譲渡制限株式を目的とする新株予約権の募集：法238条4項、239条4項

⑥	組織再編の対価として譲渡制限株式等が割り当てられる場合における組織再編契約の承認	消滅会社等において譲渡制限株式等の割当てを受ける種類の株式（ただし、譲渡制限株式を除く）がある場合における合併契約等の承認：特殊決議 存続会社等において交付する株式が譲渡制限株式である場合における合併契約等の承認：特別決議	消滅会社等において譲渡制限株式等の割当てを受ける種類の株式（ただし、譲渡制限株式を除く）がある場合における合併契約等の承認：法783条3項、804条3項 存続会社等において交付する株式が譲渡制限株式である場合における合併契約等の承認：法795条4項

　以下では、①のある種類の株式の種類株主に損害を及ぼすおそれがある場合に、法322条1項に基づき要求される種類株主総会について解説します。

(1) 法322条1項各号に掲げる行為

　法322条1項は、種類株式発行会社が、①同項各号に掲げる行為をする場合において、②ある種類の株式の種類株主に損害を及ぼすおそれがあるときは、当該種類の株式の種類株主を構成員とする種類株主総会の決議がなければ、その行為は効力を生じないものと規定しています。

　法322条1項各号に掲げられている行為は以下のとおりです。

法322条1項各号に掲げられている行為

性質	対象行為	法322条1項の該当条項
定款変更	株式の種類の追加	1号イ
	株式の内容の変更	1号ロ
	発行可能株式総数の増加	1号ハ
	発行可能種類株式総数の増加	1号ハ
株式数の増減に関わる行為	特別支配株主による株式等売渡請求の承認	1号の2
	株式の併合または株式の分割	2号
	株式無償割当て	3号
	株主割当てによる株式引受人の募集	4号

	株主割当てによる新株予約権引受人の募集	5号
	新株予約権無償割当て	6号
組織再編行為	合併	7号
	吸収分割	8号
	吸収分割による権利義務の承継	9号
	新設分割	10号
	株式交換	11号
	株式交換による株式の取得	12号
	株式移転	13号

(2) 損害を及ぼすおそれ

「損害を及ぼすおそれ」とは、ある種類の株式の種類株主の割合的権利が抽象的な権利として見て変更前よりも不利益になる場合をいい、具体的な実損害が生じることまでは必要ないと考えられています。具体的にいえば、配当金に関する定款の規定を変更する場合に、ある種類の株式の種類株主に対して配当される金額が現実に減少することまでは確定的ではないが、配当される金額が減少しうるならば、当該種類株主の種類株主総会が必要ということになります。

「損害を及ぼすおそれ」が存在するか否かの判断は容易ではありません。その一方で、法322条1項により種類株主総会の決議が必要であるにもかかわらず、その決議を経ずに行った場合には、かかる行為の効力は生じないものとされています。このように、決議が必要であるにもかかわらず決議を行わなかった場合の影響が大きいことから、実務上は、判断が分かれうる場合には、念のため種類株主総会の決議を経ることが多く見られます。

(3) 定款による種類株主総会の決議の排除

前述のとおり、「損害を及ぼすおそれ」に該当するか否かの判断が難しいことから、実務上は念のため種類株主総会決議を経ることが多く見られますが、そうすると法322条1項各号所定の行為について、事実上、種類株主総会が拒否権を有することになります。

かかる事態を回避するため、法322条2項および3項は、種類株式の内容として、同条1項に定める種類株主総会の決議を要しない旨を定款で定めることを許容しています。

この定款による種類株主総会の決議の排除については、以下の点について留意する必要があります。

① かかる定款の定めによっても、法322条1項各号所定の行為のうち、定款変更（ただし、単元株式数についてのものを除きます）について、種類株主総会の決議を排除することはできません（同条3項ただし書）。
② かかる定款の定めを置いた場合、会社が法322条1項2号から6号までの行為を行う場合には、当該種類の種類株主に株式買取請求権が付与されます（法116条1項3号）。
③ ある種類株式の発行後に、当該種類株式について、かかる定款の定めを設ける場合には、当該種類の種類株主全員の同意を得なければなりません（法322条4項）。

2 任意種類株主総会

種類株主総会は、法定の事項に加え、定款で定めた事項についても決議することができます（法321条）。しかしながら、株主総会や取締役会等の会社全体の利益を代表する機関の権限を排して一部の種類の株式の種類株主から構成される種類株主総会に会社の意思決定を委ねてよい事項には限界があり、定款による種類株主総会決議事項は、「当該種類株主の利害に密接な関係がある事項」に限定されると解すべきであるという考えもあります。定款で種類株主総会の決議事項として定めることができる典型例としては、譲渡制限株式における譲渡承認を挙げることができます。

3 種類株式発行会社における株主総会・種類株主総会の決議（設例）

すでに複数の種類株式を発行している公開会社（X社）が新たな種類株式を発行する場合に、X社において必要となる株主総会および種類株主総会の決議を以下の設例で検討します。なお、以下の設例におけるC種優先株式の発行は、いわゆる有利発行に該当するものと仮定します。

> ＜設例＞
> 普通株式、A種優先株式およびB種優先株式を発行しているX社が、新たに剰余金の配当について、普通株式、A種優先株式およびB種優先株式に優先するC種優先株式を発行する。A種優先株式とB種優先株式は拒否権付種類株式でもあり、その内容として、定款において「当会社が募集株式を発行する場合には、A種優先株主およびB種優先株主を構成員とする種類株主総会の決議を要する。」との規定が定められている。なお、A種優先株式、B種優先株式は無議決権種類株式ではない。

まず、C種優先株式は、剰余金の配当について、普通株式、A種優先株式およびB種優先株式に優先します。したがって、C種優先株式の発行は、X社の普通株主、A種優先株主およびB種優先株主に「損害を及ぼすおそれ」が認め

られることになります。

　新たな種類株式であるC種優先株式を発行するためには、X社の定款を変更して、株式の種類を追加する必要があります（法108条2項）。さらに、C種優先株式の発行は有利発行ですので、C種優先株式の発行を全体の株主総会で決議する必要があります（法199条3項、309条2項5号）。

　そこで、まず、X社の普通株主、A種優先株主およびB種優先株主を構成員とする通常の株主総会において定款変更およびC種優先株式の発行の株主総会決議を行う必要があります（下記①）。

　次に、かかる定款変更は、「株式の種類の追加」（法322条1項1号イ）に該当するので、種類株主総会の決議を排除する定款の定めの有無にかかわらず、当該定款変更について、普通株主を構成員とする種類株主総会の決議（下記②）、A種優先株主を構成員とする種類株主総会（下記③）およびB種優先株主を構成員とする種類株主総会（下記④）の決議が必要です（法322条1項1号イ、324条2項4号）。種類株式発行会社では、普通株式も一種の種類株式であると整理されますので、普通株主を構成員とする種類株主総会の決議も必要となる点に注意する必要があります。

　さらに、X社の定款上、A種優先株式、B種優先株式の内容として、「当会社が募集株式を発行する場合には、A種優先株主およびB種優先株主を構成員とする種類株主総会の決議を要する。」との規定があることから、かかる拒否権規定に基づき、C種優先株式の発行について、A種優先株主およびB種優先株主を構成員とする種類株主総会の決議（下記⑤）が必要となります。

　以上をまとめると、C種優先株式の発行のためにX社で必要な株主総会および種類株主総会は以下の5つになります。

① 普通株主、A種優先株主およびB種優先株主を構成員とする通常の株主総会における定款変更およびC種優先株式の発行決議
② 普通株主を構成員とする種類株主総会における定款変更
③ A種優先株主を構成員とする種類株主総会における定款変更
④ B種優先株主を構成員とする種類株主総会における定款変更
⑤ A種優先株主およびB種優先株主を構成員とする種類株主総会におけるC種優先株式の発行決議

Q56　種類株主総会の手続

株主総会と種類株主総会を同時に開催することができますか。

　種類株主総会の手続については、一部の規定（法295条1項・2項、296条1

項・2項、309条）を除き、株主総会に関する規定が準用されており（法325条）、基本的には株主総会と同様の手続により行われます。

次に招集通知については、株主総会の招集通知と各種類株主総会の招集通知をあわせて一通の書面で行うことも可能です。もっとも、同一の決議に、株主総会の決議と種類株主総会の決議の双方が含まれると解することはできないことから、招集通知にも、株主総会と種類株主総会の双方に関する手続であることを明示する必要があります。

議事の進行については、株主総会の構成員と種類株主総会の構成員が完全に一致する場合には、両者の議事をその旨明示したうえで同時並行で進めることも許されると考えられます。一方、株主総会の構成員と種類株主総会の構成員が異なる場合には、両者の議事を同時並行で進めることは、決議の取消事由に該当するいう見解が有力です。

なお、基準日については、株主総会と種類株主総会についてそれぞれ設定することが必要です。定時株主総会の基準日はあらかじめ定款で事業年度末日とされることが通常ですが、定時株主総会と同日に開催される種類株主総会にも当該規定を準用する旨の規定を定款に定めることがあります。

Q57　種類株式と登記

種類株式を発行するときに必要となる登記はどのようなものですか。

種類株式の発行にかかる変更登記は、①定款に種類株式の内容および発行可能種類株式総数を定めたとき（定款上の発行可能株式総数も同時に変更される場合も多く見られます。また、実際に当該種類株式を発行したか否かにかかわりません）および②種類株式を発行したときに必要となります。

①に関する登記事項は、(i)発行可能種類株式総数、(ii)種類株式の内容、(iii)変更年月日、および、(iv)（変更する場合は）発行可能株式総数であり（法915条1項、911条3項6号、7号）、②に関する登記事項は、(i)発行済株式の総数ならびにその種類および種類ごとの数、(ii)資本金の額、(iii)変更年月日（法915条1項、911条3項9号）となります。①は定款変更の効力発生日から、②は当該種類株式の発行日からそれぞれ2週間以内に登記を申請することが必要であり、①と②を同時に申請することも可能です。

なお、①の登記で登記すべき種類株式の内容は、定款で定めるべき以下の事項となります（法911条3項7号、108条2項、施20条1項）。

登記すべき種類株式の内容

	定款で定めるべき種類株式の内容	
		要綱で足りる事項
剰余金の配当	配当財産の種類	配当財産の価額の決定方法 剰余金の配当条件その他配当に関する取扱い
残余財産の分配	残余財産の種類	残余財産の価額の決定方法 残余財産の分配に関する取扱い
議決権の制限	株主総会において議決権を行使することができる事項	議決権の行使の条件を定めるときは、その条件
譲渡制限	株式の譲渡による取得につき会社の承認を要する旨	一定の場合には会社が承認したものとみなすときは、その旨および当該一定の場合
取得請求権	株主が会社に対して取得請求権を有する旨 株式の取得と引換えに株主に交付する財産の種類	株式の取得と引換えに株主に交付する財産の内容、数または算定方法 取得請求の可能な期間
取得条項	一定の事由が生じた日に会社が株式を取得する旨 会社が別に定める日の到来をもって上記一定の事由とするときは、その旨 株式の一部を取得することとするとき（各株主に平等な場合を除く）は、その旨および一部の決定方法 株式の取得と引換えに交付する財産の種類	左記一定の事由 株式の取得と引換えに株主に交付する財産の内容、数または算定方法
全部取得条項	取得対価の価額の決定方法	株式の全部取得にかかる株主総会の決議についての条件を定めるときは、その条件
拒否権	種類株主総会において拒否権を有する事項	種類株主総会の決議を必要とする条件を定めるときは、その条件

取締役・監査役の選任権	種類株主総会において取締役または監査役を選任することおよびその人数 他の種類株主と共同して選任するときは、当該他の種類株式および選任する人数	左記の事項を変更する条件があるときは、その条件および条件成就後のこれらの事項 施行規則19条の事項

　定款で種類株式の内容の要綱を定めた場合には、当該種類の株式をはじめて発行する時までに、株主総会（取締役会設置会社にあっては株主総会または取締役会）の決議によってその具体的内容を定めなければなりません（法108条3項）。この決議をした場合には、発行する各種類の株式の内容の変更の登記をしなければなりません（平成18・3・31民商782号通達）。なお、1つの種類の株式について、発行時期ごとに異なる優先配当額を定めることは、認められていません（前記通達第2部第2・2(2)ア(ウ)、**Q39**参照）。

　なお、法322条2項の定款の定めは、種類株式の内容として登記すべき事項となりますが、法199条4項および238条4項の定款の定めは、種類株式の内容に含まれないため登記すべき事項ではありません（施20条2項6号）。

③ 新株予約権

Q58　新株予約権とは

　新株予約権とはどのようなものですか。

1　新株予約権とは

　新株予約権とは、株式会社に対して行使することにより当該株式会社の株式の交付を受けることができる権利（法2条21号）のことをいいます。新株予約権を行使できる期間（行使期間）と価額（行使価額）は新株予約権を発行した株式会社によってあらかじめ定められており、新株予約権を有する者（新株予約権者）は、行使期間内に当該株式会社に行使価額を払い込むことで、株式会社から一定数の株式の交付を受けることができます（新株予約権の行使）。新株予約権を行使することで、新株予約権者は当然に株主となります（法282条1項）。

　また、新株予約権を発行する方法としては、第三者割当ての方法による場合が多く見られますが、公募の方法や株主割当ての方法により発行される場合や、新株予約権無償割当て（法277条）の方法により発行される場合もあります。

2　新株予約権の発行目的

　新株予約権は、本書で述べる資金調達を目的とした発行のほか、役員、従業員

および社外協力者に対するストック・オプション目的、そのほか買収防衛策の手法として発行されることがあります。

> **Q59 新株予約権による資金調達**
>
> 新株予約権を用いた資金調達の方法にはどのようなものがありますか。

割当者が一定の価額を払い込んで新株予約権の交付を受ける有償発行の場合には、新株予約権発行の際の払込金額の払込みと、新株予約権行使の際の行使価額の払込みの2段階で資金調達がなされます。一方、新株予約権無償割当てを含めて、新株予約権が無償発行される場合には、当該新株予約権が行使されるときのみ株式会社に資金が払い込まれ、資金調達がなされます。

したがって、有償発行の場合には新株予約権の発行自体が資金調達の方法といえますが、通常、発行の際の払込金額は行使価額に比して相当に低く設定されているため、発行会社にとっては、新株予約権が行使され、行使価額が払い込まれることが重要となります。また、新株予約権が無償発行される場合には、新株予約権が行使され、行使価額が払い込まれない限り、資金調達の目的を達成することができません。しかしながら、新株予約権を行使するか否か、またいつ行使するかは、会社法上、行使期間内であれば新株予約権者の自由であるため、発行会社が希望するタイミングや金額で資金が得られない可能性があります。

そこで、資金調達の手段として新株予約権を用いる場合には、下記のようにあらかじめ新株予約権行使のインセンティブとなる条件を付したり他の資金調達手段と組み合わせる等の方法をとることがよく見受けられます。

① エクイティ・コミットメントライン（Q71参照）
② 新株予約権付ローン（Q72参照）
③ MSワラント（Q73参照）
④ ライツオファリング（Q74参照）

これらの方法のうち、①から③は、第三者割当ての方法、④は、新株予約権無償割当ての方法による資金調達になります。

> **Q60 新株予約権の内容**
>
> 新株予約権の内容とはどのようなものですか。また、新株予約権の内容にはどのような事項が定められますか。

新株予約権の内容とは、会社が新株予約権を発行する際に定めなければならない事項、および一定の場合には定める必要のある事項をいい、発行時の募集事項

（Q63 参照）として記載することになります。

　新株予約権の内容として定めるべき事項は、下記図表のとおりであり、法236条1項に列挙されています。

新株予約権の内容として定めるべき事項

常に必要	①	当該新株予約権の目的である株式の数（種類株式発行会社においては株式の種類および種類ごとの数）またはその数の算定方法（1号）
	②	当該新株予約権の行使価額またはその算定方法（2号）
	③	新株予約権の行使期間（4号）
	④	当該新株予約権の行使により株式を発行する場合に増加する資本金および資本準備金に関する事項（5号）
一定の場合に必要	⑤	行使に際して現物出資をする場合には、その旨ならびに出資する財産の内容および価額（3号）
	⑥	当該新株予約権の譲渡に当該株式会社の承認を要することとする場合（譲渡制限新株予約権とする場合）には、その旨（6号）
	⑦	当該新株予約権を取得条項付新株予約権とする場合（会社が強制取得できる旨の条項を付す場合）には、その旨および取得事由等の一定の事項（7号）
	⑧	当該株式会社が組織再編行為を行う場合に他の株式会社（存続会社等）の新株予約権を交付することとする場合には、その旨および条件（8号）
	⑨	当該新株予約権を行使した際に交付される株式数に端数が生ずる場合において、これを切り捨てることとするときはその旨（9号）
	⑩	新株予約権証券を発行するときはその旨（10号）
	⑪	新株予約権証券を発行する場合において、新株予約権者に証券の記名式・無記名式の転換請求権を認めないこととする場合はその旨（11号）
	⑫	当該新株予約権の行使の条件（法236条1項列挙事項ではないものの、一般的に新株予約権の内容として記載されます）

Q61　新株予約権の行使価額

　行使価額とはどのようなものですか。

　新株予約権の行使価額とは、新株予約権の行使に際して出資される財産の価額を指します（法236条1項2号、281条1項）。これは新株予約権1個を行使するのに必要な額を意味しますが、実務では、多くの場合、新株予約権の行使に伴い交付される株式1株あたりの出資価額（以下「1株あたり行使価額」といいます）

を定め、この額に新株予約権1個を行使した際に交付される株式数(以下「交付株式数」といいます)を乗じた額を行使価額としています。たとえば、1株あたり行使価額を1000円、新株予約権1個を行使した際の交付株式数を10株とした場合、新株予約権1個あたりの行使価額は1万円となります。

なお、実務では、行使価額の算定の際に、1株あたり行使価額のことを「行使価額」と定義することも多いことから(後記発行要項例参照)、会社法上の決議事項である法236条1項2号の行使価額(新株予約権1個あたりの行使価額)と混同しないように注意することが必要です。

1株あたり行使価額が、その時点での株式1株の時価よりも低ければ、新株予約権を行使するメリットがあることになります。

行使価額の調整(Q62参照)の際には、募集事項に記載した行使価額または調整直前の行使価額(以下「調整前行使価額」といいます)を基準として、調整後の行使価額を算定することが通常です。

Q62　行使価額の調整

行使価額の調整とはどのようなものですか。

1株あたり行使価額を定めた日(行使価額を定額で定めた場合)または行使価額算定の基準日(行使価額の算定式を定めた場合)以降に株式併合や株式分割を行った場合や、基準時の株式の時価や1株あたり行使価額を下回る価額で株式を交付した場合(株式無償割当ても含みます)等には、株式数の変動に伴い株式1株あたりの価値も変動するため、行使価額についても当該株式の価値の変動に応じて調整することがあります。

調整方法の考え方は原則として種類株式における転換価額の場合と同様ですが(Q47参照)、新株予約権における行使価額の具体的な調整方法としては、下記のような算式を用いて調整後の行使価額を算出することが一般的です。

行使価額の価額調整にかかる発行要項の条項の例は、以下のとおりです(以下の例②および③では、「1株あたり行使価額」を「行使価額」として定義しています)。

① 基準日後、当社が株式分割または株式併合を行う場合は、次の算式により行使価額を調整し、調整の結果生じる1円未満の端数は切り上げるものとする。

$$調整後行使価額 = 調整前行使価額 \times \frac{1}{株式分割または株式併合の比率}$$

② マーケットプライス方式:基準日後、当社が時価を下回る価額で株式を交

付する場合には、次の算式により行使価額を調整し、調整により生ずる1円未満の端数は切り上げるものとする。

$$調整後行使価額 = 調整前行使価額 \times \frac{既発行株式数 + \frac{交付株式数 \times 1株あたり払込金額}{株式交付前の時価}}{既発行株式数 + 交付株式数}$$

③ コンバージョンプライス方式：基準日後、当社が調整前行使価額を下回る価額で株式を交付する場合には、次の算式により行使価額を調整し、調整により生ずる1円未満の端数は切り上げるものとする。

$$調整後行使価額 = 調整前行使価額 \times \frac{既発行株式数 + \frac{交付株式数 \times 1株あたり払込金額}{調整前行使価額}}{既発行株式数 + 交付株式数}$$

Q63 新株予約権の発行の手続

新株予約権を発行するためには、どのような手続が必要ですか。

新株予約権を引き受ける者の募集により新株予約権を発行する場合の手続は以下のとおりです。なお、会社が保有する自己新株予約権の処分は、自己株式の処分と異なり、募集の手続を行う必要がありません。

新株予約権を発行するための会社法上の手続の概要

募集事項の決定
（発行決議）

募集新株予約権の内容、無償・有償の別（有償の場合の払込金額）、割当日等を決定する

↓

株主に対する募集事項の通知または公告

決定された募集事項の内容を株主に知らせ、発行差止めの機会を与える
※一定の場合には不要

↓　　　　　　　　　　　　　　　↓

募集新株予約権の引受けの申込みをしようとする者に対する募集事項等の通知	（総数引受契約の場合） ↓

申込みをしようとする者に募集事項を通知

```
        ↓                              ┌─────────────────┐
┌──────────────────────┐               │  総数引受契約の  │
│  募集新株予約権の申込み │               │     締結        │
└──────────────────────┘               └─────────────────┘
```
申込みをしようとする者の意思を確認する　　株式会社が募集新株予約権を発行するにあたり、引受けをしようとする者との間で、発行される募集新株予約権の全部を引き受ける旨の契約を締結する

```
        ↓
┌──────────────────────────┐
│  募集新株予約権の割当て・通知 │
└──────────────────────────┘
```
申込者の中から割当てを受ける者とその数を定め、申込者に通知する（なお、発行決議と同時に、申込みを条件として割当ての決議を行うことも多い）

```
┌──────────────────────┐
│  募集新株予約権の引受け │
└──────────────────────┘
```
申込者は割当てを受けた数について引受人となる

```
        ↓                                    ↓
┌──────────────────────────────────────────────┐
│            募集新株予約権の効力発生            │
└──────────────────────────────────────────────┘
```
引受人は割当日に新株予約権者となる（有償発行でも払込みの有無を問わない）

```
        ↓
┌──────────────────────────────────────────────┐
│               発行後の手続等                  │
└──────────────────────────────────────────────┘
```
新株予約権証券の発行や商業登記等、新株予約権の発行後に必要な手続を行う

1　募集事項の決定

(1)　募集事項

　募集新株予約権を引き受ける者を募集する際に決定する以下の事項を「募集事項」といいます（法238条1項各号）。実務上、募集事項は下記(2)の決議に際して、発行要項のかたちにまとめられることが通常です（後記発行要項参照）。

① 募集新株予約権の内容（**Q60**参照）および数
② 募集新株予約権と引換えに金銭の払込みを要しないこと（無償発行）とする場合は、その旨
③ ②以外の場合（有償発行の場合）には、募集新株予約権の払込金額またはその算定方法
④ 募集新株予約権の割当日
⑤ 募集新株予約権と引換えに支払う金銭の払込みの期日を定める場合はその期日
⑥ 募集新株予約権が新株予約権付社債に付されたものであるときは募集社債に関する事項
⑦ 募集新株予約権が新株予約権付社債に付されたものである場合において当

該新株予約権の買取請求の方法について別段の定めをするときは、その定め
(2) 募集事項の決定決議

株式会社は、新株予約権を引き受ける者を募集するたびに、上記の募集事項を決定する必要があります。決定機関は下記のとおり、会社の機関設計等によって異なります。

　ア　非公開会社

非公開会社が行う第三者割当てにおける募集事項の決定は、原則として、株主総会の特別決議により行います（法238条2項、309条2項6号）。

もっとも、株主総会の特別決議により、募集事項の決定を取締役（取締役会設置会社でない場合）または取締役会に委任することが認められています（法239条1項、309条2項6号）。この場合、当該株主総会の特別決議により、当該委任に基づいて募集事項の決定をすることができる募集新株予約権の内容および数の上限、金銭の払込みを要しないこととする場合はその旨、それ以外の場合には払込金額の下限を定める必要があります（法239条1項各号）。また、当該委任は、割当日が当該決議の日から1年以内の日である募集についてのみ効力を有します（同条3項）。

募集新株予約権につき金銭の払込みを要しないことまたは払込金額もしくはその下限（募集事項の決定を取締役（取締役会設置会社でない場合）または取締役会に委任する場合）が当該募集新株予約権を引き受ける者に特に有利な条件または金額であるとき、すなわち有利発行に該当するとき（Q67参照）は、株主総会における特別決議に加え、取締役は、株主総会において、有利な条件または有利な金額で募集をすることを必要とする理由を説明する必要があります（法238条3項、239条2項）。

　イ　公開会社

公開会社の場合は、原則として、募集事項は取締役会の決議で決定されます（法240条1項）。有利発行に該当するときは、非公開会社と同様、株主総会における特別決議で決定され、また、取締役は、株主総会において、有利な条件によることを必要とする理由を説明する必要があります（同項、238条2項・3項、309条2項6号）。

公開会社においては、取締役会において募集事項が決定された場合、割当日の2週間前までに当該募集事項を通知または公告する必要があります（法240条2項・3項）。ただし、上記時点までに金商法上の一定の開示書類（有価証券届出書、発行登録書または臨時報告書等）を提出している場合（当該募集事項に相当する事項が内容として含まれている場合に限られます）には、通知または公告を省略することができます（法240条4項、施53条）。

ウ　監査等委員会設置会社、指名委員会等設置会社

募集事項の決定を取締役会から取締役ないし執行役に委任できることについてQ15をご参照ください。

2　申込みをしようとする者への募集事項等の通知

募集事項の決定後、新株予約権の引受けの申込みをしようとする者に対して、株式会社は、当該会社の商号や募集事項等の一定の事項を通知します（法242条1項、施54条）。通知の形式には制限はなく、書面以外に電磁的方法で行うことも可能です。また、金商法上の目論見書等を交付することでこれらの事項を提供している場合には、あらためての通知は不要になります（法242条4項）。

なお、株主割当ての場合には、上記の通知とは別に、株主に、①募集事項、②当該株主が割当てを受ける募集新株予約権の内容および数、ならびに、③申込期日を通知する必要がありますが（法241条4項）、これらの通知を同時に行い、共通する事項は兼ねることができます。

3　申込み

新株予約権の引受けの申込みをする者は、その氏名または名称および住所と、引き受けようとする募集新株予約権の数を記載した書面を交付（株式会社の承諾がある場合には電磁的方法も可能）して、申込みを行う必要があります（法242条2項・3項）。

4　割当てを受ける者の決定・通知

株式会社は、申込者の中から募集新株予約権の割当てを受ける者を定め、かつ、その者に割り当てる募集新株予約権の数を決定しなければなりません。

割当ての決定について、①募集新株予約権の目的である株式の全部または一部が譲渡制限株式である場合、②募集新株予約権が譲渡制限新株予約権（譲渡について株式会社の承認を要する旨の定めがある新株予約権）である場合には、株主総会（取締役会設置会社の場合は取締役会）の決議が必要となります（法243条2項）。ただし、当該決議を要さないこととする定款の定めを置くことができます（同項ただし書）。

また、株式会社は、割当日の前日までに、申込者に対し、割り当てる募集新株予約権の数を通知しなければなりません（法243条3項）。

5　割当日の到来

無償発行の場合のみならず、有償発行の場合にも、申込者による新株予約権の払込金額の払込みを待たずして、割当日の到来をもって新株予約権は発行され、申込者は新株予約権者となります（法245条1項）。発行会社は発行から2週間以内にその登記をする必要があります（法915条1項、911条3項12号）。

6　払込み

　新株予約権の発行対価である払込金額について、新株予約権の割当てを受けた者は、払込みの期日が定められている場合（上記1参照）には当該期日、その他の場合には新株予約権の行使期間の初日の前日までに、払込金額の全額を払い込まなければなりません（法246条1項）。当該期日までに払込みがなかった場合には、当該募集新株予約権は行使できないものとなり、当然に消滅します（同条3項、287条）（**Q65**参照）。

　新株予約権者は、会社の承諾があるときは、新株予約権にかかる払込みに代えて、金銭以外の財産を給付し、または会社に対する債権をもって相殺することができます（法246条2項）。この現物給付は、株式を発行する局面でされるものではないため、裁判所の選任した検査役による調査の制度はありません（法207条参照）。

7　総数引受契約を締結した場合

　募集新株予約権を引き受けようとする者が、株式会社と、当該新株予約権の総数を引き受ける旨の契約（総数引受契約）を締結した場合には、上記2から4の手続は適用されません（法244条1項）。株式にかかる総数引受契約と同様に（**Q24**参照）、新株予約権の総数を複数の者で引き受ける場合であっても、実質的に同一の機会に一体的な契約で募集新株予約権の総数の引受けが行われていれば、上記の総数引受契約として取り扱われます。

　募集新株予約権の目的である株式の全部もしくは一部が譲渡制限株式であるとき、または募集新株予約権が譲渡制限新株予約権であるときは、定款に別段の定めがない限り、株主総会の特別決議（取締役会設置会社においては取締役会の決議）によって、かかる総数引受契約の承認を受ける必要がある点（法244条3項、309条2項6号）も株式の場合と同様です。

新株予約権の発行要項の例（上場会社）

　　　　　　　　　○株式会社第○回新株予約権発行要項
1．新株予約権の名称　　○株式会社第○回新株予約権（以下「本新株予約権」という）
2．本新株予約権の目的となる株式の種類および数
　(1)　本新株予約権の目的となる株式の種類は当社普通株式とし、その総数は、○株とする（本新株予約権1個の行使請求により当社が当社普通株式を新たに発行またはこれに代えて当社の保有する当社普通株式を処分（以下、当社普通株式の発行または処分を「交付」という）する数（以下「交付株式数」という）は、○株とする）。ただし、本項第(2)号ないし第(4)号により交付株式数が調整される場合には、本新株予約権の目的となる株式の総数も調整後交付株式数に応じて調整されるものとする。
　(2)　当社が第11項および第12項の規定に従って、行使価額（第10項第(2)号に定義

する）の調整を行う場合には、交付株式数は次の算式により調整される。ただし、調整の結果生じる1株未満の端数は切り捨てるものとする。

$$調整後交付株式数 = \frac{調整前交付株式数 \times 調整前行使価額}{調整後行使価額}$$

　　　上記算式における調整前行使価額および調整後行使価額は、第11項および第12項に定める調整前行使価額および調整後行使価額とする。
　(3) 調整後交付株式数の適用日は、当該調整事由に係る第12項および第15項による行使価額の調整に関し、各調整事由毎に定める調整後行使価額を適用する日と同日とする。
　(4) 交付株式数の調整を行うときは、当社は、調整後交付株式数の適用開始日の前日までに、本新株予約権の新株予約権者に対し、かかる調整を行う旨ならびにその事由、調整前交付株式数、調整後交付株式数およびその適用開始日その他必要な事項を書面で通知する。ただし、適用開始日の前日までに上記通知を行うことができない場合には、適用開始日以降速やかにこれを行う。
3．本新株予約権の総数　　　　　　　○個
4．各本新株予約権の払込金額　　　　本新株予約権1個あたり金○円（○円／株）
5．新株予約権の払込金額の総額　　　金○円
6．申込期日　　　　　　　　　　　　平成○年○月○日
7．割当日および払込期日　　　　　　平成○年○月○日
8．申込取扱場所　　　　　　　　　　○株式会社 ○部
9．募集の方法および割当先　　　　　第三者割当ての方法により、本新株予約権の全部を○○株式会社に割り当てる。
10．本新株予約権の行使に際して出資される財産の価額
　(1) 本新株予約権の行使に際して出資される財産は金銭とし、その価額は、行使価額（以下に定義する）に当該行使に係る本新株予約権の交付株式数を乗じた額とする。
　(2) 本新株予約権の行使により、当社が当社普通株式を交付する場合における株式1株あたりの出資される財産の価額（以下「行使価額」という）は、○円とする。ただし、行使価額は第11項の定めるところに従い調整されるものとする。
11．行使価額の調整
　　　当社は、当社が本新株予約権の発行後、第12項に掲げる各事由により当社の発行済普通株式数に変更を生じる場合または変更を生ずる可能性がある場合は、次に定める算式（以下「行使価額調整式」という）をもって行使価額を調整する。

$$調整後行使価額 = 調整前行使価額 \times \frac{既発行株式数 + \dfrac{交付株式数 \times 1枚あたり払込金額}{株式交付前の時価}}{既発行株式数 + 交付株式数}$$

12．行使価額調整式により行使価額の調整を行う場合およびその調整後の行使価額の適用時期については、次に定めるところによる。
　(1) 第14項第(2)号に定める時価を下回る払込金額をもって当社普通株式を新たに発行し、または当社の保有する当社普通株式を処分する場合（ただし、当社の発行した取得条項付株式、取得請求権付株式もしくは取得条項付新株予約権（新株予約権付社債に付されたものを含む）の取得と引換えに交付する場合または当社普通株式の交付を請求できる新株予約権（新株予約権付社債に付されたものを含む）その他の証券もしくは権利の転換、交換または行使による場合を除く）
　　　調整後の行使価額は、払込期日（募集に際して払込期間が設けられたときは当該

払込期間の最終日とする。以下同じ）の翌日以降またはかかる発行もしくは処分につき株主に割当てを受ける権利を与えるための基準日がある場合はその日の翌日以降これを適用する。
(2) 当社普通株式の株式分割または当社普通株式の無償割当てにより当社普通株式を発行する場合
　　調整後の行使価額は、株式分割のための基準日の翌日以降または当社普通株式の無償割当ての効力発生日の翌日以降、これを適用する。ただし、当社普通株式の無償割当てについて、当社普通株式の株主に割当てを受ける権利を与えるための基準日がある場合は、その日の翌日以降これを適用する。
(3) 第14項第(2)号に定める時価を下回る払込金額をもって当社普通株式の交付と引換えに当社に取得されもしくは取得を請求できる証券または当社普通株式の交付を請求できる新株予約権もしくは新株予約権付社債を発行（無償割当ての場合を含む）する場合
　　調整後の行使価額は、発行される取得請求権付株式、新株予約権（新株予約権付社債に付されたものを含む）その他の証券または権利（以下「取得請求権付株式等」という）のすべてが当初の条件で転換、交換または行使され、当社普通株式が交付されたものとみなして行使価額調整式を適用して算出するものとし、当該取得請求権付株式等の払込期日（新株予約権が無償にて発行される場合は割当日）の翌日以降、または無償割当てのための基準日がある場合はその日（基準日を定めない場合には効力発生日）の翌日以降これを適用する。
　　上記にかかわらず、転換、交換または行使に対して交付される当社普通株式の対価が取得請求権付株式等が発行された時点で確定していない場合は、調整後の行使価額は、当該対価の確定時点で発行されている取得請求権付株式等のすべてが当該対価の確定時点の条件で転換、交換または行使され当社普通株式が交付されたものとみなして行使価額調整式を準用して算出するものとし、当該対価が確定した日の翌日以降これを適用する。
(4) 本項第(1)号ないし第(3)号の各取引において、当社普通株式の株主に割当てを受ける権利を与えるための基準日が設定され、かつ、無償割当ての効力の発生が当該基準日以降の株主総会、取締役会その他当社の機関の承認を条件としているときには、調整後の行使価額は、当該承認があった日の翌日以降これを適用するものとする。
　　この場合において、当該基準日の翌日から当該取引の承認があった日までに本新株予約権を行使した新株予約権者に対しては、次の算出方法により当社普通株式を交付する。この場合、1株未満の端数は切り捨て、現金による調整は行わない。なお、株式の交付については第24項第(4)号の規定を準用する。

$$株式数 = \frac{(調整前転換価額 - 調整後転換価額) \times 調整前転換価額により当該期間内に交付された株式数}{調整後転換価額}$$

13. 行使価額調整式により算出された調整後の行使価額と調整前の行使価額との差額が1円未満に留まる限りは、行使価額の調整はこれを行わない。ただし、その後行使価額の調整を必要とする事由が発生し、行使価額を調整する場合には、行使価額調整式中の調整前行使価額に代えて調整前行使価額からこの差額を差し引いた額を使用する。
14.(1) 行使価額調整式の計算については、円位未満小数第2位まで算出し、小数第2位を四捨五入する。
(2) 行使価額調整式で使用する時価は、調整後の行使価額が初めて適用される日に先立つ45取引日目に始まる30取引日の東京証券取引所における当社普通株式の普通取引の毎日の終値の平均値（終値のない日数を除く。気配値表示を含む）とする。

この場合、平均値の計算は、円位未満小数第2位まで算出し、小数第2位を四捨五入する。
　(3)　行使価額調整式で使用する既発行株式数は、株主に割当てを受ける権利を与えるための基準日がある場合はその日、また、かかる基準日がない場合は、調整後の行使価額を初めて適用する日の1か月前の日における当社の発行済普通株式数から、当該日において当社の保有する当社普通株式を控除した数とする。
15．第12項の行使価額の調整を必要とする場合以外にも、次に掲げる場合には、当社は、本新株予約権者（本新株予約権を保有する者をいう。以下同じ）と協議の上、その承認を得て、必要な行使価額の調整を行う。
　(1)　株式の併合、合併、会社法第762条第1項に定められた新設分割、会社法第757条に定められた吸収分割、株式交換または株式移転のために行使価額の調整を必要とするとき。
　(2)　その他当社の発行済普通株式数の変更または変更の可能性が生じる事由の発生により行使価額の調整を必要とするとき。
　(3)　当社普通株式の株主に対する他の種類の株式の無償割当てのために行使価額の調整を必要とするとき。
　(4)　行使価額を調整すべき複数の事由が相接して発生し、一方の事由に基づく調整後の行使価額の算出にあたり使用すべき時価につき、他方の事由による影響を考慮する必要があるとき。
16．第11項ないし第15項により行使価額の調整を行うときには、当社は、あらかじめ書面によりその旨ならびにその事由、調整前の行使価額、調整後の行使価額およびその適用開始日その他必要な事項を当該適用開始日の前日までに本新株予約権者に通知する。ただし、適用開始日の前日までに上記通知を行うことができない場合には、適用開始日以降速やかにこれを行う。
17．本新株予約権を行使することができる期間
　　平成○年○月○日から平成○年○月○日
　　ただし、第19項に従って本新株予約権が取得される場合、取得される本新株予約権については、当該取得にかかる通知で指定する取得日の5営業日前までとする。
18．その他の本新株予約権の行使の条件
　　各本新株予約権の一部行使はできない。
19．本新株予約権の取得の事由および取得の条件
　(1)　当社は、当社取締役会が本新株予約権を取得する日を定めたときは、会社法第273条第2項および第3項の規定に従って2週間前に通知または公告をした上で、かかる通知または公告で指定した取得日に、その時点において残存する本新株予約権の全部を本新株予約権1個につき払込金額と同額で取得することができる。
　(2)　当社は、当社が消滅会社となる合併契約、当社が分割会社となる吸収分割契約もしくは新設分割計画、または当社が完全子会社となる株式交換契約もしくは株式移転計画が株主総会（株主総会の決議を要しない場合は、取締役会）で承認されたときは、会社法第273条第2項および第3項の規定に従って通知または公告をした上で、当社取締役会が別途定める日に、その時点において残存する本新株予約権の全部を本新株予約権1個につき払込金額と同額で取得することができる。
20．新株予約権の譲渡制限
　　本新株予約権の譲渡については、当社取締役会の承認を要するものとする。
21．新株予約権証券の発行
　　当社は、本新株予約権にかかる新株予約権証券を発行しない。
22．本新株予約権の行使により株式を発行する場合における増加する資本金および資本準備金に関する事項
　(1)　本新株予約権の行使により株式を発行する場合において増加する資本金の額は、会社計算規則第17条の規定に従い算出される資本金等増加限度額の2分の1の金額とし、計算の結果1円未満の端数が生じる場合はその端数を切り上げた金額とする。

(2) 本新株予約権の行使により株式を発行する場合において増加する資本準備金の額は、本項第(1)号記載の資本金等増加限度額から本項第(1)号に定める増加する資本金の額を減じた額とする。
23. 本新株予約権の払込金額およびその行使に際して出資される財産の価額の算定理由
本新株予約権の払込金額（1個あたり○円（1株あたり○円））は、本要項および割当先との間で締結する予定の契約に定められた諸条件を考慮し、一般的な価格算定モデルであるモンテカルロ・シミュレーションを基礎として独立した第三者機関によって行われた評価の結果を勘案して決定した。さらに、本新株予約権の行使に際して出資される財産の価額は第10項記載のとおりとし、行使価額は、平成○年○月○日から過去6か月間の株式会社○○証券取引所における当社普通株式の普通取引の終値の平均値○円の○％に相当する金額とした。
24. 新株予約権の行使請求の方法
   (1) 本新株予約権の行使請求受付事務は、第25項に定める行使請求受付場所（以下「行使請求受付場所」という）においてこれを取り扱う。
   (2)① 本新株予約権を行使しようとする新株予約権者は、当社の定める行使請求書（以下「行使請求書」という）に、その行使にかかる本新株予約権の内容および数等必要事項を記載して、これに記名捺印した上、第17項に定める行使期間中に、行使請求受付場所に提出しなければならない。
   ② 本新株予約権を行使しようとする場合、行使請求書の提出に加えて、本新株予約権の行使に際して出資の目的とされる金銭の全額を第26項に定める払込取扱場所（以下「払込取扱場所」という）の指定する口座に振り込むものとする。
   ③ 行使請求受付場所に対し行使に要する書類を提出した者は、当社による書面による承諾がない限り、その後これを撤回することはできない。
   (3) 本新株予約権の行使の効力は、行使請求に必要な書類の全部が行使請求受付場所に到着し、かつ当該本新株予約権の行使に際して出資される金銭の全額が払込取扱場所の指定する口座に入金された日に発生する。
   (4) 当社は、本新株予約権の行使請求の効力発生後速やかに社債、株式等の振替に関する法律第130条第1項およびその他の関係法令に定めるところに従い、当社普通株式を取り扱う振替機関に対し、当該新株予約権の行使により交付される当社普通株式の新規記録情報を通知する。
25. 行使請求受付場所
   ○株式会社 ○部
   ○県○市○
26. 払込取扱場所
   株式会社○銀行 ○支店
27. その他
   (1) その他本新株予約権の発行に関して必要な事項は、当社代表取締役社長に一任する。
   (2) 本新株予約権の発行については、金融商品取引法に基づく届出の効力発生を条件とする。
   (3) 会社法その他の法律の改正等により、本要項の規定中読替えその他の措置が必要となる場合には、当社は必要な措置を講ずる。

Q64　新株予約権の発行のスケジュール

新株予約権を発行する際のスケジュールはどのようなものですか。

上場会社が第三者割当てにより新株予約権を引き受ける者を募集して新株予約

権を発行する場合に想定されるスケジュールは下記図表のようになります。

第三者割当てのスケジュール（上場会社、有利発行にあたらない場合、参照方式（または組込方式）で待機期間を中15日とした場合）

日付	会社法上の手続	金商法上の手続	東証の開示ほか
8/9		財務局に事前相談	
8/13			東証に事前相談
8/23	募集事項の決定（取締役会決議）	参照方式（組込方式）による有価証券届出書の提出	適時開示
9/8	申込期日	届出の効力発生	
9/9	割当ての決定（取締役会決議） 割当内容の通知	目論見書の交付	
9/10	割当日（新株予約権発行日） 払込期日		
9/24	変更登記		

Q65　新株予約権の成立

新株予約権はいつ成立しますか。

　新株予約権は、無償発行の場合のみならず、有償発行の場合であっても発行の対価（払込金額）の払込みの有無にかかわらず、割当日の到来をもって発行され、申込者は、株式会社に割り当てられた募集新株予約権または総数引受契約において引き受けた募集新株予約権について当然に新株予約権者となります（法245条1項）。

　ただし、新株予約権の行使期間の初日の前日（募集新株予約権と引換えにする金銭の払込みの期日を定めるときは、当該期日）までに新株予約権者がそれぞれの募集新株予約権の払込金額の全額を払い込まなかった場合には、当該募集新株予約権を行使することができず（法246条3項）、結果としてその新株予約権は消滅することになります（法287条）。

Q66　新株予約権発行と定款変更

新株予約権の発行に際して、定款変更は必要ですか。

　株式と異なり、新株予約権に譲渡制限を付す場合であっても定款の定めは不要であり、またその他の新株予約権の内容についても定款に定める必要はないため、原則として、株式会社が新株予約権を発行する際に定款変更をする必要はありません。ただし、法113条4項の要請により、発行可能株式総数を増加させる場合（**Q69**参照）には定款変更が必要となります。

Q67　新株予約権の有利発行

新株予約権を発行する際、どのような場合に有利発行に該当しますか。

　新株予約権の有利発行とは、①無償で発行することが割当てを受ける者に特に有利な条件となる発行、または、②有償発行の場合に当該払込金額が割当てを受ける者に特に有利な金額となる場合の発行をいいます。
　公開会社が新株予約権を発行する場合であっても、有利発行となる場合には、募集事項の決定について株主総会の特別決議が必要となり（法240条1項、238条2項、309条2項6号）、また、公開会社・非公開会社を問わず、取締役は株主総会において、特に有利な条件または特に有利な金額で募集をすることを必要とする理由を説明する必要があります（法238条3項）。

1　有利発行か否かの判断方法――公正なオプション価額の算定

　有利発行に該当するか否かは、①発行時点における新株予約権の公正な金額（合理的な評価方法に基づいて算出した金額）と払込金額を比較して判断するのが一般的です。他の判断方法として、②新株予約権の払込金額および行使価額の合計額を、行使期間中の発行会社の平均株価と比較して判断する説がかつてはありましたが、裁判例（東京地決平成18・6・30判タ1220号110頁以下）は、「会社法238条3項第2号にいう『特に有利な金額』による募集新株予約権の発行とは、公正な払込金額よりも特に低い価額による発行をいうところ、募集新株予約権の公正な払込金額とは、現在の株価、行使価額、行使期間、金利、株価変動率等の要素をもとにオプション評価理論に基づき算出された募集新株予約権の発行時点における価額（以下『公正なオプション価額』という。）をいうと解されるから、公正なオプション価額と取締役会において決定された払込金額とを比較し、取締役会において決定された払込金額が公正なオプション価額を大きく下回るときは、原則として、募集新株予約権の有利発行に該当すると解すべきである」と述べて

おり、①と同様の立場に立っていると解されます。

2 公正なオプション価額の評価方法

上記の「公正なオプション価額」の具体的な算定方法については、法令や裁判例で特に定められているわけではありません。もっとも、実務上、二項モデル、ブラック・ショールズ式またはモンテカルロ・シミュレーション等の株式オプション価値算定モデルを用いて新株予約権のオプション価格を評価する場合が多く、また裁判例でもこれらの算定モデルの合理性は認められています。したがって、二項モデル、ブラック・ショールズ式またはモンテカルロ・シミュレーション等、現在実務で広く利用されている株式オプション価格算定モデルを用いて算出された合理的な価額であれば、「公正なオプション価額」といえると考えられます。

どの算定モデルを用いる場合でも、オプションの行使価額、行使期間、算定時点における株価、株価変動性、行使期間における配当額、リスクフリーレート、割引率等の基礎数値を考慮する必要があり、これらは、発行会社の客観的な過去の情報を基礎としつつ、個別のケースに応じて合理的な調整を行うことになります。さらに、発行会社による取得条項等についてはこれらの権利の行使の有無および時期について一定の前提条件を置く必要がある等、新株予約権の発行要項等に定められた規定の内容も考慮してオプションの評価を行う必要があります。

3 「特に」有利の判断

有利発行の該当性を判断するにあたっては、上記に挙げたような算定モデルを用いて算定した公正なオプション価額と新株予約権の払込金額と比較して、後者が前者を大きく下回る場合には有利発行にあたるものと考えられます。裁判例は「大きく下回る」の程度について明示していないことから、株式の場合（Q17参照）と異なり、払込金額が公正なオプション価額をどの程度下回った場合に有利発行と評価されるかについては、明確な基準は存在していないといえます。

Q68　新株予約権の割当てと支配株主の異動

新株予約権の割当ての結果、支配株主の異動が生ずる場合には、どのような手続が必要となりますか。

法244条の2は、募集新株予約権の割当てにより支配株主の異動が生ずる場合の特則といわれます。募集株式の発行等により支配株主の異動を生ずる場合（Q23参照）と類似していますが、潜在株式の取扱いが異なる等、相違点も見られるため、注意が必要です。

募集株式の発行等の場合と同様、「支配株主の異動」とは、会社法上使用され

ている用語ではありません。ここでは、引受人に募集新株予約権を割り当てた結果、当該引受人（子会社等を含みます。以下本問において同じです）の引き受けた募集新株予約権にかかる交付株式の議決権の数が総株主の議決権数に当該交付株式の議決権数を加えたもの対する割合が2分の1を超えることとなる場合（詳細については、下記図表を参照）を支配株主の異動（なお、ここでの「異動」とは、そのような者が出現する場合を念頭に置いており、支配株主がいなくなる場合を含まない点は、募集株式の発行等の場合と同様です）として想定しています。そして、そのような場合には、株式会社は、割当日の2週間前までに、株主に対して、当該引受人（特定引受人）の氏名または名称および住所、当該引受人が有することになる議決権の数等の事項を通知または公告する必要があります（法244条の2第1項～3項）。ただし、当該会社が金商法上の一定の開示書類（有価証券届出書、発行登録書または臨時報告書等）の提出を行っている（当該募集事項に相当する事項が内容として含まれている場合に限られます）等、株主の保護に欠けるおそれがない場合については、かかる通知または公告をする必要はありません（同条4項、施55条の4、53条）。

　この通知または公告の日から2週間以内に、総株主の議決権の10分の1（定款による引下げは可能）以上の議決権を有する株主がかかる引受人による引受けに反対する旨を会社に対して通知した場合には、会社は、払込期日の前日までに株主総会の普通決議によって、特定引受人に対する募集株式の割当てまたは同人との総数引受契約の承認を受けなければなりません（法244条の2第5項）。なお、かかる株主総会の定足数や、会社の財産の状況が著しく悪化している場合の例外等については、募集株式の発行等の場合と同様です。

新株予約権の発行が支配株主の異動をもたらす場合

①引受人が何も保有していない場合	$0.5 <$	$\dfrac{\text{当該引受人が引き受ける新株予約権を行使することで保有する議決権数}}{\text{現在の総株主の議決権数}\ +\ \text{当該引受人が引き受ける新株予約権を行使することで保有する議決権数}}$
②引受人が株式を保有している場合	$0.5 <$	$\dfrac{\text{当該引受人が引き受ける新株予約権を行使することで保有する議決権数}\ +\ \text{当該引受人が現在保有する議決権数}}{\text{現在の総株主の議決権数}\ +\ \text{当該引受人が引き受ける新株予約権を行使することで保有する議決権数}}$
③引受人が株式と新株予約権を保有している場合		

④引受人が新株予約権のみを保有している場合	$0.5 <$	$\dfrac{\text{当該引受人が引き受ける新株予約権を行使することで保有する議決権数}}{\text{現在の総株主の議決権数} + \text{当該引受人が引き受ける新株予約権を行使することで保有する議決権数}}$

Q69　新株予約権発行後の手続

新株予約権の発行後の手続としてどのようなものがありますか。

1　新株予約権証券の発行

株式会社は、新株予約権の内容として新株予約権証券を発行する旨定めていた場合には、当該新株予約権を発行した日以後遅滞なく、新株予約権証券を発行するのが原則ですが（法288条1項）、新株予約権者から請求がある時までは発行しないことも可能です（同条2項）。

2　新株予約権原簿

株式会社は、新株予約権を発行した日以後遅滞なく、新株予約権原簿を作成しなければなりません（法249条柱書）。発行する新株予約権の区分により、新株予約権原簿の記載事項は下記のように異なってきます。

新株予約権原簿記載事項

---

① 無記名式の新株予約権証券が発行されている新株予約権（法249条1項1号）
　新株予約権証券の番号
　新株予約権の内容および数
② 記名式の新株予約権証券が発行されている新株予約権（法249条1項3号）
　新株予約権者の氏名または名称および住所
　新株予約権者の有する新株予約権の内容および数
　新株予約権者が新株予約権を取得した日
　新株予約権証券の番号
③ 新株予約権証券を発行しない新株予約権（法249条1項3号）
　新株予約権者の氏名または名称および住所
　新株予約権者の有する新株予約権の内容および数
　新株予約権者が新株予約権を取得した日

また、新株予約権原簿に氏名または名称が記載された新株予約権者（上記図表の②および③の新株予約権者）から請求があった場合には、株式会社は当該新株予

約権者についての新株予約権原簿記載事項を記載した書面を交付（または当該事項を記録した電磁的記録を提供）する必要があります（法250条1項）。

3 振替制度

金融商品取引所に上場されている新株予約権等、振替制度の適用を受ける新株予約権を発行した場合には、振替株式と同様に新規記録手続が必要となります（Q30参照）。

4 登記

新株予約権を発行した場合には、株式会社は発行後2週間以内に本店所在地において、下記の事項を登記する必要があります（法911条3項12号）。

新株予約権発行の登記事項

① 新株予約権の数
② 新株予約権の目的である株式の数（種類株式発行会社にあっては、株式の種類および種類ごとの数）またはその算定方法（法236条1項1号）
③ 新株予約権の行使価額またはその算定方法（同項2号）
④ 金銭以外の財産を新株予約権の行使に際してする出資の目的とする場合には、その旨ならびに当該財産の内容および価額（同項3号）
⑤ 新株予約権の行使期間（同項4号）
⑥ 新株予約権の行使の条件
⑦ 取得条項付新株予約権の場合の取得条項に関する事項（同項7号）
⑧ 新株予約権にかかる払込みを要しないこととする場合にはその旨（法238条1項2号）
⑨ 新株予約権にかかる払込みを要する場合には払込金額またはその算定方法（同項3号）

5 発行可能株式総数の維持

新株予約権者が新株予約権（行使期間の初日が到来していないものを除く）の行使により取得する株式の数は、発行可能株式総数から発行済株式（自己株式を除く）の総数を控除した額を超えることはできません（法113条4項）。したがって、株式会社は、発行した新株予約権の行使によって上記総数を超える可能性がある場合には、発行可能株式総数を増加する等して、適切な発行可能株式総数を維持する必要があります。

Q70　新株予約権の行使

新株予約権の行使はどのようになされますか。

1 新株予約権の行使

新株予約権者は、保有する新株予約権の行使期間内に、発行会社に対して、その行使にかかる新株予約権の内容および数と新株予約権を行使する日を明らかにして行使することができます（法280条1項）。新株予約権行使の際には、新株予約権者は、行使価額の全額（出資の目的が金銭の場合）の払込みまたは金銭以外の財産（現物出資の場合）の給付をしなければなりません（法281条1項・2項）。また、新株予約権証券が発行されている場合には、当該新株予約権証券を発行会社に提出する必要があります（法280条2項）。

新株予約権者は、新株予約権の行使日に株主となります（法282条）。

2 端数の処理

新株予約権を行使した場合に、当該新株予約権の新株予約権者に交付する株式の数に1株に満たない端数があるときは、新株予約権の内容として端数を切り捨てる旨が定められない限り、株式会社は、新株予約権者に対し、下記の区分に従い計算した額に相当する金銭を交付する必要があります（法283条）。

① 交付する株式に市場価格がある場合
施行規則58条で定める方法により算定される額にその端数を乗じた額
② ①以外の場合
1株あたりの純資産額にその端数を乗じた額

Q71 エクイティ・コミットメントライン

エクイティ・コミットメントラインとはどのようなものですか。

エクイティ・コミットメントラインとは、新株予約権とコミットメント条項付契約を利用した資金調達方法のことをいいます。

1 エクイティ・コミットメントラインの仕組み

(1) コミットメント条項付契約

発行会社が第三者割当てによって新株予約権を証券会社や投資ファンド等に発行し、当該割当先とコミットメント条項付買取契約を締結します（新株予約権の買取契約とエクイティ・コミットメント契約を別々に締結することもあります）。コミットメント条項では、下記のような事項を定めます。

① 割当先が、発行会社の指示に従って新株予約権を行使すること（発行会社が行使指定する権利）を約する（コミットする）。
② 割当先は、発行会社が同意しなければ新株予約権を行使できないこと（発行会社が行使停止指定する権利）を約する。

その他、多くの場合には、発行会社の表明保証、割当先による新株予約権の取

得請求権、新株予約権の譲渡禁止、借株の制限等が定められます。また、発行会社から割当先に対して、コミットメント条項におけるコミットの対価として一定のコミットメントフィーを支払う合意がなされることが一般的です。

一方、株価が1株あたり行使価額を下回っている場合等に発行会社が上記の行使指定権を行使すると割当先が損失を受ける可能性があることから、エクイティ・コミットメントラインを利用する多くの場合には、発行要項に、発行会社の行使指定を株価が一定の価格を超えた場合にのみ可能とする条項や、MSワラント（Q73参照）と同様、1株あたり行使価額が時価から一定のディスカウントをした金額となるような行使価額修正条項が設けられます。

(2) 発行会社による新株予約権の行使指定

発行会社は、資金需要が生じた場合には、行使すべき新株予約権の数を割当先に指定します。割当先はこれに従って新株予約権を行使し、発行会社は割当先から行使価額の払込みを受けて株式を交付します。新株予約権を行使する期間は、行使指定から20取引日とすることが多いようです。

(3) 払込後の対応

発行会社は、割当先からの行使価額の払込みにより資金を調達し、割当先は、交付を受けた株式を売却することで資金回収を図ります。

2 エクイティ・コミットメントラインを利用するメリット

発行会社は、コミットメント条項を定めることで必要に応じて資金を調達することができ、割当者の任意の権利行使に頼らざるをえないという新株予約権による資金調達に伴う不確実性を回避することができます。また、エクイティ・コミットメントラインを設定すれば、発行会社は毎回取締役会決議等を経ることなく、割当先に対する新株予約権行使の指示のみで資金を得ることができ、柔軟かつ迅速な資金調達が可能になるという点にメリットがあります。

Q72 新株予約権付ローン

新株予約権付ローンとはどのようなものですか。

新株予約権付ローンは、発行会社が割当先に新株予約権を発行するとともに当該割当先からローンの実行を受け、当該新株予約権の行使の際に新株予約権者が金銭ではなく当該ローン債権を出資するというスキームの資金調達方法です。

1 新株予約権付ローンの仕組み

新株予約権付ローンの場合には、新株予約権付社債とは異なり（Q77参照）、制度上は新株予約権とローン債権の分離が可能であることから、ローン契約の内容として（新株予約権の内容とすることも可能です）下記のような事項を定めるこ

とで、新株予約権とローン債権とが不可分一体となるように手当てされています。
① ローンが実行されない場合には新株予約権の行使ができない。
② ローン債権が弁済等により消滅した場合には新株予約権の行使ができない。
③ ローン債権を譲渡する場合には新株予約権も一緒に譲渡しなければならない。

上記のほかに、期限の利益喪失事由その他の一定の事由が発生したときのみ新株予約権の行使を可能とする定めを置くこともできます。

また、行使価額については、MSワラント（**Q73**参照）やエクイティ・コミットメントライン（**Q71**参照）と同様に、多くの場合は行使価額修正条項により修正されます。

2 新株予約権付ローンを利用するメリット

発行会社にとっては、通常の新株予約権の発行の場合と異なり、新株予約権の発行時点でローンによるまとまった資金調達ができるうえ、その後に新株予約権が行使された場合にはローン債権が消滅して、調達資金が負債から資本に替わるため、財務体質の健全化が図れるというメリットもあります。利率も一般的にローン単独の場合よりは低くなります。

割当先（ローン提供者）としても、新株予約権の行使による利益を得られる可能性があるという点が通常のローンと比べた際のメリットとなります。

Q73　MSワラント

MSワラントとはどのようなものですか。

1 MSワラントとは

MSワラント（Moving Strike Price Warrant）とは、行使価額修正条項付新株予約権ともいい、発行会社の株価の変動に応じて行使価額が修正される新株予約権のことをいいます。

2 スキーム

MSワラントを用いて資金調達をする場合、多くのケースでは、発行される新株予約権すべてを単独の証券会社や投資ファンド等が引き受けます。

新株予約権は、理論上は発行の際の払込金額と権利行使の際の行使価額の2回にわたって資金を得られますが、通常は払込金額は行使価額に比して相当に低く設定されています。したがって、発行会社の資金調達目的を達成するためには、新株予約権が発行されるだけでなく、行使までされる必要があります。株価の下落等により新株予約権の行使価額が当該時点の株価を上回ってしまうと、新株予約権者が権利行使するインセンティブが失われることになります。MSワラント

を用いて資金調達をする場合、1株あたり行使価額を株価より低くし、新株予約権者による新株予約権行使を促進する内容の行使価額修正条項を付すことで、権利行使を促して資金調達の目的達成を図ることができます。また、発行会社にとっては、株価が上昇した場合には、1株あたりの行使価額も上昇するために資金調達額が増えるという点もメリットになります。

一方、株価が下落した場合には、1株あたり行使価額が低下し、権利行使の結果として大量の株式が発行され、ダイリューション（**Q10**参照）が生じて既存株主を害するおそれがあります。そのため、発行会社としては、1株あたり行使価額の下限を設定したり、最大発行株数を定めたりして既存株主の保護を図ることを検討する必要があります。空売りにより既存株主を害するおそれがある点および空売りの規制については、MSCB（**Q84**参照）と同様です。

3　行使価額の修正

MSワラントにおける行使価額の修正条項の例は下記のとおりです。なお、ここでは、1株あたり行使価額の意味で、「行使価額」の用語を用いています。

行使価額の修正

> 本新株予約権の①当初行使価額は〇円とする。②本新株予約権の割当日以降の毎週金曜日の③当社普通株式の終値の④90％に相当する金額の1円未満の端数を切り上げた金額が、⑤当初行使価額を1円以上上回る場合または下回る場合には、行使価額は当該価額に修正される（修正後の行使価額を「修正後行使価額」という）。ただし、⑥修正後行使価額が〇円（以下「上限行使価額」という）を上回る場合には、行使価額は上限行使価額とし、〇円（以下「下限行使価額」という）を下回る場合には、行使価額は下限行使価額とする。

一般的な行使価額の修正条項では、一定の基準日（上記②）における特定の株価（上記③）に一定の比率（上記④）を乗じて算出した価額と当初の行使価額（上記①）を比較し、算出した額が①の額を上回る場合または下回る場合（上記⑤）には、当該算出した額を修正後の行使価額とします。また、修正後の行使価額の上限または下限を定めて調整（上記⑥）する場合もあります。

上記②の修正の基準日は、ほぼ毎日の場合や、週や月に1度の場合等のバリエーションがあり、また基準となる株価（上記③）についても、②の日までの3連続取引日等の平均値をとる場合も多くあります。④の比率については、実務上は時価の90％以上の値としている例が多く見られます。

4　上場規則等

MSワラントに関する上場規則上の規制については**Q126**をご参照ください。

このほか、金商法上、有価証券届出書等に追加開示しなければならない事項があります。

Q74 ライツオファリング

ライツオファリングとはどのようなものですか。

ライツオファリングとは、法277条に規定する新株予約権無償割当てにかかる新株予約権であって金融商品取引所の市場において売買を行うこととなるもの（開示府令3条5号参照）をいいます。ライツオファリングは、「ライツ・イシュー」と呼ばれる場合もあります。

基本的なスキームとしては、上場会社である発行会社が基準となる時点の株主全員に対して新株予約権の無償割当てを行い、割当てを受けた株主が当該新株予約権を行使する際に払い込んだ金銭によって資金調達を行うことになります。

1 新株予約権無償割当て

上記のとおり、ライツオファリングは株主に対する新株予約権の無償割当て（法277条）を利用した資金調達方法です。新株予約権の無償割当てをするには、下記の事項を取締役会または株主総会（取締役会非設置会社の場合）において決議する必要があります（法278条1項・3項本文）。ただし、定款で異なる定めを置くことができます（同条3項ただし書）。

① 新株予約権の内容および数またはその算定方法
② 新株予約権が新株予約権付社債に付されたものであるときは、当該新株予約権付社債の社債および各社債の金額の合計額またはその算定方法
③ 新株予約権無償割当てがその効力を生ずる日
④ 発行会社が種類株式発行会社である場合には、当該新株予約権無償割当てを受ける株主の有する株式の種類

上記の決定を経て割当てを受けた株主は、③の効力発生日に新株予約権者となります（法279条1項）。株式会社は、この効力発生日後遅滞なく、割当てを受けた株主およびその登録株式質権者に対して割当てを受けた新株予約権の内容および数を通知する必要があります（同条2項）。なお、当該新株予約権の行使期間の末日が上記の通知の日から2週間を経過する日前に到来する場合には、当該行使期間は、当該通知の日から2週間を経過する日まで延長されたものとみなされます（同条3項）。

2 ライツオファリングの種類

発行会社と証券会社等（以下「引受証券会社」といいます）の間でコミットメント契約が締結され、一定の期間内に権利行使がなされなかった新株予約権を、発

行会社が取得条項に基づき取得し、その後引受証券会社がすべて引き受けて行使することを合意するスキームをコミットメント型ライツオファリングといい、このような合意がない場合はノンコミットメント型ライツオファリングといいます。コミットメント型ライツオファリングの場合には、引受証券会社による引受けおよび行使が担保されていることから、株式会社にとっては、予定した金額を確実に調達することができる一方で、ノンコミットメント型では、実際に行使される新株予約権の数がわからないことから、資金調達が不確実になるというデメリットがあります。

3 ライツオファリングの特徴

公募や第三者割当ての場合、新株予約権の割当てを受けない株主が生じるので、当該株主は、持分割合の低下というダイルーション（Q10参照）の影響を受けることになります。しかし、ライツオファリングの場合には、すべての株主に持分割合に応じた新株予約権が割り当てられるため、新株予約権の行使によって株主は保有株式の希薄化を回避することができます。また、ライツオファリングの場合には、当該新株予約権は上場されることから、株主は、新株予約権の行使に代えて新株予約権の市場での売却を選択することもでき、これによって保有株式が希薄化した分に該当する金銭を受領することができるため、希薄化に配慮した資金調達が可能になります。

また、ライツオファリングでは有利発行規制の適用がないことから、株価に影響されず、公正なオプション価額に与える影響を特に考慮することなく行使価額を自由に定めることができます。

Q75 ライツオファリングの手続

ライツオファリングを行うためには、どのような手続が必要ですか。

ライツオファリングを行うにあたっての実務的な手続は以下のとおりです（なお、基本的な新株予約権の発行手続についてはQ63参照）。

1 取締役会決議

ライツオファリング実施にかかる取締役会決議では以下の事項を決定します（法278条1項）。

① 株主に割り当てる新株予約権の内容および数またはその算定方法
② 新株予約権無償割当ての効力発生日
③ （種類株式発行会社の場合）当該新株予約権無償割当てを受ける株主の有する株式の種類

2　コミットメント契約の締結

　コミットメント型ライツオファリングの場合、発行会社は引受証券会社との間で、未行使新株予約権を引受証券会社が取得して行使する旨の契約（コミットメント契約）を締結します。このコミットメントは、公募において引受証券会社が残額引受けを行う場合と同様の役割を果たすことから、「有価証券の引受け」（金商2条8項6号・6項3号）に該当するものとされ、一定の規制を受けることになります。

3　有価証券届出書の提出・適時開示

　新株予約権無償割当ては、有価証券の取得勧誘行為にあたるため（開示ガイドラインB2-3）、発行会社は取締役会決議でライツオファリングにかかる発行決議を行った後に、有価証券届出書を提出する必要があります（金商5条1項）。当該新株予約権が上場される場合には、有価証券届出書の提出から権利割当日までの期間は、原則として15日（通常方式、金商8条1項）、組込方式または参照方式の場合で期間短縮を利用すればおおむね7日（開示ガイドラインB8-2）となります（金商4条4項ただし書）。なお、目論見書の作成および交付義務の免除については、**Q113**をご参照ください。

　取締役会決議後、金融商品取引所が定める適時開示が必要となります。

4　上場申請

　ライツオファリングの際に新株予約権を上場するためには、取締役会決議後すみやかに上場申請を行い、金融商品取引所の上場審査（適時開示に関する事前相談があった場合通常4営業日程度）を受ける必要があります。

5　割当株主の確定

　ライツオファリングを実施するためには、発行会社は無償割当ての対象となる株主を確定する必要があります。上場会社の場合、振替機構に対して、権利割当日の前営業日を株主確定日とする旨の総株主通知の請求をする（株主確定日から起算して7営業日前までに行う必要があります）ことで、無償割当ての対象となる株主が確定されます（株式等の振替に関する業務規程92条、株式等の振替に関する業務規程施行規則350条）。

6　新株予約権無償割当ての効力発生

　上記株主確定日の最終の株主名簿に記載または記録された株主は、新株予約権無償割当ての効力発生日に新株予約権の割当てを受けます（法279条1項）。この効力発生日は取締役会決議によって決定されますが、株式等振替制度に係る業務処理要領に従い、実務上は効力発生日は株主確定日の翌日とされています。

7　新株予約権の上場

　上記4で述べた上場申請の結果、上場承認を経た場合には、新株予約権は金

融商品取引所に上場され、上場日（通常、無償割当ての効力発生日）から最終売買日（上場廃止日の前営業日）までの間は、株主およびその他の投資家は新株予約権を市場で売買することができます。

8 株主への割当通知

発行会社は、割当ての効力発生日以後遅滞なく割当通知を行わなければなりません（法279条2項）。なお、行使期間の末日がかかる割当通知の日から2週間を経過する日前に到来する場合には、当該行使期間は、割当通知の日から2週間を経過する日まで延長されたものとみなされます（同条3項）。

9 新株予約権発行の登記

発行会社は、新株予約権の無償割当ての効力発生後に、新株予約権の発行にかかる登記を行う必要があります（新株予約権の発行後2週間以内。法911条3項12号、915条1項）。

10 新株予約権の権利行使

ライツオファリングによって発行される新株予約権は振替機構の振替制度の対象となるため、割当てを受けた株主または市場で新株予約権を取得した投資家は、新株予約権の振替えを行うための口座管理機関に対して、保有する新株予約権の行使を申し出て、払込金を支払うことによって権利を行使します。行使期間中に行使された新株予約権については、新株予約権行使請求および払込金の支払いが完了した日から3営業日後に発行会社の株式が交付されます。

11 新株予約権の上場廃止

新株予約権の上場については、実務上、取引決済に要する日数を考慮して、行使期間満了日の数営業日前に上場廃止になるのが一般的です。

12 行使期間の満了

会社法上は行使期間中であれば新株予約権が行使できることになりますが、株式等振替制度に係る業務処理要領においては、行使請求の取次ぎに要する時間を考慮して、新株予約権者が確実に行使期間内に権利行使できるように、行使期間の末日の前日に口座管理機関の行使請求受付期間が満了することになります。

(1) ノンコミットメント型ライツオファリングの場合

行使期間中に行使されなかった新株予約権は行使期間の満了により失権（消滅）します（法287条）。

(2) コミットメント型ライツオファリングの場合

上場廃止から行使期間満了までの間に、発行会社は、新株予約権に付与した取得条項（法236条1項7号）に基づいて未行使新株予約権を取得し、市場外取引として引受証券会社にすべて譲渡します。引受証券会社は、コミットメント契約に従い、発行会社から取得した未行使新株予約権を行使期間満了日までにすべて

行使し、交付を受けた株式を市場等で売却することになります。

13 行使状況の開示

発行会社は、金融商品取引所のルールに基づき、新株予約権の行使期間満了後における未行使新株予約権の数および最終的な資金調達額を開示する必要があります。

ライツオファリングのスケジュールの例（ノンコミットメント型）

日付	会社法上の手続	金商法上の手続	東証の開示ほか
8/9		財務局に事前相談	
8/13			東証に事前相談
8/23	新株予約権無償割当てに関する事項の決定 （取締役会決議）	有価証券届出書の提出	適時開示 上場申請（上場審査は4営業日ほど） 振替機構への総株主通知の請求 発行事項の通知 株主確定日の前営業日から数えて7営業日前まで
9/6	株主確定日	目論見書の交付（不要な場合あり）	
9/7	割当日（新株予約権発行日） 行使期間の開始日	上場日 届出の効力発生 （組込方式、参照方式であれば短縮可）	新規記録通知データの通知
9/9			新規記録
9/14	変更登記		
9/20〜	割当通知発送 （権利行使期間末日の2週間前までに到達）		
9/21	割当通知到達		
10/1		東証の最終売買日	
10/3		上場廃止日	

10/6		口座管理機関における行使請求受付期間満了日	
10/7	行使期間の満了		

Q76 新株予約権と会計処理

新株予約権を発行および行使した際の会社の会計処理はどのようになりますか。

「現金を対価として受け取り、付与される」かたちの新株予約権会計処理については、企業会計基準委員会から、「払込資本を増加させる可能性のある部分を含む複合金融商品に関する会計処理」（払込資本増加複合金融商品適用指針。以下「指針」といいます）が公表されています。この指針に従った発行会社の会計処理は下記のようになります。

1　新株予約権の発行時

新株予約権を発行したときは、その発行に伴う払込金額を、純資産の部に「新株予約権」として計上します（指針4項）。計上する額としては、通常は当該新株予約権と引換えにされた金銭の払込みの金額、金銭以外の財産の給付の額または当該株式会社に対する債権をもってされた相殺の額になります（計55条1項参照）。

2　新株予約権の行使時

(1) 新株発行のみ行う場合

新株予約権の行使に際して新株を発行する場合には、資本金等増加限度額（計13条1項）の2分の1以上の額を資本金として計上する必要があり、資本金として計上しなかった額については資本準備金として計上しなければなりません（法445条2項・3項）。

この場合、資本金等増加限度額は、権利行使時の当該新株予約権の帳簿価額と行使の際の払込みまたは給付を受けた財産の額の合計額になります（計17条1項）。

(2) 新株発行と自己株式処分の両方を行う場合

資本金および資本準備金への計上については(1)と同様です。

この場合の資本金等増加限度額は、権利行使時の当該新株予約権の帳簿価額と行使の際の払込みまたは給付を受けた財産の額の合計額のうち、新株発行に対応する額（株式発行割合（計17条1項柱書）を乗じて計算されます）になります（同項）。ただし、前記合計額のうち自己株式処分に対応する額が、処分する自己株式の帳簿価額を下回る場合には、その差額が資本金等増加限度額の計算上減額さ

れます。一方、前記合計額のうち自己株式処分に対応する額が処分する自己株式の帳簿価額を上回るときは、その差額をその他資本剰余金に計上します。

(3) 自己株式処分のみ行う場合

新株予約権の行使に際して自己株式の処分のみを行う場合には、権利行使時の当該新株予約権の帳簿価額と行使の際の払込みまたは給付を受けた財産の額の合計額から処分する自己株式の帳簿価額を減じて得た額をもって、その他資本剰余金の額を増減させることになります（計17条2項1号）。この場合、新株発行がなされないため、資本金や資本準備金への振替えは生じません。

4 新株予約権付社債

Q77 新株予約権付社債とは

新株予約権付社債とはどのようなものですか。

新株予約権付社債とは、新株予約権を付した社債をいい、両者を分離譲渡することができないものをいいます（法2条22号）。これは主に、転換社債型新株予約権付社債と、非分離型の新株引受権型新株予約権付社債に分かれます（なお、社債の一般的な特徴について **Q86** 参照）。

1 転換社債型新株予約権付社債

転換社債型新株予約権付社債は、新株予約権の行使の際に出資の目的を当該社債とする（法236条1項3号）ことにより、社債が消滅する（社債が株式に転換する）ものとして整理されます。

2 （非分離型の）新株引受権型新株予約権付社債

新株予約権付社債のうち、社債ではなく金銭を出資の目的とするものがこれに該当します。なお、「非分離型」と呼ぶのは、平成13年商法改正前の分離型新株引受権付社債との対比になりますが、会社法上の新株予約権付社債は本来的に新株予約権と社債を分離して譲渡することができない（法254条2項・3項）ものとして設計されたことから、現在では分離型新株引受権付社債は新株予約権と社債が同時に発行されたものとして整理されます。

新株引受権型新株予約権付社債は、会計上の理由（**Q85** 参照）により、現在はほとんど発行例がありません。

Q78 新株予約権付社債の発行手続とスケジュール

新株予約権付社債を発行するためには、どのような手続が必要ですか。また、新株予約権付社債を用いた資金調達を行う際のスケジュールとはどのようなものですか。

1 新株予約権付社債発行の手続

新株予約権付社債の発行については、社債の募集に関する規定は適用されず、新株予約権の募集事項の決定手続に従います（法238条1項）。

なお、証券については新株予約権証券部分のみの発行はできないため、新株予約権付社債券のみの発行が可能です（法236条1項10号）。

転換社債型新株予約権付社債の発行手続は下記のとおりとなります。

(1) 募集事項の決定

ア 募集事項

募集事項は通常の新株予約権の場合とおおむね同じであり（**Q63**参照）、下記のとおりですが、下記⑥に記載のとおり新株予約権付社債の場合には募集社債に関する事項（法238条1項6号、676条、施162条、**Q91**参照）を定める必要があります。募集事項は下記の決定に際して、発行要項のかたちにまとめられることが通常です（後記発行要項参照）。

① 募集新株予約権の内容（**Q60**参照）および数
② 無償発行とする場合は、その旨
③ ②以外の場合（有償発行の場合）には、募集新株予約権の払込金額またはその算定方法
④ 募集新株予約権の割当日
⑤ 募集新株予約権と引換えに支払う金銭の払込みの期日を定める場合はその期日
⑥ 募集新株予約権が新株予約権付社債に付されたものであるときは募集社債に関する事項
⑦ 募集新株予約権が新株予約権付社債に付されたものである場合において当該新株予約権の買取請求の方法について別段の定めをするときは、その定め

イ 転換価額

新株予約権の内容の1つとして、新株予約権の行使価額（法236条1項2号）を定めますが（**Q60**参照）、転換社債型新株予約権付社債の場合には、社債をもって行使価額を払い込むことになりますので、実務上、新株予約権の行使価額は「転換価額」と呼ばれています（後記発行要項例参照）。また、1株あたりの転

換価額についても単に「転換価額」と定義することがあり、注意が必要という点は新株予約権の行使価額と同様です（**Q61** 参照）。

ウ　募集事項の決定機関

株式会社は、新株予約権付社債を引き受ける者を募集するごとに、上記の募集事項を決定する必要があります。決定機関は下記のとおり、会社の機関設計等によって異なります。

(ア)　非公開会社

非公開会社における募集事項の決定は、原則として、株主総会の特別決議により行いますが（法238条2項、309条2項6号）、株主総会の特別決議により、募集事項の決定を取締役（取締役会設置会社でない場合）または取締役会に委任することが認められています（法239条1項、309条2項6号）。この場合、当該株主総会の特別決議により、当該委任に基づいて募集事項の決定をすることができる募集新株予約権の内容および数の上限、金銭の払込みを要しないこととする場合はその旨、それ以外の場合には払込金額の下限を定める必要があります（法239条1項各号）。また、当該委任は、割当日が当該決議の日から1年以内の日である募集についてのみ効力を有します（同条3項）。

募集新株予約権につき金銭の払込みを要しないことまたは払込金額もしくはその下限（募集事項の決定を取締役（取締役会設置会社でない場合）または取締役会に委任する場合）が当該募集新株予約権を引き受ける者に特に有利な条件または金額であるとき、すなわち有利発行に該当するとき（**Q83** 参照）は、当該株主総会における特別決議に加え、取締役は、株主総会において、有利な条件または有利な金額で募集をすることを必要とする理由を説明する必要があります（法238条3項、239条2項）。

(イ)　公開会社

公開会社の場合は、原則として、募集事項は取締役会の決議で決定されます（法240条1項）。有利発行に該当するときは、非公開会社と同様、株主総会における特別決議で決定され、また、取締役は、株主総会において、有利な条件によることを必要とする理由を説明する必要があります（法240条1項、238条2項・3項、309条2項6号）。

公開会社においては、取締役会において募集事項が決定された場合、割当日の2週間前までに当該募集事項を通知または公告する必要があります（法240条2項・3項）。ただし、上記時点までに有価証券届出書・臨時報告書・発行登録書等を提出している場合（当該募集事項に相当する事項が内容として含まれている場合に限られます）には、通知または公告を省略することができます（同条4項、施53条）。

また、割当てにより支配株主の異動を伴う場合で総株主の議決権の10分の1以上の議決権を有する株主からの反対があったときに、原則として、株主総会決

議（普通決議）が必要とされることは、公開会社における通常の新株予約権発行の場合と同じです（**Q68** 参照）。

　㈬　監査等委員会設置会社、指名委員会等設置会社

　募集事項の決定を取締役会から取締役ないし執行役に委任できることについて **Q15** をご参照ください。

(2)　申込みをしようとする者への募集事項等の通知

　募集事項の決定後、引受けの申込みをしようとする者に対して募集事項等の一定の事項を通知します（法 242 条 1 項、施 54 条）。通知の形式には制限はなく、書面以外に電磁的方法で行うことも可能です。また、金商法上の目論見書等を交付することでこれらの事項を提供している場合には、あらためての通知は不要になります（法 242 条 4 項）。

　なお、株主割当ての場合には、上記の通知とは別に、株主に、①募集事項、②当該株主が割当てを受ける募集新株予約権付社債の内容および数、ならびに、③申込期日を通知する必要がありますが（法 241 条 4 項）、これらの通知を同時に行い、共通する事項は兼ねることができます。

(3)　申込み

　新株予約権の場合と同様、新株予約権付社債の引受けの申込みをする者は、その氏名または名称および住所と、引き受けようとする募集新株予約権付社債の数を記載した書面を交付（株式会社の承諾がある場合には電磁的方法も可能）して、申込みを行う必要があります（法 242 条 2 項・3 項）。

(4)　割当てを受ける者の決定・通知

　新株予約権付社債を募集する会社は、申込者の中から割当てを受ける者および割り当てる新株予約権付社債の数を決定します。

　株式会社は、割当日の前日までに、申込者に対して割り当てる新株予約権付社債の数、社債の種類および各社債の金額を通知します（法 243 条 3 項）。

(5)　割当日の到来

　割当日の到来をもって新株予約権付社債は発行され、申込者は新株予約権者となります。発行会社は発行から 2 週間以内にその登記をする必要があります。

(6)　払込み

　有償発行の場合には、社債の払込金額の払込みに加えて新株予約権の払込金額の払込みもなされますが、この場合、新株予約権付社債の割当てを受けた者は、新株予約権の払込金額の払込みの期日が定められている場合には当該期日、その他の場合には新株予約権の行使期間の初日の前日までに、払込金額の全額を払い込まなければならず（法 246 条 1 項）、払込みがなければ当該新株予約権は行使できないものとなり、当然に消滅します（同条 3 項、287 条）。

なお、新株予約権付社債の場合には、社債の利率を付さないまたは通常の社債より利率を低くする一方で、新株予約権は無償発行とする例が多く見られます。

2 総数引受契約を締結した場合

募集新株予約権付社債を引き受けようとする者が、株式会社と、当該新株予約権の総数および当該募集新株予約権を付した社債の総額を引き受ける旨の契約（総数引受契約）を締結した場合には、新株予約権の総数引受契約を締結した場合と同様に、上記1(2)～(4)の手続は適用されません（法244条2項）。

新株予約権付社債の発行要項の例

○株式会社第○回無担保転換社債型新株予約権付社債発行要項

1.	募集社債の名称	○株式会社第○回無担保転換社債型新株予約権付社債（以下「本新株予約権付社債」といい、そのうち社債のみを「本社債」、新株予約権のみを「本新株予約権」という）
2.	募集社債の総額	金○億円（額面総額○億円）
3.	各募集社債の金額	金○百万円の1種
4.	各募集社債の払込金額	金○百万円（額面100円につき金100円）
5.	各新株予約権の払込金額	本新株予約権と引換えに金銭の払込みは要しない。
6.	新株予約権付社債の券面	本新株予約権付社債については、新株予約権付社債券を発行しない。 なお、本新株予約権付社債は会社法第254条第2項本文および第3項本文の定めにより本社債または本新株予約権のうち一方のみを譲渡することはできない。
7.	利率	本社債には利息を付さない。
8.	申込期日	平成○年○月○日
9.	申込取扱場所	○株式会社 管理部
10.	本社債の払込期日	平成○年○月○日
11.	本新株予約権の割当日	平成○年○月○日
12.	募集の方法	第三者割当ての方法により、本新株予約権付社債の全部を○○株式会社（以下「割当先」という）に割り当てる。
13.	物上担保・保証の有無	本新株予約権付社債には物上担保および保証は付されておらず、また本新株予約権付社債のために特に留保されている資産はない。
14.	社債管理者の不設置	本新株予約権付社債は、会社法第702条ただし書および会社法施行規則第169条の要件を満たすものであり、社債管理者は設置されない。

15. 償還の方法
  (1) 本社債は、平成○年○月○日（以下「償還期限」という）にその総額を額面100円につき金100円で償還する。
  (2) 当社は、平成○年○月○日を繰上償還日として、その選択により、本新株予約権付社債の社債権者（以下「本社債権者」という）に対して、繰上償還日の1か月以上前に事前通知を行った上で、当該繰上償還日に、残存する本新株予約権付社債の全部または一部の額面金額に○％を乗じた金額で繰上償還することができる。
  (3) 本社債権者は、本新株予約権付社債の発行後、平成○年○月○日までの期間、その選択により、償還すべき日の○営業日前までに事前通知を行った上で、当該繰上償還日に、その保有する本新株予約権付社債の全部または一部の額面金額の○％の割合を

乗じた金額で繰上償還することを、当社に請求する権利を有する。
　(4)　本項に基づき本新株予約権付社債を償還すべき日が銀行休業日に当たるときは、その前銀行営業日にこれを繰り上げる。
16．期限の利益喪失に関する特約
　　　当社は、次の各場合は、本社債について期限の利益を喪失する。当社は、本社債について期限の利益を喪失した場合、本社債権者に対しただちにその旨を公告する。
　(1)　当社が本社債以外の社債について期限の利益を喪失したとき、または期限が到来してもその弁済をすることができないとき。
　(2)　当社が社債を除く借入金債務について期限の利益を喪失したとき、または当社以外の社債もしくはその他の借入金債務に対して当社が行った保証債務について履行義務が発生したにもかかわらず、その履行をすることができないとき。ただし、当該債務の合計額（邦貨換算後）が１億円を超えない場合はこの限りではない。
　(3)　当社が、破産手続開始、民事再生手続開始、会社更生手続開始もしくは特別清算開始の申立てをし、または取締役会において解散（新設合併もしくは吸収合併の場合で、本新株予約権付社債に関する義務が新会社もしくは存続会社へ承継され、本社債権者の利益を害さないと認められる場合を除く）の決議を行ったとき。
　(4)　当社が、破産手続開始決定、民事再生手続開始決定もしくは会社更生手続開始決定または特別清算開始の命令を受けたとき。
　(5)　当社の事業経営に不可欠な資産に対し強制執行、仮差押えもしくは仮処分がなされたとき、競売（公売を含む）の申立てがあったときもしくは滞納処分としての差押えがあったとき、またはその他の事由により当社の信用を著しく害する事実が生じたとき。
18．本社債に付する新株予約権の数　各本社債に付する本新株予約権の数は１個とし、合計〇個の本新株予約権を発行する。
19．本新株予約権の内容
　(1)　本新株予約権の目的となる株式の種類および数の算定方法
　　　　本新株予約権の目的となる株式の種類は当社普通株式とし、本新株予約権の行使請求により当社が当社普通株式を新たに発行しまたはこれに代えて当社の保有する当社普通株式を処分（以下、当社普通株式の発行または処分を「交付」という）する数は、行使請求にかかる本新株予約権にかかる本社債の払込金額の総額を本項第(3)号記載の転換価額（ただし、本項第(4)号ないし第(8)号の定めるところに従い調整された場合は調整後の転換価額）で除して得られる最大整数とする。ただし、行使により生じる１株未満の端数は切り捨て、現金による調整は行わない。
　(2)　本新株予約権の行使に際して出資される財産の内容およびその価額
　　　　本新株予約権の行使に際して出資される財産は、当該本新株予約権にかかる本社債とし、当該社債の価額はその払込金額と同額とする。
　(3)　転換価額
　　　　本新株予約権の行使により交付する当社普通株式の数を算定するにあたり用いられる１株あたりの額（以下「転換価額」という）は、〇円とする。
　(4)　転換価額の調整
　　　　当社は、当社が本新株予約権付社債の発行後、本項第(5)号に掲げる各事由により当社の発行済普通株式数に変更を生じる場合または変更を生ずる可能性がある場合は、次に定める算式（以下「転換価額調整式」という）をもって転換価額を調整する。

$$\text{調整後転換価額} = \text{調整前転換価額} \times \frac{\text{既発行株式数} + \dfrac{\text{交付株式数} \times 1\text{株あたり払込金額}}{\text{株式交付前の時価}}}{\text{既発行株式数} + \text{交付株式数}}$$

　(5)　転換価額調整式により転換価額の調整を行う場合およびその調整後の転換価額の

適用時期については、次に定めるところによる。
① 本項第(7)号②に定める時価を下回る払込金額をもって当社普通株式を新たに発行し、または当社の保有する当社普通株式を処分する場合（ただし、当社の発行した取得条項付株式、取得請求権付株式もしくは取得条項付新株予約権（新株予約権付社債に付されたものを含む）の取得と引換えに交付する場合または当社普通株式の交付を請求できる新株予約権（新株予約権付社債に付されたものを含む）その他の証券もしくは権利の転換、交換または行使による場合を除く）
　調整後の転換価額は、払込期日（募集に際して払込期間が設けられたときは当該払込期間の最終日とする。以下同じ）の翌日以降またはかかる発行もしくは処分につき株主に割当てを受ける権利を与えるための基準日がある場合はその日の翌日以降これを適用する。
② 当社普通株式の株式分割または当社普通株式の無償割当てにより当社普通株式を発行する場合調整後の転換価額は、株式分割のための基準日の翌日以降または当社普通株式の無償割当ての効力発生日の翌日以降、これを適用する。ただし、当社普通株式の無償割当てについて、当社普通株式の株主に割当てを受ける権利を与えるための基準日がある場合は、その日の翌日以降これを適用する。
③ 本項第(7)号②に定める時価を下回る払込金額をもって当社普通株式の交付と引換えに当社に取得されもしくは取得を請求できる証券または当社普通株式の交付を請求できる新株予約権もしくは新株予約権付社債を発行（無償割当ての場合を含む）する場合
　調整後の転換価額は、発行される取得請求権付株式、新株予約権（新株予約権付社債に付されたものを含む）その他の証券または権利（以下「取得請求権付株式等」という）のすべてが当初の条件で転換、交換または行使され、当社普通株式が交付されたものとみなして転換価額調整式を適用して算出するものとし、当該取得請求権付株式等の払込期日（新株予約権が無償にて発行される場合は割当日）の翌日以降、または無償割当てのための基準日がある場合はその日（基準日を定めない場合には効力発生日）の翌日以降これを適用する。
　上記にかかわらず、転換、交換または行使に対して交付される当社普通株式の対価が取得請求権付株式等が発行された時点で確定していない場合は、調整後の転換価額は、当該対価の確定時点で発行されている取得請求権付株式等のすべてが当該対価の確定時点の条件で転換、交換または行使され当社普通株式が交付されたものとみなして転換価額調整式を準用して算出するものとし、当該対価が確定した日の翌日以降これを適用する。
④ 本号①ないし③の各取引において、当社普通株式の株主に割当てを受ける権利を与えるための基準日が設定され、かつ、無償割当ての効力の発生が当該基準日以降の株主総会、取締役会その他当社の機関の承認を条件としているときには、調整後の転換価額は、当該承認があった日の翌日以降これを適用するものとする。
　この場合において、当該基準日の翌日から当該取引の承認があった日までに本新株予約権を行使した新株予約権者に対しては、次の算出方法により当社普通株式を交付する。この場合、1株未満の端数は切り捨て、現金による調整は行わない。なお、株式の交付については本項第(17)号の規定を準用する。

$$株式数 = \frac{(調整前転換価額 - 調整後転換価額) \times 調整前転換価額により当該期間内に交付された株式数}{調整後転換価額}$$

(6) 転換価額調整式により算出された調整後の転換価額と調整前の転換価額との差額が1円未満に留まる限りは、転換価額の調整はこれを行わない。ただし、その後転換価額の調整を必要とする事由が発生し、転換価額を調整する場合には、転換価額

調整式中の調整前転換価額に代えて調整前転換価額からこの差額を差し引いた額を使用する。
(7)① 転換価額調整式の計算については、円位未満小数第2位まで算出し、小数第2位を四捨五入する。
② 転換価額調整式で使用する時価は、調整後の転換価額が初めて適用される日に先立つ45取引日目に始まる30取引日の東京証券取引所における当社普通株式の普通取引の毎日の終値の平均値(終値のない日数を除く。気配値表示を含む)とする。この場合、平均値の計算は、円位未満小数第2位まで算出し、小数第2位を四捨五入する。
③ 転換価額調整式で使用する既発行株式数は、株主に割当てを受ける権利を与えるための基準日がある場合はその日、また、かかる基準日がない場合は、調整後の転換価額を初めて適用する日の1か月前の日における当社の発行済普通株式数から、当該日において当社の保有する当社普通株式を控除した数とする。
(8) 本項第(5)号の転換価額の調整を必要とする場合以外にも、次に掲げる場合には、当社は、本社債権者と協議の上、その承認を得て、必要な転換価額の調整を行う。
① 株式の併合、合併、会社法第762条第1項に定められた新設分割、会社法第757条に定められた吸収分割、株式交換または株式移転のために転換価額の調整を必要とするとき。
② その他当社の発行済普通株式数の変更または変更の可能性が生じる事由の発生により転換価額の調整を必要とするとき。
③ 当社普通株式の株主に対する他の種類の株式の無償割当てのために転換価額の調整を必要とするとき。
④ 転換価額を調整すべき複数の事由が相接して発生し、一方の事由に基づく調整後の転換価額の算出にあたり使用すべき時価につき、他方の事由による影響を考慮する必要があるとき。
(9) 本項第(4)号ないし第(8)号により転換価額の調整を行うときには、当社は、あらかじめ書面によりその旨ならびにその事由、調整前の転換価額、調整後の転換価額およびその適用開始日その他必要な事項を当該適用開始日の前日までに本社債権者に通知する。ただし、適用開始日の前日までに上記通知を行うことができない場合には、適用開始日以降速やかにこれを行う。
(10) 本新株予約権を行使することができる期間
平成○年○月○日から平成○年○月○日までとする。ただし、①当社の選択による本新株予約権付社債の繰上償還の場合は、償還日の前営業日まで、②期限の利益の喪失の場合には、期限の利益の喪失時まで、③本社債権者の選択による本新株予約権付社債の繰上償還の場合は、償還日の前営業日までとする。上記いずれの場合も、平成○年○月○日以後に本新株予約権を行使することはできない。
(11) その他の本新株予約権の行使の条件
各本新株予約権の一部行使はできない。
(12) 本新株予約権の取得の事由および取得の条件
取得の事由および取得の条件は定めない。
(13) 新株予約権の行使により株式を発行する場合の株式の発行価格および資本組入額
① 新株予約権の行使により株式を発行する場合の株式1株の発行価格
本新株予約権の行使により発行する当社普通株式1株の発行価格は、行使にかかる本社債の払込金額の総額を、本項第(1)号記載の株式の数で除した額とする。
② 新株予約権の行使により株式を発行する場合における増加する資本金および資本準備金
本新株予約権の行使により株式を発行する場合において増加する資本金の額は、会社計算規則第17条の規定に従い算出される資本金等増加限度額の2分の1の金額とし、計算の結果1円未満の端数が生じる場合はその端数を切り上げた金額とする。また、本新株予約権の行使により株式を発行する場合において増加する資本準備金の額は、当該資本金等増加限度額から増加する資本金の額を減じて得

た額とする。
- (14) 本新株予約権と引換えに金銭の払込みを要しないこととする理由および転換価額の算定理由

    本新株予約権は、転換社債型新株予約権付社債に付されたものであり、本社債からの分離譲渡はできず、かつ本新株予約権の行使に際して当該本新株予約権にかかる本社債が出資され、本社債と本新株予約権が相互に密接に関係することを考慮し、また、本要項および割当先との間で締結する予定の契約に定められた諸条件を考慮し、一般的な価格算定モデルであるモンテカルロ・シミュレーションを基礎として独立した第三者機関によって行われた新株予約権に関する評価の結果および本社債の利率、繰上償還、発行価額等のその他の発行条件により当社が得られる経済的価値とを勘案して、本新株予約権と引換えに金銭の払込みを要しないこととし、当初の転換価額は○円とした。
- (15) 新株予約権の行使請求の方法

    本新株予約権を行使請求しようとする本社債権者は、当社の定める行使請求書に、行使請求しようとする本新株予約権にかかる本新株予約権付社債を表示し、請求の年月日等を記載してこれに記名捺印した上、本項第(10)号記載の行使期間中に、本項第(18)号記載の行使請求受付場所に提出しなければならない。
- (16) 新株予約権行使の効力発生時期

    行使請求の効力は、行使請求に必要な書類の全部が本項第(18)号記載の行使請求受付場所に到着した日に発生する。
- (17) 株式の交付方法

    当社は、本新株予約権の行使請求の効力発生後速やかに社債、株式等の振替に関する法律第130条第1項およびその他の関係法令に定めるところに従い、当社普通株式を取り扱う振替機関に対し、当該新株予約権の行使により交付される当社普通株式の新規記録情報を通知する。
- (18) 本新株予約権の行使請求受付場所

    ○株式会社 ○部
    ○県○市○
20. 償還金支払事務取扱者（償還金支払場所）
    ○株式会社 ○部
    ○県○市○
21. 本社債権者に通知する場合の公告の方法

    本社債権者に対して公告する場合は、当社の定款所定の方法によりこれを公告する。ただし、法令に別段の定めがある場合を除き、公告の掲載に代えて各本社債権者に直接書面により通知する方法によることができる。
22. 社債権者集会に関する事項
    (1) 本社債の社債権者集会は、当社がこれを招集するものとし、開催日の少なくとも3週間前に本社債の社債権者集会を開く旨および会社法第719条各号所定の事項を公告する。
    (2) 本社債の社債権者集会は東京都においてこれを行う。
    (3) 本社債総額（償還済みの額を除く）の10分の1以上を保有する本社債権者は、会議の目的たる事項および招集の理由を記載した書面を当社に提出して、本社債の社債権者集会の招集を請求することができる。
23. 費用の負担

    以下に定める費用は、当社の負担とする。
    (1) 第21項に定める公告に関する費用
    (2) 第22項に定める社債権者集会に関する費用
24. 譲渡制限

    本新株予約権付社債の譲渡には当社取締役会の承認を要するものとする。
25. その他
    (1) その他本新株予約権付社債の発行に関して必要な事項は当社代表取締役社長に一

任する。
(2)　本新株予約権付社債の発行については、金融商品取引法に基づく届出の効力発生を条件とする。
(3)　会社法その他の法律の改正等により、本要項の規定中読替えその他の措置が必要となる場合には、当社は必要な措置を講ずる。

　新株予約権付社債を発行する場合、原則として新株予約権の決定手続に服することになるため、スケジュールも同様になります（**Q64** 参照）。
　ただし、新株予約権付社債の場合は、これを発行した日以降遅滞なく、社債原簿を作成し、社債の利率や社債の償還期限等の所定の事項を記載または記録する必要があります（法681条）。

Q79　新株予約権付社債の成立

　新株予約権付社債はいつ成立しますか。

　新株予約権付社債のうち、新株予約権については、通常の新株予約権の場合（**Q65** 参照）と同様、発行の対価（払込金額）の払込みの有無にかかわらず、割当日の到来をもって発行され、申込者は新株予約権者となります（法245条1項）。また、新株予約権者となると同時に、新株予約権付社債のうちの社債についても、社債権者となることが定められています（同条2項）。

Q80　新株予約権付社債発行と定款変更

　新株予約権付社債の発行に際して、定款変更は必要ですか。

　株式会社は社債の発行に際して定款変更をする必要はなく、また、新株予約権についても原則として株式会社が新株予約権を発行する際に定款変更をする必要はありません。発行可能株式総数を増加させる場合等、例外的に定款変更が必要になる場面については、通常の新株予約権の場合と同様です（**Q66** 参照）。

Q81　新株予約権付社債発行後の手続

　新株予約権付社債を発行した後に必要となる手続にはどのようなものがありますか。

　新株予約権付社債の発行後に必要な手続としては下記のようなものがあります。
1　新株予約権付社債券の発行
　株式会社は、募集事項として新株予約権付社債券を発行する旨を定めた場合に

は、新株予約権付社債発行後遅滞なく、新株予約権付社債券を発行する必要があります（法696条）。新株予約権付社債券には、法697条に定める社債券の記載事項（**Q98**参照）に加えて、新株予約権の内容および数を記載する必要があります（法292条1項）。

2　新株予約権原簿

　株式会社は、新株予約権付社債を発行した日以後遅滞なく、新株予約権原簿を作成しなければなりません（法249条柱書）。発行する新株予約権の区分により、新株予約権原簿の記載事項は下記のように異なってきます。

新株予約権原簿記載事項

>①　無記名式の新株予約権付社債券が発行されている新株予約権付社債に付された新株予約権（法249条1項2号）
>　　新株予約権付社債券の番号
>　　新株予約権の内容および数
>②　記名式の新株予約権付社債券が発行されている新株予約権付社債に付された新株予約権（法249条1項3号）
>　　新株予約権者の氏名または名称および住所
>　　新株予約権者の有する新株予約権の内容および数
>　　新株予約権者が新株予約権を取得した日
>　　新株予約権付社債券の番号
>③　新株予約権付社債券を発行しない新株予約権付社債に付された新株予約権（法249条1項3号）
>　　新株予約権者の氏名または名称および住所
>　　新株予約権者の有する新株予約権の内容および数
>　　新株予約権者が新株予約権を取得した日

　また、新株予約権原簿に氏名または名称が記載された新株予約権者（上記図表の②および③の新株予約権者）から請求があった場合には、株式会社は当該新株予約権者についての新株予約権原簿記載事項を記載した書面を交付（または当該事項を記録した電磁的記録を提供）する必要があります（法250条1項）。

3　社債原簿の作成

　株式会社は、通常の社債を発行した場合と同様に、新株予約権付社債を発行した日以後遅滞なく、法681条に定める事項を記載した社債原簿を作成しなければなりません。

4　振替制度

　金融商品取引所に上場されている新株予約権付社債等、振替制度の適用を受け

る新株予約権付社債を発行した場合には、振替株式と同様に新規記録手続が必要となります（**Q30** 参照）。

5 登記

新株予約権付社債を発行した場合、新株予約権付社債の新株予約権部分について、発行会社は新株予約権の発行後2週間以内に新株予約権の発行にかかる登記を行う必要があります（法915条1項、911条3項12号、**Q69** 参照）。

6 発行可能株式総数の維持

新株予約権付社債権者が新株予約権の行使により取得する株式の数が、発行可能株式総数から発行済株式（自己株式を除きます）の総数を控除した額を超えることができず、適切な発行可能株式総数を維持する必要があることは、通常の新株予約権を発行した場合と同様です（法113条4項、**Q69** 参照）。

Q82 新株予約権付社債に付された新株予約権の行使

新株予約権付社債に付された新株予約権の行使はどのようになされますか。

1 新株予約権付社債の行使

通常の新株予約権と同様（**Q70** 参照）、新株予約権付社債権者は、行使期間内に、発行会社に対して、その行使にかかる新株予約権の内容および数と新株予約権を行使する日を明らかにして行使します（法280条1項）。また、証券発行新株予約権付社債に付された新株予約権を行使する場合には、当該予約権にかかる新株予約権付社債券を発行会社に提示する必要があり、発行会社は、新株予約権付社債券に、当該新株予約権が消滅した旨を記載しなければなりません（同条3項）。

一方、上記の場合において、当該新株予約権の行使により当該証券発行新株予約権付社債についての社債が消滅するとき（転換社債型新株予約権付社債の場合）および、社債の償還後に当該証券発行新株予約権付社債に付された新株予約権を行使しようとするときは、その新株予約権付社債券を発行会社に提出する必要があります（法280条4項・5項）。

新株予約権行使の際には、行使価額の全額（出資の目的が金銭の場合）の払込みまたは金銭以外の財産（現物出資の場合）の給付をしなければなりません（法281条1項・2項）が、転換社債型新株予約権付社債の場合には、新株予約権付社債権者は、現物出資としてその社債を給付することになります。もし社債の額が、出資される財産の価額に足りない場合には、新株予約権付社債権者は、差額を払い込む必要があります（同条2項）。

2 端数の処理

新株予約権を行使した場合に、当該新株予約権の新株予約権者に交付する株式

の数に1株に満たない端数があるときは、通常の新株予約権と同様に、下記の区分に従い計算した額に相当する金銭を交付する必要があります（法283条）。
　① 交付する株式に市場価格がある場合
　施行規則58条で定める方法により算定される額にその端数を乗じた額
　② ①以外の場合
　1株あたりの純資産額にその端数を乗じた額
　ただし、新株予約権の内容として、端数については切り捨てる旨を定めていれば上記金銭の交付は不要となります（法283条ただし書）。
　なお、新株予約権付社債の要項で定めることで、社債の償還金の一部により新株予約権の行使価額の払込みを行うこととし、残金については社債の償還金として新株予約権付社債権者がその返還を受けるという取扱いも可能です。

Q83　新株予約権付社債と有利発行

新株予約権付社債を発行する際、どのような場合に有利発行に該当しますか。

1　新株予約権付社債の有利発行に関する問題

　新株予約権付社債は、募集事項として新株予約権の払込金額および社債の払込金額について定めることになりますが、現在用いられている新株予約権付社債の大多数が転換社債型の新株予約権付社債であり、多くの場合、社債部分について金利をゼロないし通常の社債よりも低くする一方、新株予約権を無償で発行するという方式がとられています。このように、新株予約権を無償で発行することが有利発行にならないかということが問題になります。
　この点、旧商法下では、社債の金利のディスカウント分と新株予約権のオプション価値が等しければ、新株予約権付社債全体としては公正価値の払込みを受けることができるため、有利発行にはあたらないとされてきました。
　会社法の法文上、新株予約権付社債には新株予約権の有利発行に関する規定（法240条1項、238条3項）が適用されますが（新株予約権の有利発行についてQ67参照）、ここでは、新株予約権を無償で発行することが割当てを受ける者にとって特に有利な条件となる場合に有利発行となるとされており、無償で発行することがただちに有利発行と評価されるわけではないことが明確化されています。
　したがって、新株予約権の払込金額を無償とする新株予約権付社債の有利発行の判断にあたっては、社債部分の価値も考慮し、新株予約権と社債部分の価値をそれぞれ評価算定して、新株予約権部分の公正価値と社債部分について発行会社が受ける利益がおおむねつりあっているか、という点で判断することができると考えられています。

一方、新株予約権付社債の新株予約権部分と社債部分を分離して判断することはできないとする立場もあります。この立場によれば、オプション評価モデル（Q67参照）等に従って新株予約権付社債全体の価値を算定し、これと新株予約権付社債全体の発行価額を比較することで有利発行か否かを判断することもできると考えられます。

2　裁判例

新株予約権付社債の有利発行の判断について、東京地決平成19・11・12金判1281号52頁は、新株予約権付社債に付された新株予約権を無償で発行する場合には、「当該新株予約権の実質的な対価は、特段の事情のない限り、当該新株予約権付社債について定められた利率とその会社が普通社債を発行する場合に必要とされる利率との差に相当する経済的価値であるということができる。また、当該新株予約権の公正な価値は、現在の株価、権利行使価額、行使期間、金利、株価変動率等の要素をもとにオプション評価理論に基づき算出された新株予約権の発行時点における価額であると解される」としたうえで、「算出された当該新株予約権の実質的な対価と当該新株予約権の公正な価値とを比較し、当該新株予約権の実質的な対価が公正な価値を大きく下回るときは」、当該新株予約権付社債の発行は有利発行に該当するとしています。

これは、上記1で示された新株予約権部分の公正価値と社債部分について発行会社が受ける利益を比較する方法に合致しているといえます。

3　有利性の判断

裁判例は、新株予約権部分の公正価値と社債部分について発行会社が受ける利益がおおむねつりあっているか否かの判断については、株式のような具体的な基準は示していません。したがって、オプション評価の算定に用いた数値や判断要素等が妥当であったかという観点から、個々のケースの具体的な事実関係に基づいて個別に判断せざるをえないものと考えられ、いまだ一般的な判断方法は定立されていないといえます。

Q84　MSCB

MSCBとはどのようなものですか。

1　MSCBとは

MSCB（Moving Strike Convertible Bonds）とは、行使価額修正条項付転換社債型新株予約権付社債をいい、発行後の株価に応じて転換価格が修正される転換社債型新株予約権付社債です。

MSCBは上場会社にとって有力な資金調達手段の1つでしたが、後述する希

薄化の問題等から、既存株主を害するのではないかという批判が強くあり、日本証券業協会の自主ルールや、上場規則、金商法の開示規制の厳格化等により、発行数が減少してきています。

2 スキーム

MSCBの特徴としては、行使価額の修正の頻度が一般的な新株予約権付社債に比して多く（毎月、毎週等）、また修正後の下限価額も低く設定されている点が挙げられます。東証は、MSCBを「（新株予約権の）行使に際して払込みをなすべき1株あたりの額が、6か月間に1回を超える頻度で、……（当該新株予約権の）行使により交付される上場株券等の価格を基準として修正が行われ得る旨」の発行条件が付される新株予約権付社債と定義しています。

また、MSCBを用いて資金調達をする場合、多くは証券会社等を割当先とする第三者割当ての方法により行われます。新株予約権と引換えに金銭の払込みを要せず、発行会社による取得条項が付され、また社債部分の金利をゼロとする等の条件も多く見られます。

MSCBもMSワラント（**Q73**参照）と同様、基本的には行使価額が株価よりも低くなるように修正されることから、通常の借入れ等が難しい会社にとっては有効な資金調達手段となるというメリットがある一方、株価の下落に伴って転換価額が引き下げられ、これによって転換が促されるため発行株式数が増加して希薄化（**Q10**参照）が進み、希薄化がさらなる株価の下落を招くという悪循環に陥るおそれがあります。また、割当先が、借株の空売りをして株価を下落させたうえで新株予約権を行使した場合には、確実に利益を上げることができるうえに、希薄化によってさらなる株価の下落を招くために上記の悪循環を促すことになります。したがって、適切な修正条項を設定することに加え、発行会社が新株予約権社債の取得条項を発動して市場の株式数の増加を防ぐ等の手当てが必要となります。空売りについては、金商法施行令等において空売りか否かの明示・確認義務、価格規制等が規定されていることに加え、日本証券業協会の「第三者割当増資等の取扱いに関する規則」においても、会員は、MSCB等の観察期間（新株予約権等の行使価額の設定または修正を行う際に基準となる取引所有価証券市場における対象株券および対象株券と同一の銘柄の株券の価格を参照する期間（上場されている有価証券の発行者がMSCB等の発行にかかる重要事実の公表を行った以降に限る）をいいます）中に、当該空売りにかかる株券につき直近公表価格（金商法施行令26条の4第1項）以下の価格において空売りを行ってはならないとされ、規制を受けています。

3 権利行使価額の修正

MSCBの転換価額の修正条項の例は下記のとおりです。なお、ここでは、1

株あたり転換価額を「転換価額」として用いています。

転換価額の修正

> 本新株予約権付社債の①当初転換価額は○円とする。ただし、転換価額は、②本新株予約権付社債の発行後、○年○月○日を初回として、毎週金曜日（以下「決定日」という）の翌取引日以降、決定日の③東京証券取引所における当社普通株式の普通取引の終値の④90％に相当する金額の1円未満の端数を切り上げた金額（以下「基準価格」という）を比較し、⑤基準価格が当初転換価額を1円以上上回る場合または下回る場合には、転換価額を当該基準価格に修正する（修正後の行使価額を「修正後転換価額」という）。ただし、⑥修正後転換価額が○円（以下「上限転換価額」という）を上回る場合には、転換価額は上限転換価額とし、○円（以下「下限転換価額」という）を下回る場合には、転換価額は下限転換価額とする。

一般的に、一定の基準日（上記②）における特定の株価（上記③）に一定の比率（上記④）を乗じて算出した価額を当初の転換価額（上記①）を比較し、算出した額が①の額を上回る場合または下回る場合（上記⑤）には、当該算出した額を修正後の転換価額とします。また、修正後の転換価額の上限または下限を定めて調整（上記⑥）する場合もあります。

4 上場規則等

上場規則は、MSCB等の発行等についてルールを定め、上場会社を規律しています（詳しくはQ126参照）。このほか、金商法上、有価証券届出書等に追加開示しなければならない事項があります。

Q85 新株予約権付社債の会計処理

新株予約権付社債を発行した際の会社の会計処理はどのようになりますか。

1 区分法と一括法

新株予約権付社債の会計処理としては、区分法と一括法が用いられています。
① 区分法：新株予約権付社債の発行価額を社債の対価と新株予約権の対価とに区別して経理処理する方法
② 一括法：新株予約権付社債の発行価額を社債の対価と新株予約権の対価に区別せずに一体のものとして経理処理する方法

2 転換社債型新株予約権付社債とそれ以外での区別

転換社債型新株予約権付社債の場合には、一括法と区分法のいずれかにより会計処理すればよいとされており（金融商品に関する会計基準36項）、選択が認めら

れています。一方、その他の新株予約権付社債では、区分法のみが認められています。

　この区別は、金融商品に関する会計基準が、対象となる金融商品の払込資本を増加させる可能性のある部分とそれ以外の部分の価値をそれぞれ区別しているのであれば、区分して処理することが合理的であるとの見方をとることから生じます。転換社債型新株予約権付社債では、社債と新株予約権が単独では存在しえないことと、新株予約権が付された社債を、新株予約権行使時の出資の目的とするをあらかじめ明確にしているため、経済的実質が同一であるといえることから、それぞれの部分を区分して処理する必要は乏しいとされます。一方、その他の新株予約権付社債では、払込資本を増加させる可能性のある部分とそれ以外の部分がそれぞれ同時に存在しうることから、取引実態を適切に表示するために、区分して処理することが必要であるとされます。

3　実務上の問題

(1) 具体例

　転換社債型新株予約権付社債で区分法を選択した場合、社債発行差金を転換社債の償還期限までに償却しなければならないため、その償却負担により、一括法の場合に比べて社債の資金調達コストが高くなるという問題が発生することから、実務上はほとんどの場合で一括法がとられているようです。

例：額面100万円で転換社債型新株予約権付社債を発行し、5年間で額面100万円を償還、新株予約権部分の価値を30万円と仮定した場合

①　区分法

　社債の対価部分と新株予約権の対価部分に区分し、発行時の貸借対照表の資産の部には現金100万円に加え、新株予約権の対価30万円分を社債発行差金として計上し、社債償還債務100万円および非債務性負債項目30万円を負債の部に計上します。新株予約権の行使がなされなかった場合には、社債発行差金を転換社債の償還期限内に償却することになります。

②　一括法

　社債と新株予約権の対価部分の区分は行わないため、普通社債の発行の場合と同様に、発行時の貸借対照表の資産の部には現金100万円、負債の部には社債償還債務100万円を計上します。

(2) 新株引受権型新株予約権付社債の場合

　新株引受権型新株予約権付社債の場合には区分法のみ認められているため、常に上記(1)に記載の社債発行差金の償却負担の問題が生じることになります。そのため、会計上のメリットを得ることができず、結局、現在では新株引受権型新株予約権付社債はほとんど発行されていません。

第3章 デットによる資金調達

1 社債

Q86 社債とは

社債とはどのようなものですか。また、社債は借入れによる金銭債権とどのような点が異なりますか。

　社債とは、会社法の規定により会社が行う割当てにより発生する当該会社を債務者とする金銭債権であって、法676条各号に掲げる事項についての定めに従い償還されるものです（法2条23号）。社債は、社債契約という、消費貸借契約に類似する無名契約により成立するとの考え方が有力です。

　社債の発行にあたっては、借入れによる金銭債権と異なり、募集事項の決定や、募集事項の通知、申込み・割当て（またはこれらに代わる総額引受契約の締結）等、会社法に規定された手続による必要があります。また、社債原簿の作成や（一定の要件を満たす場合には）社債管理者の設置が義務づけられ、社債権者集会制度という集団的な制度が設けられている点も、借入れによる金銭債権と異なります。

　社債の譲渡の対抗要件は、金銭債権の譲渡の対抗要件とは異なります（法688条）。また、社債券が発行される場合には、譲渡の効力発生要件（法687条）や占有者の権利推定、善意取得（法689条1項・2項）等、有価証券法理の適用があります。振替法の適用を受ける振替社債については、同法に基づき、口座の記載または記録に基づく善意取得が認められている（振替77条）点も、金銭消費貸借と異なる点です。

　消滅時効についても違いがあります。社債の償還請求権の時効は10年、利息の請求権の時効は5年とされています（法701条1項・2項）。これに対して、金銭消費貸借に基づく貸金返還請求権や、利息契約に基づく利息請求権の消滅時効は、民法167条1項により10年（商法522条の適用を受ける場合は5年）です（なお、現在国会に提出されている債権法改正案では、権利を行使することができることを知った時から5年、権利を行使できる時から10年へと改正される予定ですが、

当該債権法改正案と同時に国会に提出されている関係諸法の改正案においては、社債の消滅時効期間には変更はありません）。

また、社債に物的担保を付する場合には、担信法という法律が用意されており、同法に基づいて担保権を設定しなければなりません。このことは、社債は、金銭消費貸借に基づく債権に比べ、小口化された同一の権利を有する社債権者がより多数存在することがありうるものであり、かつ転展流通するものであるという性質をふまえたものであるといえます。

さらに、社債は、証券が発行される場合には有価証券に該当し、証券が発行されない場合でも金商法上は有価証券とみなされるので、社債発行に関しては金商法の適用があります（**Q102**参照）。他方、金銭消費貸借契約に基づく金銭債権は有価証券ではないので、金銭消費貸借契約を締結し、金銭を貸し付けるということについては、金商法の適用はありません。

その他、実務的には、金銭消費貸借契約書には印紙税が課されますが（印紙税法別表第1第1号）、社債引受契約書には印紙税が課されないという違いもあります。

Q87　社債の種類

社債にはどのような種類がありますか。

1　社債と新株予約権付社債

会社法は、新株予約権を付した社債を新株予約権付社債（法2条22号）と定義しており、新株予約権の付されていない社債は、一般に普通社債と呼ばれます。新株予約権付社債は、特定の株式と関係づけられたエクイティ・リンク債の一種であり、エクイティ・リンク債としては、新株予約権付社債のほかにも、他社株転換社債等、さまざまなものが知られています。

2　担保付社債と無担保社債

物的担保の付された社債は担保付社債と呼ばれ、担信法が適用されます。他方、人的担保や特別法による一般担保の付された社債は担保付社債には該当せず、担信法は適用されません。担保付社債でない社債を無担保社債といいます（人的担保や一般担保も付されていない社債のみを指す場合もあります）。

3　社債管理者設置社債と社債管理者不設置社債

会社法は、社債管理者の設置義務がある場合とない場合とを区別しており（法702条）、社債管理者の設置の有無により、社債管理者設置社債と社債管理者不設置社債とに分類することができます。（**Q95**参照）

社債管理者の設置を不要とするために、各社債の金額が1億円以上となるよ

うに発行条件を設定することもしばしば行われます。社債管理者が設置されない公募債や比較的社債権者数の多い私募債では、発行会社の委託を受けて元利金の支払いの代理等を行う、いわゆる財務代理人（Fiscal Agent）が発行会社により指名されることがありますが、このように社債管理者が設置されず財務代理人が指名されている社債を「FA債」と呼ぶこともあります。

4 公募債と私募債

金商法における募集の方法により発行される社債を公募債、私募の方法により発行される社債を私募債といいます（Q104、105参照）。

5 無記名社債

無記名式の社債券が発行されている社債は無記名社債と定義され（法681条4号）、その他の社債とは区別されます。社債の発行を決定する際には、社債券を発行する旨の定めを置くことも、社債券を発行する旨の定めを置かないこともできます。社債券には、記名式社債券と無記名式社債券があり、社債券を発行する旨の定めのある社債の場合、記名式と無記名式を交換できない旨の定めがないときは、社債権者は交換を請求することができますが、交換できない旨の定めを置くことが一般的です。無記名社債の場合、記名式社債券が発行されている場合、および社債券が発行されない場合では、それぞれ社債を譲渡するための要件、譲渡を発行会社そのほかの第三者に対抗するための要件等が異なります。

6 振替社債

振替法に基づき、振替機関が取り扱うものを振替社債といいます（振替66条。Q94参照）。振替社債を発行するには、社債の発行を決定するにあたり、振替法の適用を受ける旨を定めるとともに、社債の引受けの申込みをしようとする者に対する通知にその旨を記載または総額引受契約の相手方に告知しなければなりません。ただし、短期社債（いわゆる電子CP。Q88参照）は、当然に振替社債となります。

実務上は、証券会社の引受けにより発行される公募債は、ほぼ例外なく振替社債であり社債券は発行されません。私募債の場合にも、金融機関等向けに勧誘がなされる場合には、税務上の取扱い等の関係で振替社債が利用されます。

7 その他

① ミディアムタームノート（MTN）

発行会社と引受証券会社との間で、さまざまな条件の社債を発行できる旨を取り決めることがあり（このような取り決めをMTNプログラムといいます）、それに基づいて発行される社債をMTNといいます。

② ゼロ・クーポン債

利息がなく、かつ額面よりも低い払込金額で発行される社債をゼロ・クーポン

債といいます。

③ 劣後債

破産手続その他の倒産手続の開始等の劣後事由が発生した場合に、同順位の債権を除くすべての債権に劣後して利息の支払いや元本の償還が行われるという特約（劣後特約）の付された社債を劣後債といいます。

④ ユーロ債

発行地通貨以外の通貨建てで発行される債券をユーロ債といいます。

Q88　CP・短期社債

CP・短期社債とはどのようなものですか。

CPとは、コマーシャル・ペーパーの略称であり、会社の機動的な短期資金調達手段として広く用いられているものです。CPには、いわゆる手形CPと電子CPがありますが、事務作業の簡易さやコストダウンといったメリットにより、現在では電子CPが広く活用されています。

いわゆる電子CPは、振替法において「短期社債」として定められています。振替法の規定により、社債の最低単位が1億円以上で、発行から1年未満の日を償還期限とする満期一括償還の定めがあり、利息が満期償還期限に支払われるもの（ただし、担保付のものは除きます）は、当然に短期社債となり、振替法が適用されます。また、電子CPは、会社法上の社債として位置づけられることになりますので、取締役会設置会社における発行に際しては、社債の発行の取締役会決議を経る必要があります（法362条4項5号）。

なお、電子CPには、①新株予約権を付すことができず、②社債原簿の作成を要さず、③会社法の社債に関する規定のうち社債権者集会の規定は適用されないといった会社法の特例の適用を受けます（振替83条）。

また、電子CPは、金商法上の「有価証券」に該当することから、その発行に際しては金商法上の規制に服することに留意する必要があります（**Q102** 参照）。

Q89　社債の発行の手続

社債を発行するためには、どのような手続が必要ですか。また、社債はいつ成立しますか。

社債の発行にあたっては、会社法上、下記の手続を経る必要があります（スケジュールの例については **Q90** 参照）。

社債を発行するための会社法上の手続の概要

```
┌─────────────────────────────────────────────┐
│            募集事項の決定                    │
│            （発行決議）                      │
└─────────────────────────────────────────────┘
```
募集社債の総額、利率、償還の方法および期限、利息支払いの方法および期限等を決定する

↓　　　　　　　　　　　　　　　↓

```
┌──────────────────────┐     （総額引受契約の場合）
│ 募集社債の引受けの申込│          ↓
│ みをしようとする者に  │
│ 対する募集事項等の通知│
└──────────────────────┘
```
申込みをしようとする者に募集事項を通知

↓

```
┌──────────────────────┐     ┌────────────────┐
│  募集社債の申込み    │     │  総額引受契約の │
└──────────────────────┘     │     締結       │
```
申込みをしようとする者の意思を確認する　　会社が募集社債を発行するにあたり、引受けをしようとする者との間で、発行される募集社債の総額を引き受ける旨の契約を締結する

↓

```
┌──────────────────────┐
│  募集社債の割当て・通知│
└──────────────────────┘
```
申込者の中から割当てを受ける者とその金額を定め、申込者に通知する

↓　　　　　　　　　　　　　　　↓

```
┌─────────────────────────────────────────────┐
│            社債の成立                        │
└─────────────────────────────────────────────┘
```

↓

```
┌─────────────────────────────────────────────┐
│            募集社債の払込み                  │
└─────────────────────────────────────────────┘
```

↓

```
┌─────────────────────────────────────────────┐
│            発行後の手続等                    │
└─────────────────────────────────────────────┘
```
社債券の発行等、社債の発行後に必要な手続を行う

1 募集事項の決定

　会社が募集社債の発行を行う場合、法676条各号の募集事項を決定する必要があります。この募集事項の決定は、業務執行の決定に該当し、取締役会設置会社においては、取締役会で決定するのが原則ですが（法362条2項1号）、これらの事項の決定を、取締役会が取締役に委任することは可能です（また、当該委任が再委任を認めることを前提にして行われている場合に再委任をすることも可能であると解されます）。ただし、その場合、募集社債の総額の上限、利率に関する事項の要綱等、法362条4項5号および施行規則99条に規定されている事項は、

取締役会において決定することが必要になります（法362条4項5号）。監査等委員会設置会社や指名委員会等設置会社の場合に取締役会から取締役ないし執行役に委任できることについて **Q15** をご参照ください。

2 募集社債の引受けの申込みをしようとする者に対する募集事項等の通知

会社は、募集社債を引き受けようとする者に対して以下の事項を通知する必要があります（法677条1項、施163条）。ただし、これらの事項を記載した目論見書を交付している場合その他一定の場合には、かかる通知は不要とされます（法677条4項）。

① 会社の商号
② 募集事項
③ 社債管理者を定めたときは、その名称および住所
④ 社債原簿管理人を定めたときは、その氏名または名称および住所

3 募集社債の申込み

募集社債の引受けの申込みを行う者は、以下の事項を記載した書面を会社に交付します（法677条2項）。

① 申込みをする者の氏名または名称および住所
② 引き受けようとする募集社債の金額および金額ごとの数
③ 会社が払込金額の最低金額を定めたときは、希望する払込金額

4 募集社債の割当ておよび通知

申込みを受けた会社は、申込者の中から募集社債の割当てを受ける者を定め、かつ、その者に割り当てる募集社債の金額および金額ごとの数を定めて、払込期日（法676条10号）の前日までに、当該申込者に割り当てる募集社債の金額および金額ごとの数を通知します（法678条2項）。

5 総額引受契約が締結される場合

総額引受契約とは、募集社債を引き受けようとする者がその総額の引受けを行うことを内容とする契約をいい、総額引受契約が締結される場合には、上記2、3および4の手続は不要となります（法679条）。

6 社債の成立時期

社債は、会社が募集社債の申込者に対して法678条2項の割当ての通知を行った時に成立します（法680条1号）。また、総額引受契約が締結される場合には、当該総額引受契約に定めるところに従って、社債が成立します（同条2号）。払込金額の払込みの有無を問わず、割当ての通知や総額引受契約により社債が成立する点で、社債の成立は、引き受けた募集株式についての出資の履行をしなければ株主とならない株式の場合（法209条1項）とは異なります。

Q90　社債の発行のスケジュール

社債を発行する際のスケジュールとはどのようなものですか。

　金商法上の公募の方法により無担保の普通社債（新株予約権付ではないもの）を発行する際のスケジュールは次のとおりです。実際には、有価証券届出書や目論見書の作成に必要な時間を考慮する必要があります。また、公募債の発行を行う場合、金融商品取引業者である引受証券会社が募集社債の全部の引受人となり、それを投資家に転売する形態がとられる例がほとんどです。その場合、引受証券会社による引受審査にかかる時間を考慮する必要があります。さらに、利率等の公募債の発行条件は、ブックビルディングやプレ・マーケティングによって需要調査が行われ、決定されることになりますので、これらもスケジュールに織り込む必要があります。なお、発行会社が、参照方式の利用適格（Q109参照）を満たす有価証券の発行者である場合には、あらかじめ発行登録届出書を提出し、発行登録制度を利用すれば、随時勧誘を開始でき、発行登録追補書類を提出することによりただちに売付けを開始できますので、より機動的に社債の募集を行うことが可能になります（Q112参照）。

　以上に対し、私募の方法で発行する場合には、有価証券届出書の提出は必要でないため、よりすみやかに社債を発行することが可能です。

社債発行のスケジュールの例（上場会社が公募により発行し通常方式の有価証券届出書を提出する場合）

日付	会社法上の手続	金商法上の手続	東証の開示ほか
8/9		財務局に事前相談	
8/13			東証に事前相談
8/23	募集事項の決定	有価証券届出書の提出	適時開示または任意開示
9/8	募集事項の通知 ※目論見書が交付される場合は不要	届出の効力発生	
9/10～9/12	申込み		
9/14	割当ての決定	目論見書の交付	

払込期日の前日まで	割当内容の通知 社債の成立		
9/19	払込期日		

なお、上述のとおり、実務上証券会社の引受けにより発行される公募債は、ほぼ例外なく振替社債ですので、発行代理人兼支払代理人（金融機関）の選任、振替機関への発行者としての参加手続および発行代理人兼支払代理人の選任届、振替機関への条件決定通知・新規記録申請等が、別途必要となります。これらの手続とその日程は、振替機構の諸規程に従うことになります（**Q94**参照）。

また、各社債の金額が1億円以上の場合または社債の総額を各社債の金額の最低額で割った数が50未満の場合に該当しないときは、社債管理者の設置が必要となりますので、金融機関にあらかじめ社債の管理を委託する必要があります（**Q95**参照）。

Q91　社債の募集事項

社債にはどのような事項が定められますか。

法676条および施行規則162条は、社債の募集事項として決定すべき事項として、次の事項を規定しています。

① 募集社債の総額
② 各募集社債の金額
③ 募集社債の利率
④ 募集社債の償還の方法および期限
⑤ 利息支払いの方法および期限
⑥ 社債券を発行するときは、その旨
⑦ 社債権者が法698条の規定による請求（社債券が発行される場合において記名式と無記名式との間の転換の請求）の全部または一部をすることができないこととするときは、その旨
⑧ 社債管理者が社債権者集会の決議によらずに法706条1項2号に掲げる行為（訴訟行為または破産手続その他の倒産手続に属する行為）をすることができることとするときは、その旨
⑨ 各募集社債の払込金額（各募集社債と引換えに払い込む金銭の額をいいます）もしくはその最低金額またはこれらの算定方法
⑩ 募集社債と引換えにする金銭の払込みの期日

⑪ 一定の日までに募集社債の総額について割当てを受ける者を定めていない場合において、募集社債の全部を発行しないこととするときは、その旨およびその一定の日
⑫ 数回に分けて募集社債と引換えに金銭の払込みをさせるときは、その旨および各払込みの期日における払込金額
⑬ 他の会社と合同して募集社債を発行するときは、その旨および各会社の負担部分
⑭ 募集社債と引換えにする金銭の払込みに代えて金銭以外の財産を給付する旨の契約を締結するときは、その契約の内容
⑮ 法702条の規定による委託にかかる契約において会社法に規定する社債管理者の権限以外の権限（いわゆる約定権限）を定めるときは、その権限の内容
⑯ 法711条2項本文（社債管理者の契約上の辞任事由）に規定するときは、同項本文に規定する事由
⑰ 募集社債が信託社債であるときは、その旨および当該信託社債についての信託を特定するために必要な事項

これらの募集事項に関連して、取締役会設置会社においては、以下の事項については、取締役会決議によって決定することが要求されています（法362条4項5号、施99条1項）。
① 2以上の募集に関し募集事項の決定を委任するときは、その旨
② 募集社債の総額の上限（①に該当する場合には、各募集にかかる募集社債の総額の上限の合計額）
③ 募集社債の利率の上限その他の利率に関する事項の要綱
④ 募集社債の払込金額の総額の最低金額その他の払込金額に関する事項の要綱

以上に加えて、社債が私募の方法により発行される場合には、金商法上の私募の要件を満たすため、転売制限に関する規定が設けられます（Q105参照）。

実務上、これらの決定事項や法定の事項を含む、社債の条件を定めたいわゆる社債要項が作成されます。社債要項には、期限の利益喪失事由に関する特約のほか、社債の発行会社の信用状態や想定される投資家層等によって、他の社債に対して物的担保が設定される場合には当該社債にも同順位の担保ないし同等の担保の設定を発行会社に義務づけたり、発行会社が利益水準を一定以上に維持することや社債発行後の利益額に応じて一定以上の配当金の支払いを行わないこと等を求めるいわゆる財務上の特約、社債に物的担保を提供することにより財務上の特約の適用を停止することができること等を定めるいわゆる担保切換条項、発行会

社の選択により期限到来前に繰上償還することを認める任意繰上償還条項等が定められることがあります。社債管理者設置社債の場合、これらの条項には、社債管理者の約定権限が規定されることもあります。

> **Q92　社債に物的担保を付すための手続**
>
> 社債に物的担保を付すにはどのような手続が必要ですか。

　社債に物的担保を付したものは担保付社債と呼ばれ、担信法が適用されます。社債権者は多数にのぼることが想定されており、かつ社債は輾転流通することが予想されるので、社債権者が個別に担保権を実行することは法律関係を煩雑にし、現実的ではありません。そこで、担信法は、物的担保の目的である財産を有する者が委託者となり、信託会社（担信法3条の内閣総理大臣の免許を受けた者をいいます）との間で信託契約を締結し、担保付社債はかかる信託契約に従うこととしています（担信2条1項）。受託会社は、担保物を総社債権者のために管理し、総社債権者のためにのみ担保権を行使することができます（担信2条2項、37条2項）。担保権の種類、目的物、順位については制限はありません。ただし、受託会社は公平誠実かつ善良なる管理者の注意をもって担保の実行および社債の保全・回収に努める義務を負うこと、担信法24条1項6号により受託会社は担保の価額の調査をしなければならないこと等を理由に、実務上、信託会社は、権利関係が複雑な担保や担保物の価値に対して先順位の担保権の被担保債権が多い物件等社債の総額に対して担保余力の低い物件を社債の担保として受託することには消極的になる傾向があると考えられます。なお、物的担保の目的である財産を有する者として信託契約の当事者となるのは、社債を発行する会社に限られません（担信2条1項後段）。

　信託契約は信託証書で行う必要があり（担信18条1項）、信託証書には、担保の種類、担保の目的である財産、担保権の順位等、担信法19条1項各号の記載をする必要があります（同項柱書）。なお、取締役会設置会社において信託証書の締結に取締役会の決議を要するかに関しては、「多額の借財」や「重要な財産の処分」に該当または準じる行為として、取締役会の決議によるべき事項に含まれうると考えられます（法362条4項1号・2号）。

　担信法に従わずに物的担保を付して発行された社債については、担保が無効になるばかりでなく、無担保社債としても無効になると解されています。

　無担保社債として発行された社債に、財務上の特約に抵触することを回避する等の目的で事後的に物的担保が提供されることがあり、このような場合にも担信法に基づき担保権が設定されます。社債管理者設置社債に事後的に物的担保が提

供される場合には、一般に社債管理者が受託会社となることが社債要項において想定されています。

担保付社債は、かつては広く公募債や私募債に利用されていました。しかし、社債発行市場の発展により無担保社債が広く投資家に受け入れられるようになったこと、担保権の解除には原則として社債権者集会の決議を要することから担保付社債の存続期間中に担保権者の同意を得て機動的に資産の売却を行うことが困難になること、受託会社の法定の責任が重く金融機関が受託会社に就任することに必ずしも積極的ではないこと等により、事例が減少しています。

また、過去には発行会社の取引銀行が私募の担保付社債の総額引受けを行う例も多く見られました。しかし、不動産を社債の担保とする場合、不動産登記法上普通抵当が想定されていて償還期限到来時に借替えを行う際に同じ順位の担保権を確保できない可能性がある点で根抵当権と比較して使い勝手が悪いこと、上述のように後順位の担保権を付した担保付社債の受託を金融機関があまり歓迎しないこと等のために、銀行による融資の代替としての担保付社債の利用も減り、代わっていわゆる銀行保証付私募債の利用が増えています。銀行保証付私募債とは、銀行が元利金の支払いを連帯保証する私募債で、多くの場合、銀行の求償債権（事前求償債権を含む）は、銀行取引・支払承諾取引等から発生する債権を被担保債権とする根抵当権の設定を発行会社またはその関連法人等から受ける等の方法で担保されます。保証銀行自身が銀行保証付私募債の総額引受けを行う事例も多く見られます。

Q93 社債に人的保証を付すための手続

社債に人的保証を付すにはどのような手続が必要ですか。

社債にかかる債権を被担保債権として人的保証を付することは可能であり、このような社債は、物的担保の付された担保付社債とは区別され、担信法の適用はありません。

社債に人的保証を付する方法としては、まず、社債権者と保証人とが保証契約を締結することが考えられます。保証契約の内容が社債要項の中に記載され、別途保証契約という名称の契約が締結されないこともあります。いずれの方法によるにせよ、保証契約が有効に成立するためには、書面または電磁的記録によることが必要です（民法446条2項・3項）。

このように、社債権者と保証人との間で保証契約を締結するという方法は、適格機関投資家を社債権者とする私募の方法で社債が発行される場合等、社債権者が少数の場合には問題はありません。しかし、公募債や無記名社債の場合等、保

証人が各社債権者と保証契約を締結することが困難な場合には、この方法をとることができません。そこで、社債の発行会社と保証人との間で、保証人が社債にかかる債権を保証することを内容とする、社債の発行会社を要約者、保証人を諾約者、社債権者を受益者とする第三者のためにする契約が締結されることがあります。

また、保証人が社債の発行会社に対する事前求償権（民法460条）およびより広い範囲での事後求償権（民法459条1項、462条）を確保するために、社債の発行会社と保証人との間で保証委託契約が締結されることが通常です。

保証付社債の例としては、発行会社の親会社が保証する公募債や私募債、信用保証協会保証付私募債、銀行保証付私募債等があります。また、発行会社が会社分割により持株会社に移行する際に、承継会社・新設会社が発行会社の社債上の債務を連帯保証し、または、承継会社・新設会社が当該債務を承継したうえで、発行会社が連帯保証する事例も見られます。

Q94　振替社債

振替社債とはどのようなものですか。また、振替社債を発行するためには、どのような手続が必要ですか。

市場参加者の証券決済にかかるリスクやコストの低減および利便性の向上を図るための有価証券のペーパーレス化の一環として、平成13年に制定された「短期社債等の振替に関する法律」（平成13年法律第75号）により、振替制度が設けられました。また、平成14年に制定された「証券決済制度等の改革による証券市場の整備のための関係法律の整備等に関する法律」（平成14年法律第65号）により、短期社債等の振替に関する法律の題名が「社債等の振替に関する法律」に改正され、振替制度の対象が一般の社債券にも拡大されました。さらに、平成16年に制定された「株式等の取引に係る決済の合理化を図るための社債等の振替に関する法律等の一部を改正する法律」（平成16年法律第88号）により、社債等の振替に関する法律は「社債、株式等の振替に関する法律」へと題名を改正され、現在に至っています。

振替法によれば、振替社債とは、短期社債または当該社債の発行の決定において、当該決定に基づき発行する社債の全部についてこの法律の規定の適用を受けることとする旨を定めた社債であって、振替機関が取り扱うものをいい、その権利の帰属は、振替法に基づく振替口座簿の記載または記録により定まります（振替66条柱書）。振替社債にはおおむね次のような特徴があります。

① 社債券は発行されない（振替67条1項）

② 社債発行時には振替機関にある各加入者の口座に発行会社から通知された振替社債の金額の増額の記録または記載がなされる（振替69条）
③ 振替社債の譲渡および質入れは、振替の申請により、譲受人または質権者の口座における保有欄に当該譲渡または質入れにかかる金額の増額の記載または記録を受けなければ、効力を生じない（振替73条、74条）
④ 振替の申請により口座において振替社債の増額の記載または記録を受けた加入者は、当該振替社債について善意取得する（振替77条）
⑤ 振替社債の社債権者が社債権者集会において議決権を行使するには、振替社債の金額等を記載した書面の交付を振替機関等から受け、社債権者集会の1週間前までに、社債の発行会社（社債管理者がある場合には当該社債管理者）に提示する必要がある（振替86条2項）

なお、振替社債のうち、利息の額が社債の発行者の収益や資産、剰余金の配当等に連動しない特定振替社債等（租税特別措置法5条の3第4項7号、租税特別措置法施行令3条の2第12号）については、一定の要件のもとに、非居住者および外国法人の受ける利子や、償還差益（その特定振替社債等の償還により受ける金額がその特定振替社債等の取得価額を超える場合におけるその差益をいいます）について、所得税および法人税を課されないものとされています（租税特別措置法5条の3、41条の13第2項、67条の17第2項）。

振替社債を発行するためには、短期社債に該当する場合を除いて、社債の発行決議により振替法の適用を受ける旨を定める必要があり（振替66条2号）、また、振替機関に対して、社債の取扱いについてあらかじめ同意を行う必要があります（振替13条1項）。振替社債を引き受けるためには、自己のために開設された、当該振替社債の振替を行うための口座を、法677条2項に基づく通知の書面に記載するか、または総額引受契約においてこれを会社に示す必要があります（振替84条3項）。

振替法に基づき、振替社債に関する振替機関としては、振替機構が指定されています。振替社債の発行時およびその後の諸手続については、振替法のほか、振替機構の諸規程に従うことになります。

Q95 社債管理者

社債管理者とはどのようなものですか。どのような場合に社債管理者の設置が必要になりますか。

社債管理者とは、社債権者のために、弁済の受領、債権の保全その他の社債の管理を行うことを会社が委託する者です（法702条）。このような制度が設けら

れている理由は、社債権者が一般投資家である場合には、専門知識の欠如等から、適切な社債の管理が困難であり、また、社債が小口化されている場合には、社債を適切に管理しようというインセンティブが働かないため、やはり社債の適切な管理が期待できず、結果として社債権者の利益が害されることから、こうした弊害を防ぐというところにあります。このような趣旨から、社債管理者は、銀行や信託会社等でなければならないとされています（法703条）。

　社債管理者は、社債権者のために社債にかかる債権の弁済を受け、または社債にかかる債権の実現を保全するために必要な一切の裁判上または裁判外の行為をする権限を有します（法705条1項。ただし、社債の全部についての支払いの猶予、債務の不履行によって生じた責任の免除または和解は、社債権者集会の決議によらなければできず、訴訟行為および倒産手続に属する行為等についても社債要項に定めがない限り社債権者集会の決議を要すると定められています（法706条1項））。訴訟行為や倒産手続に属する行為のうちでも、更生計画の決議への参加等弁済条件の変更を伴う行為ではなく、社債の全額の届出等の社債の全額の回収を目的とする行為については、法706条1項の対象ではなく社債権者集会の決議を要さないとする説が争いはあるものの有力です。また、社債管理者は、会社法に規定されている債権者異議手続において、社債権者のために異議を述べることができます（法740条2項本文。社債管理委託契約に別段の定めがある場合を除き、社債権者集会の決議によることは不要です）。さらに、社債管理者は、弁済等、社債の発行会社が社債権者に対してし、または社債権者との間でした行為が著しく不公正であるときには、社債発行会社の弁済等の取消しの訴えを提起することができます（法865条1項）。

　社債管理者は、①各社債の金額が1億円以上である場合、②ある種類の社債の総額を当該種類の各社債の金額の最低額で除して得た数が50を下回る場合（法702条ただし書、施169条）を除き、設置が義務づけられます。他方、社債管理者の設置が義務づけられない場合に社債管理者を任意に設置することも法的には可能です。

　社債管理者は、社債権者のために、公平かつ誠実に、かつ善良なる管理者の注意をもって社債の管理を行わなければならないとされています（法704条）。かかる義務の効果として、社債管理者は、自己または第三者の利益が相反する場合に自己または第三者の利益を優先してはならず、また適切な時期や方法で、その権限を行使する義務を負うと解されています。

　利益相反については、法710条2項において、発行会社が社債上の支払債務の弁済を怠るか支払停止に陥った後またはその3か月前以内に、①社債管理者が自己の債権につき発行会社から担保の提供や弁済等を受けた場合、②社債管理

者が自己の関係者に発行会社に対する債権を譲渡した後その譲受人が発行会社から担保の提供や弁済等を受けた場合、③社債管理者が相殺目的で発行会社に対し債務を負担する取引を行ったうえ当該債務と自己の発行会社に対する債権を相殺した場合、または、④社債管理者が発行会社に対する債権を譲り受けてその債権と既存の発行会社に対する債務と相殺した場合には、社債管理者が誠実にすべき社債の管理を怠らなかったことまたは当該損害が当該行為によって生じたものでないことを証明したときを除き、社債管理者は社債権者に対して損害を賠償する責任を負うと規定されています。この規定の解釈についてはさまざまな見解がありますが、社債管理者である発行会社の取引銀行が、債務状態が悪化して緊急融資を必要とする発行会社に対して融資を実行し、当該融資を保全するための担保の提供を受ける場合には、担保提供を受けた後3か月以内に発行会社が破綻しても社債管理者である取引銀行は賠償責任を負わないと一般に解されており、その旨の裁判例も存在します。また、社債管理者である取引銀行が保有する担保権の範囲内で担保物の処分代金から弁済を受ける場合にも、法律上社債権者に優先して弁済を受ける権利を行使したにすぎずそれによって社債権者に損害は生じないと考えられるため、一般には賠償責任は生じないと解されています。

　社債管理者は、発行会社および社債権者集会の同意を得た場合、社債管理委託契約の定めた事由が生じた場合、またはやむをえない事由があって裁判所の許可を得た場合でなければ、辞任することができません（法711条）。また、社債管理者を解任するには、社債管理者に義務違反があるか事務処理に不適任である等正当な理由に基づき発行会社または社債権者集会が裁判所に申立てをし、その命令を得る必要があります（法713条）。

Q96　社債権者集会

社債権者集会制度とはどのようなものですか。

　社債権者集会とは、社債の種類（法681条1号に規定されている事項をいいます）ごとの社債権者をもって組織される、法定の事項および社債権者の利害に関する事項を決議する合議体です（法715条、716条）。株主総会とは異なり、会社の機関ではなく、また定期的に開催されるのではなく、決議する必要がある時に臨時に開催されるものです。発行会社との関係で弱い立場に立つ社債権者が団体的行動をとることを可能にすることで、社債権者の利益を保護するとともに、発行会社にとっても、すべての社債権者の同意を経ることなく、社債者集会における多数決によって、合理的な支払猶予を受けることを可能にし、少数の社債権者の反対によりこれが実現できないという弊害をなくすことに、社債権者集会制度

の目的があります。

　社債権者集会が決議できる事項としては、①会社法に規定する事項、たとえば、社債の全部についてするその支払いの猶予、その債務の不履行によって生じた責任の免除または和解を行い、または社債管理者がこれらの行為を行うことを承認すること（法706条1項1号、724条2項1号）や、社債の全部についてする訴訟行為または破産手続、再生手続、更生手続もしくは特別清算に関する手続に属する行為を社債管理者が行うことを承認すること（法706条1項2号）等、および、②社債権者の利害に関する事項です（法716条）。なお、社債権者集会の決議により社債の償還金額の減免をすることが可能かについては争いがありますが、法706条1項1号にいう「和解」として、後述の特別決議（法724条2項1号）により行うことができるとの見解も有力です（もっとも、後述のとおり、当該決議が裁判所に認可され、効力を有するためには、「決議が社債権者の一般の利益に反するとき」に該当しないことが必要になります（法733条4号））。

　社債権者集会は、原則として発行会社または社債管理者により招集されますが（法717条2項）、ある種類の社債の総額（償還済みの額を除く）の10分の1以上にあたる社債を有する社債権者は、社債発行会社または社債管理者に対し、社債権者集会の目的である事項および招集の理由を示して、社債権者集会の招集を請求でき、当該請求後遅滞なく招集の手続が行われない場合または当該請求のあった日から8週間以内の日を社債権者集会の日とする社債権者集会の招集の通知が発せられない場合には、当該請求をした社債権者は、裁判所の許可を得て、社債権者集会を招集することができます（法718条）。招集手続については法719条から722条までに規定されています。

　社債権者は、その有する当該種類の社債の金額の合計額（償還済みの額を除く）に応じて議決権を有します。社債権者集会における決議には普通決議と特別決議とがあり、普通決議は、出席した議決権者の2分の1を超える議決権を有する者の同意により成立します（法724条1項）。他方、同条2項1号および2号に掲げられた事項を可決するには、特別決議、すなわち、議決権者の議決権の総額の5分の1以上で、かつ、出席した議決権者の議決権の総額の3分の2以上の議決権を有する者の同意によらなければなりません（同項）。

　社債権者集会の決議は、裁判所の認可を受けなければ効力を生じません（法734条1項）。裁判所は、法733条各号のいずれかに該当する場合には、社債権者集会の決議を認可することはできません。なお、同条各号の事由は限定列挙であると解するのが通説ですが、決議が不存在である場合は同条4号に該当すると解すべきであるとされる等、同号の事由は広く解されています。

　裁判所の認可を受けた社債権者集会の決議は、当該種類の社債を有するすべて

の社債権者に対してその効力を有します（法734条2項）。社債権者集会の決議について執行行為が必要なもの（期限の利益喪失措置（法739条1項）や、債権者異議手続における異議（法740条1項））については、原則として社債管理者が、社債管理者が設置されていない場合には代表社債権者が、社債権者集会で別に執行する者が定められた場合にはその者が執行します（法737条1項）。

Q97　海外で発行される社債についての規制

海外で発行される社債にはどのような規制が適用されますか。

　会社法には、社債管理者の設置義務（法702条）や社債権者集会制度（法715条以下）が設けられていますが、これらの規定が海外で発行される社債に適用されるか否かという問題があります。

　平成17年改正前商法のもとでは、社債管理者の設置義務に関して、①社債契約（効力）の準拠法として日本法を指定した場合には、強行法規を含め日本法が適用され、他方、外国法を準拠法とする限り、日本法は適用されないという見解と、②社債管理者の設置にかかる規定は準拠法とは無関係に決定されるべきであるという見解がありました。これに対し、会社法立案担当者の見解は、会社法上、「社債」とは「この法律の規定により会社が行う割当てにより発生する当該会社を債務者とする金銭債権であって、第676条各号に掲げる事項についての定めに従い償還されるものをいう」（法2条23号）と定義されていることから、日本の会社が外国で外国法を準拠法として社債を発行する場合、当該社債は上記の定義にいう「社債」には該当せず、したがって社債管理者の設置義務は当該社債には適用されないというものです。しかし、このような説明に対しては、新株予約権付社債の場合は、その発行は会社法の新株予約権の募集の手続の規定により行わざるをえず（法238条1項6号）、上記の定義によれば常に「社債」に該当し、社債管理者の設置義務が生じる等の批判があります。この点につき、法務省当局は、会社法における「社債」に社債管理者の設置の規定が適用されるか否かは、平成17年改正前商法のもとにおけるのと同様に、国際私法上の解釈に委ねられているとの見解を採用しているとされます。

　なお、社債権者集会の規定については、社債契約の効力の準拠法が日本法である場合にのみ適用され、外国法である場合には適用されないという見解が有力です。

　以上に対し、金商法の適用範囲は原則として日本国外には及ばないと考えられることから、海外で発行され、日本国内向けの勧誘が行われず、日本国外で流通する社債は、金商法に基づく規制を受けません。

海外で社債を発行し、または社債の取得の勧誘を行う場合、現地法に基づく開示規制等、現地の法令を遵守する必要があります。日本の金商法に基づく私募と募集の区別に相当する要件に留意し、現地で有価証券届出書、有価証券報告書等に相当する書類を提出する必要はないか、私募として取り扱われるための条件は何か等を確認しながら手続を進める必要があります（米国証券法について**Q117**参照）。

その他の日本法の適用に関しては、海外で発行する社債の利子について、日本の税金にかかる非課税制度（民間国外債の利子非課税制度）の適用を受けようとする場合には、利子が利益に連動していないこと、社債保有者が発行会社の特殊関係者に該当しないこと等が要求されるほか、一定の手続に従う必要があります（租税特別措置法6条、租税特別措置法施行令3条の2の2）。

また、居住者である日本法人が海外で社債を発行する場合や、非居住者向けに社債を発行する場合には、外為法上の資本取引に該当し、「証券の発行又は募集に関する報告書」および「証券の取得又は譲渡に関する報告書」を日本銀行に提出する必要がある場合があります（**Q133**参照）。

なお、外国投資家（外為26条1項）に対して社債を発行する場合であって、一定の要件を満たす場合には、対内直接投資に該当する場合もあります（**Q133**参照）。

Q98　社債発行後の手続

社債発行後の手続としてどのようなものがありますか。

1　社債券の発行

株式会社は、社債券を発行する旨の定めがある社債を発行した場合には、発行した日以後遅滞なく、当該社債にかかる社債券を発行しなければなりません（法696条）。社債券の記載事項は以下のとおりです（法697条1項）。

① 発行会社の商号
② 当該社債券にかかる社債の金額
③ 当該社債券にかかる社債の種類
④ 社債券の番号

2　社債原簿の作成

株式会社は、社債を発行した日以後遅滞なく、下記の事項を記載した社債原簿を作成しなければなりません（法681条。振替社債の場合の特則については、振替法84条2項および86条の3参照）。

① 法676条3号から8号までに掲げる事項その他の社債の内容を特定するものとして施行規則165条で定める事項（以下「種類」といいます）

② 種類ごとの社債の総額および各社債の金額
③ 各社債と引換えに払い込まれた金銭の額および払込みの日
④ 社債権者（無記名社債の社債権者を除く）の氏名または名称および住所
⑤ 社債権者が各社債を取得した日
⑥ 社債券を発行したときは、社債券の番号、発行の日、社債券が記名式か、または無記名式かの別および無記名式の社債券の数
⑦ その他施行規則166条で定める事項

3 振替制度

株式会社が振替社債（Q94参照）を発行した場合には、振替法に従った新規記録手続が必要となります。

4 登記

株式、新株予約権または新株予約権付社債を発行した場合等と異なり、社債を発行した場合には、登記を行う必要はありません。

② 借入れ等

Q99 金銭の借入れに必要な機関決定

消費貸借契約により金銭を借り入れる場合に、会社法上必要とされる機関決定にはどのようなものがありますか。

まず、取締役会非設置会社の場合、借入金額の多寡にかかわらず、株主総会の決議に基づいて行うことも、または、取締役の過半数による決定（法348条2項）によって行うことも可能と考えられます。

次に、取締役会設置会社の場合、会社法は、会社が「多額の借財」を行う場合には、取締役会決議を経なければならないものとして規制しています（法362条4項2号）。

「多額の借財」に該当するか否かの判断は、当該借財の額、その会社の総資産および経常利益等に占める割合、当該借財の目的、会社における従来の取扱い等の事情を総合的に考慮してなされるのが裁判例の趨勢であり、また、会社の取締役会規則等の内規において取締役会への付議事項とされている場合には、それを尊重する傾向にあるように思われます。また、1件ごとの金額のみでなく、累積残高も考慮して判断する必要があります。

上記の考慮要素に基づき、会社が行う金銭の借入れが「多額の借財」に該当すると判断される場合、取締役会決議を経る必要があります。この取締役会決議に

際しては、借入れの相手方、借入総額、利率、返済期日等を取締役会に上程したうえで、決議を経る必要があると考えられます。

　なお、コミットメントライン、当座貸越枠に基づく借入れについて、個々の借入れのたびに取締役会決議を経なければならないとすることは煩雑です。この点、借入枠の設定、変更等を行う場合に取締役会で決議を行い、この取締役会決議を経た借入枠の範囲内の借入れについては、取締役に委任することも許容されると考えられます。

　「多額の借財」に該当する借入れを、取締役会決議を経ずに行った場合のかかる借入取引の有効性については、相手方（貸付人）において当該決議を経ていないことを知りまたは知りうるときに限り無効であるとするのが判例の考え方です。

　なお、監査等委員会設置会社において、取締役の過半数が社外取締役である場合、または、定款に取締役会の決議により重要な業務執行の決定の全部もしくは一部を委任できる旨の規定がある場合には、取締役会はその決議によって「多額の借財」の決定について取締役に委任することができ（法399条の13第5項・6項）、また指名委員会等設置会社の場合、取締役会はその決議によって「多額の借財」の決定について執行役に委任することができます（法416条4項）。

　さらに、特別取締役制度を採用している場合は、特別取締役の決議によることができます（法373条1項）。

Q100　保証・リース

　子会社等第三者による借入れの保証やファイナンスリースを行うには会社法上どのような手続が必要ですか。

　まず、取締役会非設置会社の場合、Q99の場合と同様、株主総会の決議、または、取締役の過半数による決定によって行うことも可能と考えられます。

　次に、取締役会設置会社の場合、Q99で述べたように、会社法では、会社が「多額の借財」を行う場合には、取締役会決議を経なければならないものとして規制していますが（法362条4項2号）、ここでいう「借財」には、金銭の借入れのほか、債務保証、保証予約、手形割引、リース取引、デリバティブ取引等も含まれます。

　したがって、第三者の債務を保証する場合、その保証額が「多額」であるならば、取締役会決議を経る必要があります。

　ファイナンスリースとは、利用者が選定した物件をリース会社が利用者に代わって購入し、当該物件を利用者に対して貸与する取引をいいます。ユーザーが支払う月々のリース料が、物件の購入代金、金利、損害保険料、固定資産税等の

公租公課等の必要費用に充てられます。こういった仕組みであることから、ファイナンスリースは、実態としては、物件の購入代金の融資を受けていることと類似します。したがって、ファイナンスリースについても、その支払総額等を考慮して「多額の借財」に該当するか否か判断し、該当すると判断される場合には、取締役会決議を経る必要があります。

　なお、監査等委員会設置会社および指名委員会等設置会社の場合には、取締役ないし執行役への委任がそれぞれ認められていること等は、**Q99**のとおりです。

第4章　会社法以外の規制

1　金融商品取引法による規制

> **Q101　金商法上の規制**
>
> 　株式会社による資金調達において考慮すべき金商法上の規制としてはどのようなものがありますか。

　会社法は、株主や会社債権者に対する情報開示制度を設けていますが、金商法は、有価証券の発行・流通市場における投資者一般および資本市場に対する情報開示制度を設けています。すなわち、金商法は、「企業内容等の開示の制度を整備」し、「有価証券の発行及び金融商品等の取引等を公正」に行い、「有価証券の流通を円滑にする」こと等を目的としており（金商1条）、有価証券を発行し、投資者から資金を調達しようとする者に対して、有価証券届出書等を作成、提出して、投資者に対して必要な情報を事前に正確かつ適切に開示する義務（発行開示規制）を課すだけでなく、当該有価証券の発行後も有価証券報告書等を作成、提出して、継続して会社に関する情報を更新、開示する義務（継続開示規制）を課しています。

　具体的には、株式会社が、株式、新株予約権、新株予約権付社債または社債等を発行して資金調達を行う場合であって、金商法上の「募集」の要件を満たす場合、株式等を取得する投資者に対してその投資判断に必要な情報を広く提供するため、原則として、有価証券届出書の作成、提出が金商法上義務づけられます（金商4条1項、**Q103**参照）。

　そして、有価証券届出書を提出した有価証券の発行会社等は、有価証券報告書を毎事業年度終了後に作成し、事業年度終了後一定の期間内に提出する必要がある（金商24条1項、**Q115**、**116**参照）ほか、四半期終了後一定の期間内に四半期報告書（ただし、上場会社や店頭登録会社でない場合には、半期終了後一定の期間内に半期報告書）を提出する必要があり（金商24条の4の7第1項、24条の5第1項）、また、一定の事由を決定しまたは一定の事由が発生した場合には臨時報告

書を提出する必要があります（金商24条の5第4項、Q114参照）。継続開示義務の履行、とりわけ、有価証券報告書の提出のためには、財務諸表についての金商法監査に対応するためのコスト等がかかり、また事務的な負担も生じます。そこで、非上場会社が資金調達を行う際には継続開示義務を負わないように、有価証券届出書を提出しない方法で行うことが一般的です。

なお、発行開示規制に違反した場合（たとえば、有価証券届出書に虚偽の記載があった場合等）や継続開示規制に違反した場合（たとえば、有価証券報告書に虚偽の記載があった場合等）は、刑事罰としての懲役または罰金（金商197条1項1号、207条1項1号等）、行政罰としての課徴金納付命令（金商172条の2、172条の4等）の対象になるほか、民事責任として損害賠償責任（金商18条1項、21条の2第1項等）を負う可能性があります。さらに、内閣総理大臣または内閣総理大臣および財務大臣の申立てにより、裁判所が緊急の必要があり、かつ、公益および投資者保護のために必要かつ適当であると認めるときは、裁判所は、金商法または金商法に基づく命令に違反する行為（たとえば、金商法に違反する募集等）を行う者または行おうとする者に対して、当該行為の禁止または停止命令を発令することが可能です（金商192条1項）。

このように、株式会社が資金調達を行う場合は、金商法上の発行開示規制および継続開示規制の内容ならびにその適用の有無について検討し、適用がある場合これらの規制を遵守するよう十分注意する必要があります。

Q102 発行開示制度

金商法上の発行開示制度の概要はどのようなものですか。

金商法は、有価証券の募集や有価証券の売出しが行われる場合に、有価証券届出書等の提出による、投資者の投資判断に必要な一定の情報の開示を発行会社に義務づけており、かかる情報開示制度が発行開示制度と呼ばれています。

金商法における発行開示制度では、金商法、金商法施行令、各関連府令および金融庁が定めるガイドラインに従って対応する必要があります。金商法および関連する政令、府令およびガイドラインは、頻繁に改正される点にも留意が必要です。なお、発行会社が行う株式、新株予約権、新株予約権付社債または社債の募集は、金融商品取引業の定義から除外されているため（金商2条8項7号）、発行会社が金融商品取引業者の登録（金商29条）を行う必要はありません。

1 「有価証券」とは

「有価証券」の定義は、金商法2条1項および2項に定められており、株式会社が発行する株式、新株予約権、新株予約権付社債および社債は、いずれも「有

価証券」に該当します。なお、金商法では、「有価証券」に該当するものとして、「株券」、「新株予約権証券」および「社債券」という文言が用いられていますが、会社法上の株式や新株予約権等は、会社法上の株券や新株予約権証券等（すなわち、権利を表示する物理的な紙の証券）が発行されているか否かを問わず、金商法上の「有価証券」に該当します。

有価証券の概念

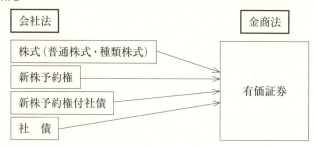

2 「有価証券の募集」と「有価証券の売出し」

有価証券の募集および有価証券の売出しのいずれも有価証券の勧誘のうち一定の要件を満たすものを指しますが、原則として、有価証券を新たに発行する場面で問題となるのが有価証券の募集であり（金商2条3項）、すでに発行された有価証券を譲渡する場面で問題となるのが有価証券の売出しです（同条4項）。したがって、株式会社が資金調達を行うために株式や新株予約権等を新たに発行する場面においては、有価証券の募集のみが問題となります。なお、会社法上の自己株式の処分は、すでに発行された株式を譲渡する場面ではありますが、新株発行と同様に、金商法上は、有価証券の募集に該当します。

有価証券の募集と売出し（株式の場合）

3 有価証券届出書

発行会社が有価証券の募集を行う場合には、発行会社は、原則として、金商法の定める一定の様式に従った内容（**Q109**参照）を記載した有価証券届出書を提出する必要があります（**Q103**参照）。有価証券届出書は、EDINET（http://

disclosure.edinet-fsa.go.jp/）という電子開示システムを通じて提出され、公衆縦覧の対象となります。有価証券届出書を提出するまでは、有価証券の取得の勧誘が禁止され（**Q106**参照）、有価証券届出書の効力発生までは、有価証券を取得させることが禁止されます（**Q108**参照）。有価証券届出書を提出した日から有価証券届出書が効力が生じる日までの期間（待機期間）を省略し、有価証券の発行にかかるスケジュールを短縮するために、発行登録という制度もあります（**Q112**参照）。

また、有価証券届出書の提出が必要とならない場合であっても、有価証券の募集に際して、有価証券通知書や臨時報告書の提出が必要となる場合があります（**Q111**、**114**参照）。

禁止行為と待機期間

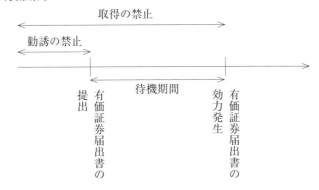

4 目論見書

発行会社が有価証券の募集を行う場合には、発行会社は、原則として、目論見書を作成する必要があります。有価証券届出書がEDINETを通じて公衆に縦覧される書類（間接開示書類）であるのに対し、目論見書は、有価証券を取得する投資者に対して直接交付される書類（直接開示書類）です（**Q113**参照）。

> **Q103　有価証券届出書**
>
> 株式会社が資金調達を行う場合において、有価証券届出書の提出が必要になるのはどのような場合ですか。

有価証券の募集を行おうとする場合、当該有価証券の発行者は、事前に内閣総理大臣（権限委任規定（金商194条の7）により実際には関東財務局長または本店所在地を管轄する財務局長宛て）に届出を行う必要があります（金商4条）。届出を

行うには、金商法が定める事項を記載した有価証券届出書を作成して、内閣総理大臣に提出しなければなりません（金商5条）。有価証券届出書は受理された日から5年間（ただし、参照方式の場合は1年間）公衆の縦覧に供されます（金商25条1項1号・2号）。

ただし、有価証券の募集を行う場合であっても、以下のような場合で、かつ、一定の要件を満たす場合には、届出義務が免除されます（金商4条1項ただし書）。

① ストックオプションを発行する場合（ただし、(i)発行会社、その完全子会社またはその完全孫会社の取締役、会計参与、監査役、執行役または使用人に対して、(ii)譲渡制限が付された新株予約権を交付する場合にのみ届出義務が免除され、たとえば、完全子会社ではない子会社の役員や従業員に新株予約権を交付する場合には、届出が必要となる点に注意が必要です）（金商4条1項1号、金商法施行令2条の12、開示府令2条1項・2項）

② 発行価額の総額（新株予約権の募集である場合、当該新株予約権の発行価額の総額に当該新株予約権にかかる新株予約権の行使に際して払い込むべき金額の合計額を合算した金額）が1億円未満の場合（ただし、(i)当該有価証券の発行価額の総額に、当該募集を開始する日前1年以内に行われた募集または売出しにかかる当該有価証券と同一の種類の有価証券の発行価額または売出価額の総額を合算する必要があり、また、(ii)6か月通算により募集に該当する場合（金商法施行令1条の6）においては、当該有価証券の発行価額の総額に、当該有価証券の発行日以前6か月以内に発行された同種の有価証券の発行価額の総額を合算する必要がある点に注意が必要です）（金商4条1項5号、開示府令2条4項）

実務上、有価証券届出書を提出する際には、十分な時間的猶予をもって事前に（おおむね届出予定日の2週間程度前、新規上場等の場合にあっては1か月程度前までに）、有価証券届出書のドラフトおよび日程表を持参のうえ、財務局担当課室に記載内容等について相談を行うことが一般的に行われます。

> **Q104　募集**
>
> 　株式会社が資金調達を行う場合において、「募集」に該当するのはどのような場合ですか。

1　「募集」に該当する類型

金商法上、新たに発行される有価証券の取得の申込みの勧誘およびこれに類するものとして内閣府令で定めるもの（以下、総称して「取得勧誘」といいます）のうち、以下の①または②の場合が「募集」に該当します（金商2条3項）。

① 多数の者を相手方として行う場合（ただし、特定投資家のみを相手方とする

場合を除きます）（金商2条3項1号）。なお、「多数の者」とは、50名以上の者を意味しますが（金商法施行令1条の5）、適格機関投資家から適格機関投資家以外の者に譲渡されるおそれが少ないものとして政令で定める場合には、50名のカウントから適格機関投資家を除きます。

② 次のいずれにも該当しない場合
(i) 適格機関投資家のみを相手方として行う場合であって、当該有価証券がその取得者から適格機関投資家以外の者に譲渡されるおそれが少ないものとして政令で定める場合（いわゆるプロ私募の場合）（金商2条3項2号イ）
(ii) 特定投資家のみを相手方として行う場合であって、当該有価証券がその取得者から特定投資家以外の者に譲渡されるおそれが少ないものとして政令で定める場合その他一定の要件を満たす場合（いわゆる特定投資家私募の場合）（金商2条3項2号ロ）
(iii) ①ならびに(i)および(ii)以外の場合であって、当該有価証券が多数の者に所有されるおそれが少ないものとして政令で定める場合（いわゆる少人数私募の場合）（金商2条3項2号ハ）

以上より、新たに発行される有価証券の取得勧誘が行われる場合、プロ私募、特定投資家私募または少人数私募に該当しない限り、「募集」に該当することになります。

なお、上場会社等の継続開示会社（**Q115**参照）が、継続開示義務の発生原因となった有価証券（またはかかる株券を取得する権利を表章する新株予約権等）を発行する場合には、取得勧誘の対象が1名のみの場合であっても、私募（**Q105**参照）に該当せず、募集に該当することになります。したがって、たとえば、普通株式のみを上場している会社が、第三者割当ての方法により1名のみを取得勧誘の相手方として上場している普通株式を発行する場合であっても、募集に該当することになります。他方で、当該会社が、第三者割当ての方法により49名以下の者を取得勧誘の相手方として上場していない種類株式を発行する場合には、原則として募集に該当しません。

2 取得勧誘

取得勧誘とは、有価証券の取得の申込みの勧誘をいい、これに類するものとして内閣府令で定めるもの（取得勧誘類似行為）も含まれます。たとえば、株式の場合、株式の発行会社が法199条1項の規定に基づいて行う株式の売付けの申込みまたはその買付けの申込みの勧誘が「取得勧誘類似行為」にあたるとされています（定義府令9条1号）。

具体的にどのような行為が取得勧誘に該当するかについては、金商法が明確な基準を定めていないため、実態に即して個別に判断されます。とりわけ実務では、

金融庁が定める開示ガイドラインを参照することが有益な方法です。

たとえば、開示ガイドラインにおいて、有価証券の発行会社が有価証券の募集に関する文書（新株割当通知書および株式申込証を含みます）を頒布すること、株主等に対する増資説明会において口頭による説明をすること、および新聞、雑誌、立看板、テレビ、ラジオ、インターネット等により有価証券の募集にかかる広告をすることは、有価証券の募集に該当するとされています（開示ガイドラインB4-1）。

一方、開示ガイドラインにおいて、以下のような場合は取得勧誘には該当しないとされています（開示ガイドラインB2-12）。

① 株式、新株予約権または新株予約権付社債の第三者割当てを行う場合であって、割当予定先が限定され、当該割当予定先から当該第三者割当てにかかる有価証券がただちに転売されるおそれが少ない場合（たとえば、資本提携を行う場合、親会社が子会社株式を引き受ける場合等）に該当するときにおける、割当予定先を選定し、または当該割当予定先の概況を把握することを目的とした届出前の割当予定先に対する調査、当該第三者割当ての内容等に関する割当予定先との協議その他これに類する行為

② 募集（第三者割当てにかかるものを除きます）を行おうとする有価証券に対する投資者の需要の見込みに関する調査であって、一定の要件のもとで特定投資家等に対して行うもの

③ 有価証券届出書または発行登録書の提出日の1か月前の応当日以前において行われる当該有価証券届出書または発行登録書にかかる有価証券の発行会社に関する情報の発信であって、一定の要件のもとで行われるもの

④ 金商法、金商法に基づく命令または取引所の定款その他の規則に基づく情報の開示

⑤ 発行会社により通常の業務の過程において行われる定期的な当該発行会社に関する情報の発信

⑥ 発行会社により通常の業務の過程において行われる新製品または新サービスの発表

⑦ 発行会社に対する自発的な問合せに対して当該発行会社により行われる、その製品・サービスその他の事業・財務の状況に関する回答

⑧ 金融商品取引業者等により通常の業務の過程において行われる上場会社である発行会社にかかるアナリスト・レポートの配布または公表（アナリスト・レポートの執筆担当者を募集等に関する未公開の情報の伝達から遮断するための適切な措置が講じられる場合に限ります）

Q105　私募

> 株式会社が資金調達を行う場合において、「私募」に該当するのはどのような場合ですか。

「私募」とは有価証券の募集（Q104参照）に該当しない取得勧誘をいいます（金商2条3項）。

具体的には、私募に該当するものとして、金商法上、プロ私募（金商2条3項2号イ）、特定投資家私募（同号ロ）および少人数私募（同号ハ）が定められています。

募集に該当する場合には、有価証券届出書等による詳細な情報開示による投資者の保護が図れている一方で、私募に該当する場合には、有価証券届出書等による詳細な情報開示がなされないため、私募に該当するためには、以下で述べるとおり、転売制限等の一定の要件が課せられています。また、私募に該当する場合には、有価証券の発行者は、当該有価証券の発行について金商法4条1項の届出が行われていないことおよび転売制限の内容等法定の事項を投資者に告知する等の義務が課されています（金商23条の13）。

プロ私募、特定投資家私募および少人数私募それぞれに該当するための要件の概要は以下のとおりです。

1　プロ私募

適格機関投資家のみを相手方として取得勧誘を行う場合であって、当該有価証券がその取得者から適格機関投資家以外の者に譲渡されるおそれが少ないものとして有価証券の種類ごとにそれぞれ以下の要件をすべて充足しなければなりません（金商2条3項2号イ、金商法施行令1条の4、定義府令11条）。なお、適格機関投資家とは、有価証券に対する投資にかかる専門的知識および経験を有するものとして内閣府令で定める者をいい、たとえば、銀行や保険会社等がこれに該当します（金商2条3項1号、定義府令10条、ガイドラインB2-5）。

(1)　株式の場合（金商法施行令1条の4第1号）

① 　発行会社が、当該株式と同一の内容を表示した株式であって、金商法24条1項各号のいずれかに該当するもの（すなわち、継続開示義務（Q115参照）の要件を充足するもの）をすでに発行している者でないこと

② 　当該株式と同一種類の有価証券（定義府令10条の2第1項）が金商法4条3項に規定する特定投資家向け有価証券でないこと

③ 　当該株式を取得した者が当該株式を適格機関投資家以外の者に譲渡を行わない旨を定めた譲渡にかかる契約を締結することを取得の条件として、取得

勧誘が行われること
(2) 新株予約権または新株予約権付社債の場合（金商法施行令1条の4第2号）
① 当該新株予約権等の行使または転換により取得される株式の発行会社ならびに当該株式および当該新株予約権（新株予約権付社債の場合は、当該新株予約権付社債）について、それぞれ上記(1)①および②に掲げる要件に該当すること
② 当該新株予約権等に、定義府令11条1項で定める方式に従い、これを取得し、または買い付けた者が当該新株予約権等を適格機関投資家に譲渡する場合以外の譲渡が禁止される旨の制限（転売制限）が付されていることその他当該新株予約権等がこれに準ずるものとして内閣府令で定める要件に該当すること
(3) 社債の場合（金商法施行令1条の4第3号）
① 発行会社が、当該有価証券と同一種類の有価証券であって、継続開示義務の要件を充足するものをすでに発行している者でないこと（なお、普通社債の場合には「同一種類の有価証券」とは償還期限、利率および通貨を同一とする普通社債をいいます。定義府令10条の2第1項5号）
② 当該有価証券と同一種類の有価証券が特定投資家向け有価証券でないこと
③ 上記(2)②に準じて定義府令11条2項1号で定める要件に該当すること（たとえば、当該有価証券に転売制限が付されている旨が当該有価証券に記載され、当該有価証券の取得者に当該有価証券が交付されること等）

2 特定投資家私募

特定投資家のみを相手方として取得勧誘を行う場合であって、当該取得勧誘の相手方が国、日本銀行および適格機関投資家以外の者である場合は金融商品取引業者等が顧客からの委託によりまたは自己のために当該取得勧誘を行うことという要件、および当該有価証券がその取得者から特定投資家等以外の者に譲渡されるおそれが少ないものとして有価証券の種類ごとにそれぞれ以下の要件をすべて充足しなければなりません（金商2条3項2号ロ、金商法施行令1条の5の2、定義府令11条の2、12条）。なお、特定投資家とは、適格機関投資家、国、日本銀行および投資者保護基金その他の内閣府令で定める法人をいい、上場会社や資本金の額が5億円以上の株式会社も特定投資家に該当します（金商2条31項、定義府令23条）。

(1) 株式の場合（金商法施行令1条の5の2第2項1号）
① 当該株式と同一種類の有価証券が継続開示義務の要件を充足する有価証券のいずれにも該当しないこと
② 発行会社と当該株式の取得勧誘に応じて当該株式を取得しようとする者

（取得者）との間および当該取得勧誘を行う者と当該取得者との間において、当該取得者が取得した株式を特定投資家等以外の者に譲渡を行わない旨その他法定の事項を定めた譲渡にかかる契約を締結することを取得の条件として、取得勧誘が行われること
(2) 新株予約権または新株予約権付社債の場合（金商法施行令1条の5の2第2項2号）
① 当該新株予約権等の行使または転換により取得される株式が上記(1)①に掲げる要件に該当すること
② 当該新株予約権等について、上記(1)②に掲げる要件と同様の要件に該当すること
(3) 社債の場合（金商法施行令1条の5の2第2項3号）
① 当該社債が上記(1)①に掲げる要件に該当すること
② 当該社債について、上記(1)②に掲げる要件と同様の要件に該当すること

3 少人数私募

50名以上の者を相手方として行う取得勧誘、プロ私募および特定投資家私募以外の場合であって、当該有価証券が多数の者に所有されるおそれが少ないものとして有価証券の種類ごとにそれぞれ以下の要件をすべて充足しなければなりません（金商2条3項2号ハ、金商法施行令1条の7、定義府令13条）。なお、株式の少人数私募の場合、プロ私募や特定投資家私募と異なり、譲渡制限を定めた契約を締結することを取得の条件とする要件は課せられません。

なお、当該有価証券の発行される日以前6か月以内に、当該有価証券と同一種類の有価証券が発行されており、当該有価証券の取得勧誘を行う相手方（プロ私募に該当する適格機関投資家を除きます）の人数と当該6か月以内に発行された同種の新規発行証券の取得勧誘を行った相手方の人数との合計が50名以上となる場合は、少人数私募の要件を満たさない点に留意が必要です（金商法施行令1条の6）。

(1) 株式の場合（金商法施行令1条の7第2号イ）
① 発行会社が、当該株式と同一の内容を表示した株式であって、継続開示義務の要件を充足するものをすでに発行している者でないこと
② 当該株式と同一種類の有価証券が特定投資家向け有価証券でないこと
(2) 新株予約権または新株予約権付社債の場合（金商法施行令1条の7第2号ロ）
① 当該新株予約権等の行使または転換により取得される株式の発行会社ならびに当該株式および当該新株予約権（新株予約権付社債の場合は、当該新株予約権付社債）について、それぞれ上記(1)①および②に掲げる要件に該当すること

② 当該新株予約権等に、定義府令13条1項で定める方式に従い、これを取得し、または買い付けた者が、当該新株予約権等を一括して譲渡する場合以外に譲渡することが禁止される旨の制限（分割転売制限）が付されていることその他これに準ずるものとして同条2項で定める要件に該当すること
(3) 社債の場合（金商法施行令1条の7第2号ハ）
① 発行会社が、当該有価証券と同一種類の有価証券であって、継続開示義務の要件を充足するものをすでに発行している者でないこと
② 当該有価証券と同一種類の有価証券が特定投資家向け有価証券でないこと
③ 上記(2)②に準じて定義府令13条3項1号で定める要件に該当すること（たとえば、分割転売制限が付されている旨が当該有価証券に記載され、当該有価証券の取得者に当該有価証券が交付されること等。社債の総数が50未満であって分割できない場合を含みます）

Q106　有価証券届出書提出前の取得勧誘の禁止

有価証券届出書を提出する前はどのような行為が禁止されますか。

　有価証券届出書を提出する前は、有価証券の募集が禁止されます（金商4条1項）。したがって、有価証券の発行者は、有価証券届出書を提出する前に、当該有価証券の取得勧誘（**Q104** 参照）を行うことはできません。

　なお、第三者割当ての方法で株式、新株予約権または新株予約権付社債の募集を行う場合、実務上、有価証券届出書を提出する前に、割当予定先の選定、割当予定先に対する調査、割当予定先との協議等を行うことが一般的です。そして、たとえば、上場会社が、上場している当該会社の株式等の第三者割当てについて、割当予定先との協議等を行う場合、かかる行為は、有価証券届出書提出前の取得勧誘に形式的に該当しえます。

　この点、「割当予定先が限定され、当該割当予定先から当該第三者割当に係る有価証券が直ちに転売されるおそれが少ない場合（例えば、資本提携を行う場合、親会社が子会社株式を引き受ける場合等）に該当するときにおける、割当予定先を選定し、又は当該割当予定先の概況を把握することを目的とした届出前の割当予定先に対する調査、当該第三者割当の内容等に関する割当予定先との協議その他これに類する行為」は、取得勧誘に該当しないとの指針が開示ガイドラインにおいて示されているため（開示ガイドラインB2-12）、一定の要件を満たす場合は、発行者は、有価証券届出書を提出する前に割当予定先と協議等を行うことが可能です。

Q107 有価証券届出書の提出時期

有価証券届出書はいつまでに提出する必要がありますか。

有価証券の発行者は、当該有価証券の取得勧誘を行う前に有価証券届出書を提出する必要がありますが、取得勧誘を行う前であれば提出時期について、特に制限はありません。

ただし、一定の日において株主名簿に記載または記録されている株主に対して株式または新株予約権の募集を行う場合は、原則として、当該一定の日の25日前までに有価証券届出書を提出する必要があります（金商4条4項）。もっとも、法277条に規定する新株予約権無償割当てにかかる新株予約権であって、取引所金融商品市場において売買を行うこととなる有価証券の募集を行う場合（いわゆるライツオファリングの場合、Q74参照）その他開示府令3条各号に定める場合には、一定の日の25日前までに有価証券届出書を提出する必要はありません（金商4条4項ただし書、開示府令3条）。

Q108 有価証券届出書の効力発生および効力発生前の取得禁止

有価証券届出書による届出の効力はいつ発生しますか。また、効力が発生する前はどのような行為が禁止されますか。

1 有価証券届出書による届出の効力発生のタイミング

有価証券届出書（有価証券の発行価格等の記載をしないで提出した場合は、当該事項に関する訂正届出書）による届出は、原則として、内閣総理大臣が受理した日から15日を経過した日（有価証券届出書を提出した日の翌日から起算して16日目）に効力を生じます（金商8条1項）。なお、有価証券届出書を提出した日から有価証券届出書が効力が生じる日までの間は、一般に、待機期間といわれています。

ただし、内閣総理大臣が届出書類の内容が公衆に容易に理解されると認める場合または届出者にかかる企業内容に関する情報がすでに公衆に広範に提供されていると認める場合（たとえば、組込方式および参照方式（Q109参照）の利用適格を満たす場合等）であって、有価証券届出書の提出者の申出があった場合は、届出書受理日から15日に満たない期間を経過した日（おおむね7日を経過した日）を指定して、または、届出書提出時からただちにもしくは受理日の翌日に効力が発生することを通知できるとされており、待機期間を短縮することができる場合もあります（金商8条3項、開示ガイドラインB8-1～8-3）。ただし、大規模な第三者割当て等、有価証券届出書が重点審査対象となる一定の第三者割当ての場合に

は、原則として、待機期間の短縮ができないものとされています（開示ガイドラインB8-2④）。

2 訂正届出書が提出された場合

待機期間中に訂正届出書を提出した場合は、当該訂正届出書の受理日に有価証券届出書の受理があったものとみなされ（金商8条2項）、原則として、その日から15日を経過した日に届出の効力が生じることになります。ただし、待機期間を短縮することができる場合もあります（同条3項・4項、開示ガイドラインB8-4）。

3 有価証券届出書による届出の効力発生前の取引禁止

有価証券届出書による届出の効力が発生していなければ、投資者に当該有価証券を取得させることはできません（金商15条1項）。なお、効力発生前の取得禁止規制との関係で、有価証券届出書の提出後その効力発生前に、発行会社が第三者割当ての割当先との間で引受契約を締結することができるかについては留意が必要です。

Q109　有価証券届出書の記載内容等

有価証券届出書にはどのような内容を記載する必要がありますか。

1 有価証券届出書の記載事項

有価証券届出書には、①当該募集に関する事項（証券情報）、②当該会社の商号、当該会社の属する企業集団および当該会社の経理の状況その他事業の内容に関する重要な事項（企業情報）、③その他の公益または投資者保護のために必要かつ適当なものとして内閣府令で定める事項を記載しなければなりません（金商5条1項）。

有価証券届出書に記載すべき具体的な内容は、開示府令の様式で定められており、届出者は当該様式に従って有価証券届出書を作成する必要があります（開示府令8条）。様式は、発行会社の属性（内国会社か外国会社か）、募集の態様（新規株式公開や少額募集等（発行価額の総額が5億円未満の募集で開示府令9条の2で定めるもの）でないか）、有価証券届出書作成の方式（通常方式、組込方式または参照方式のいずれか）等によって異なります。

したがって、実際に有価証券届出書を作成する際には、正しい様式を選択し、形式の不備や虚偽の記載がないよう十分かつ正確な内容を記載しなければなりません。具体的には、内国会社である株式会社が株式、新株予約権、新株予約権付社債または社債の発行に際して有価証券届出書の提出が必要となる場合、有価証券届出書の様式は、以下の区分となります。

①	通常方式による場合（原則的な場合）	第二号様式
②	組込方式による場合	第二号の二様式
③	参照方式による場合	第二号の三様式
④	新規株式公開を行う場合	第二号の四様式
⑤	少額募集等を行う場合	第二号の五様式

2　通常方式

　通常方式は、有価証券届出書の原則的な方式で、通常は、組込方式や参照方式の利用適格を満たさない会社が利用します。

　以下では、一例として、内国会社である株式会社が、発行価額の総額が5億円以上となる株式の募集に際して、通常方式によって有価証券届出書を提出する場合に、有価証券届出書に記載が必要な事項を列挙します。

有価証券届出書の記載事項の例（株式の場合）

表紙		提出書類 提出先 提出日 会社名 英訳名 代表者の役職氏名 本店の所在の場所 電話番号 事務連絡者氏名 最寄りの連絡場所 （最寄りの連絡場所の）電話番号 事務連絡者氏名 届出の対象とした募集有価証券の種類 届出の対象とした募集金額 安定操作に関する事項 縦覧に供する場所
第一部【証券情報】	第1【募集要項】	1　新規発行株式 2　株式募集の方法および条件 　(1)　募集の方法 　(2)　募集の条件 　(3)　申込取扱場所 　(4)　払込取扱場所

			3　株式の引受け
			4　新規発行による手取金の使途
			（1）　新規発行による手取金の額
			（2）　手取金の使途
	第2【売出要項】		
	第3【第三者割当の場合の特記事項】	1　割当予定先の状況
		2　株券等の譲渡制限
		3　発行条件に関する事項
		4　大規模な第三者割当に関する事項
		5　第三者割当後の大株主の状況
		6　大規模な第三者割当の必要性
		7　株式併合等の予定の有無および内容
		8　その他参考になる事項
	第4【その他の記載事項】		
第二部【企業情報】	第1【企業の概況】	1　主要な経営指標等の推移
		2　沿革
		3　事業の内容
		4　関係会社の状況
		5　従業員の状況
	第2【事業の状況】	1　業績等の概要
		2　生産、受注および販売の状況
		3　対処すべき課題
		4　事業等のリスク
		5　経営上の重要な契約等
		6　研究開発活動
		7　財政状態、経営成績およびキャッシュ・フローの状況の分析
	第3【設備の状況】	1　設備投資等の概要
		2　主要な設備の状況
		3　設備の新設、除却等の計画
	第4【提出会社の状況】	1　株式等の状況
		（1）　株式の総数等
		（2）　新株予約権等の状況
		（3）　ライツプランの内容
		（4）　発行済株式総数、資本金等の推移
		（5）　所有者別状況
		（6）　大株主の状況

		(7) 議決権の状況 (8) ストックオプション制度の内容 (9) 従業員株式所有制度の内容 2 自己株式の取得等の状況 　(1) 株主総会決議による取得の状況 　(2) 取締役会決議による取得の状況 　(3) 株主総会決議または取締役会決議に基づかないものの内容 　(4) 取得自己株式の処理状況および保有状況 3 配当政策 4 株価の推移 5 役員の状況 6 コーポレート・ガバナンスの状況等 　(1) コーポレート・ガバナンスの状況 　(2) 監査報酬の内容等
	第5【経理の状況】	1 連結財務諸表等 　(1) 連結財務諸表 　(2) その他 2 財務諸表等 　(1) 財務諸表 　(2) 主な資産および負債の内容 　(3) その他
	第6【提出会社の株式事務の概要】	
	第7【提出会社の参考情報】	1 提出会社の親会社等の情報 2 その他の参考情報
第三部【提出会社の保証会社等の情報】	第1【保証会社情報】	1 保証の対象となっている社債 2 継続開示会社たる保証会社に関する事項 　(1) 保証会社が提出した書類 　(2) 上記書類を縦覧に供している場所 3 継続開示会社に該当しない保証会社に関する事項 　(1) 会社名・代表者の役職氏名および本店の所在の場所 　(2) 企業の概況 　(3) 事業の状況 　(4) 設備の状況

			(5) 保証会社の状況 (6) 経理の状況
	第2【保証会社以外の会社の情報】	1	当該会社の情報の開示を必要とする理由
		2	継続開示会社たる当該会社に関する事項
		3	継続開示会社に該当しない当該会社に関する事項
	第3【指数等の情報】	1	当該指数等の情報の開示を必要とする理由
		2	当該指数等の推移
第四部【特別情報】	第1【最近の財務諸表】	1	貸借対照表
		2	損益計算書
		3	株主資本等変動計算書
		4	キャッシュ・フロー計算書
	第2【保証会社及び連動子会社の最近の財務諸表又は財務書類】	1	貸借対照表
		2	損益計算書
		3	株主資本等変動計算書
		4	キャッシュ・フロー計算書

3 組込方式

1年間継続して有価証券報告書を提出している会社は、企業情報の記載に代えて、直近の有価証券報告書およびその添付書類ならびに当該有価証券報告書の提出以後に提出される四半期報告書または半期報告書ならびにこれらの訂正報告書の写しを有価証券届出書に綴じ込む方法（組込方式）で有価証券届出書を作成し、届出を行うことも可能です（金商5条3項、開示府令9条の3）。なお、組込方式の場合、有価証券届出書には、当該有価証券報告書の提出日以後当該有価証券届出書の提出日までの間に生じた重要な事項を追加情報として記載する必要があります。

4 参照方式

1年間継続して有価証券報告書を提出し、かつ、企業内容に関する情報がすでに公衆に広範に提供されているものとして内閣府令で定める基準（周知性要件）を満たす会社は、企業情報の記載に代えて、直近の有価証券報告書およびその添付書類ならびに当該有価証券報告書の提出以後に提出される四半期報告書または半期報告書および臨時報告書ならびにこれらの訂正報告書を参照すべき旨を記載する方法（参照方式）で有価証券届出書を作成し、届出を行うことも可能です

（金商5条4項、開示府令9条の4）。

　参照方式による届出を行うための周知性要件を満たす基準は、たとえば、有価証券届出書を提出しようとする会社が発行する株式が金融商品取引所に上場しているか、または認可金融商品取引業協会に店頭売買有価証券として登録されている株式（店頭登録株券）を発行している場合で、かつ、以下のいずれかの場合に該当することです（開示府令9条の4第5項）。

① 平均売買金額が100億円以上であり、かつ、平均時価総額が100億円以上であること
② 平均時価総額が250億円以上であること
③ 当該者が日本において当該有価証券届出書の提出日以前5年間にその募集または売出しにかかる有価証券届出書または発行登録追補書類を提出することにより発行しまたは交付された社債券の券面総額または振替社債の総額が100億円以上であること
④ 法令により優先弁済を受ける権利を保証されている社債券（新株予約権付社債券を除きます）をすでに発行していること

　なお、社債の発行に際して有価証券届出書を提出する場合には、有価証券届出書を提出しようとする会社が発行する株式が金融商品取引所に上場しておらず、店頭登録株券を発行していない場合であっても、上記③に該当する場合には、周知性要件を満たします（開示府令9条の4第5項4号）。

5　有価証券届出書の添付書類

　有価証券届出書には定款その他内閣府令で定める書類（たとえば、当該有価証券の発行につき取締役会または株主総会の決議があった場合における取締役会議事録または株主総会議事録の写し等）を添付しなければなりません（金商5条13項、開示府令10条）。

Q110　有価証券届出書の訂正

　有価証券届出書の訂正が必要になるのはどのような場合ですか。

1　自発的に訂正届出書を提出することが必要になる場合

　有価証券届出書による届出日以降その効力が発生する日の前までに、①有価証券届出書に記載すべき重要な事項の変更があった場合、②提出日前に発生した当該有価証券届出書またはその添付書類に記載すべき重要な事実で、これらの書類を提出する時にはその内容を記載することができなかったものにつき、記載することができる状態になった場合、③当該有価証券届出書またはその添付書類に記載すべき事項に関し重要な事実が発生した場合、④有価証券届出書に記載すべき

事項で当該有価証券届出書に記載しなかったものにつき、その内容が決定した場合に、届出者は自発的に訂正届出書を提出しなければなりません（金商 7 条 1 項前段、開示府令 11 条）。また、これらの事由がない場合であっても、届出者が訂正を必要とすると認めた場合も同様とされています（金商 7 条 1 項後段）。

開示ガイドラインにおいては、上記①の有価証券届出書に記載すべき重要な事項の変更があった場合の例として、たとえば、「発行数又は券面総額」に変更があった場合や、「新規発行による手取金の使途」や「事業等のリスク」等について投資判断に重要な影響を及ぼすような変更があった場合等が列挙されています（開示ガイドライン B7-1）。

なお、訂正届出書には、有価証券届出書提出時から有価証券届出書の訂正を予定しているものもあれば、提出時には予定していないものもあります。前者の例としては、募集における株式の取得の申込みの勧誘時において発行価格または売出価格にかかる仮条件を投資者に提示し、株式にかかる投資者の需要状況を把握した上で発行価格等を決定する方法（ブックビルディング方式）で行う場合が挙げられます。この場合、有価証券届出書提出時には発行価格等を未定と記載して届出を行ったうえで、実際に発行価格等が決まった時点で訂正届出書を提出することがあります。

2 訂正命令等に従って訂正届出書の提出が必要になる場合

①有価証券届出書に形式上の不備がある場合、②有価証券届出書に記載すべき重要な事項の記載が不十分であると内閣総理大臣が認めた場合、③有価証券届出書に重要な事項について虚偽の記載がある場合、または、④有価証券届出書に記載すべき重要な事項もしくは投資者に誤解を生じさせないために必要な重要な事実の記載が欠けている場合には、内閣総理大臣は、届出者に対して、訂正届出書の提出を命ずる訂正命令を出すことができるとされています（金商 9 条、10 条）。

Q111　有価証券通知書

株式会社が資金調達を行う場合において、有価証券通知書の提出が必要となるのはどのような場合ですか。

1 有価証券通知書の提出が必要となる場合

有価証券の募集に際し、発行価額の総額が 1 億円未満で有価証券届出書の提出が不要の場合であっても（**Q103** 参照）、発行価額の総額が 1000 万円超 1 億円未満の場合には、当該有価証券の発行者は募集を開始する前に、有価証券通知書を提出する必要があります（金商 4 条 6 項、開示府令 4 条）。なお、有価証券通知書は、公衆の縦覧対象にはなりません。また、有価証券通知書の提出日以後、払

込期日前までに記載内容に変更があった場合、変更内容を記載した変更通知書を遅滞なく提出しなければなりません（開示府令5条）。

発行価額の総額と発行開示書類の関係

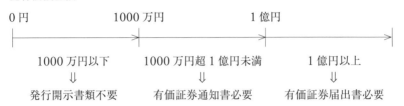

2 有価証券通知書の添付書類

有価証券通知書には、①定款、②当該有価証券の発行につき取締役会または株主総会の決議があった場合における取締役会議事録または株主総会議事録の写しおよび③目論見書が使用される場合における目論見書を添付する必要があります（開示府令4条2項）。

Q112 発行登録制度

発行登録とはどのようなものですか。

1 発行登録制度

参照方式の利用適格（Q109参照）を満たす有価証券の発行者が、発行価額の総額が1億円以上の募集を予定している有価証券について、発行予定期間（発行登録の効力発生予定日から1年または2年間）、当該有価証券の種類、発行予定額その他内閣府令で定める事項を記載した発行登録書を内閣総理大臣に提出して、あらかじめ当該有価証券の募集を登録する制度です（金商23条の3、開示府令14条の3）。

発行登録を行うことで、有価証券の募集について都度届出を行う必要がなくなるため、発行会社は、発行登録書の提出後は常に取得勧誘を行うことができ、また、発行登録書の効力発生後は、発行登録追補書類を提出するだけでただちに有価証券を取得させることができます。すなわち、発行登録には、機動的な資金調達が可能となるという利点があります。なお、発行予定期間を経過した日に発行登録はその効力を失います（金商23条の6第2項）。また、発行登録書は受理された日から発行登録が効力を失うまでの期間公衆の縦覧に供されます（金商25条1項3号）。

2　発行登録書の提出

　株式、新株予約権、社債について発行登録を行うには、所定の様式に従って発行登録書を作成し、内閣総理大臣（財務局長宛て）に提出しなければなりません。

　また、発行登録書には内閣府令で定める書類（たとえば、定款や利用適格要件を満たしていることを示す書面等）を添付しなければなりません（金商23条の3第2項、開示府令14条の4）。

　なお、発行登録書による発行登録の効力発生については、有価証券届出書による届出の効力発生の規定が準用されるため、有価証券届出書と同様、原則として内閣総理大臣が受理した日から15日を経過した日（待機期間）に発行登録書による発行登録の効力を生じます（金商23条の5第1項、8条）。

3　発行登録追補書類の提出

　発行登録書を提出すれば、発行会社は対象有価証券の募集について有価証券届出書を提出することなく取得勧誘を開始することができますが、実際に投資者に当該有価証券を取得させる場合には、発行登録の効力が生じていることに加えて、発行登録追補書類を所定の様式に従って作成し、内閣総理大臣に提出しなければなりません（金商23条の8第1項、開示府令14条の8）。ただし、有価証券の発行価額の総額が1億円未満の場合であれば発行登録追補書類の提出が原則不要です（金商23条の8第1項ただし書、開示府令14条の9）。

　発行登録追補書類には、内閣府令で定める書類（たとえば、有価証券の発行につき取締役会または株主総会の決議があった場合における取締役会議事録または株主総会議事録の写し等）を添付しなければなりません（金商23条の8第5項、開示府令14条の12）。ただし、発行登録書に添付された書類と同一内容の書類については添付する必要はありません（開示府令14条の12第1項柱書）。

Q113　目論見書

　目論見書とはどのようなものですか。

1　目論見書とは

　目論見書は、有価証券の募集のために、当該有価証券の発行者の事業その他の事項に関する説明を記載した文書で、募集を行う有価証券の発行者や引受人等が募集の相手方にあらかじめ、または募集と同時に直接交付しなければならない書類です（金商2条10項、13条、15条2項）。目論見書は、投資者が発行会社の行う有価証券の募集に応じて投資を行おうとする場合に、投資者において投資判断が適切に行えるように、発行会社に関する必要な情報を投資者に対して直接提供することを目的としています。

ただし、以下の場合には、相手方からの請求がない限り、目論見書の交付は不要です。
① 適格機関投資家に有価証券を取得させる場合（金商15条2項1号）
② 目論見書の交付を受けないことについて同意した、募集を行う有価証券と同一の銘柄を所有する者、または、取得者の同居者がすでに目論見書の交付を受け、または確実に交付を受けると見込まれる者に有価証券を取得させる場合（金商15条2項2号）

また、ライツオファリングの場合であって、金融商品取引所への上場、および一定の事項を届出後に遅滞なく日刊新聞紙へ掲載すること等の要件を満たす場合は、目論見書の作成および交付は不要です（金商13条1項ただし書、開示府令11条の5条、金商15条2項3号）。

なお、目論見書は一定の要件を満たす場合、電磁的方法で提供することが認められています（金商27条の30の9第1項、開示府令23条の2）。目論見書は公衆の縦覧の対象ではありません。

2 目論見書の記載内容

目論見書には、以下の事項等を記載しなければなりません（金商13条2項1号イ、開示府令12条、13条）。
① 有価証券届出書に記載する事項の一部（**Q109**に記載の図表における、第一部（証券情報）から第三部（提出会社の保証会社等の情報）までに記載すべき事項）
② 有価証券の募集に関する届出が行われている場合はその効力が生じている旨（届出仮目論見書（届出の効力が生じる前において使用する目論見書）の場合は届出の日および届出が効力を生じていない旨）

なお、自発的に訂正届出書を提出した場合は、訂正届出書に記載した事項を記載した訂正目論見書を、あらかじめまたは募集と同時に、投資者に直接交付しなければなりません（金商15条4項）。もっとも、発行価格等を記載しないで目論見書を交付する場合で、発行価格等を公表する旨および公表の方法を目論見書に記載し、かつ当該公表の方法により当該発行価格等の公表を行った場合は、訂正目論見書の交付は不要です（同条5項）。

Q114 臨時報告書

株式会社が資金調達を行う場合において、臨時報告書の提出が必要となるのはどのような場合ですか。

1 臨時報告書の提出が必要となる場合

上場会社その他の継続開示会社は、有価証券の募集・売出しが外国において行われるとき、その他公益または投資者保護のため必要かつ適当なものとして内閣府令で定める場合に該当することとなったときは、内閣府令で定めるところにより、遅滞なく臨時報告書を財務局長宛てに提出する義務を負います（金商24条の5第4項、開示府令19条）。臨時報告書は、継続開示会社の企業内容に関して発生した重要な事実を、投資者に対して適時に開示することを目的としています。なお、臨時報告書は、受理された日から1年間公衆の縦覧に供されます（金商25条1項10号）。

資金調達との関係では、①継続開示会社が一定の規模または方法で有価証券の発行等により資金調達を行う場合、または②当該資金調達の結果、継続開示会社の親会社や主要株主に異動がある場合に、臨時報告書の提出義務が発生する可能性がある点に留意が必要です。たとえば、以下のような場合に、資金調達に関連して臨時報告書の提出義務が発生します。

(1) 継続開示会社が以下の資金調達を行うとき

① 有価証券（新株予約権付社債以外の社債等を除きます）の募集のうち発行価額の総額が1億円以上の募集（50名未満の者を相手方として行うものを除きます）を日本国外で行う場合（開示府令19条2項1号）

② 有価証券の発行であって募集に該当しない場合または日本国外において50名未満の者を相手に募集を行う場合で、その発行価額の総額が1億円以上である場合について取締役会決議または株主総会決議等があった場合（取得が主として日本国外で行われる場合は、当該発行が行われた場合）（開示府令19条2項2号）

なお、上記②により、普通株式のみを上場している会社が、上場していない種類株式を発行する場合には、取得勧誘の人数が49名未満であり募集に該当しない場合であっても、発行価額の総額が1億円以上である場合には、臨時報告書の提出が必要となります。

(2) 継続開示会社の親会社や主要株主に異動があったとき

① 親会社の異動（親会社であった会社が親会社でなくなることまたは親会社でなかった会社が新たに親会社になること）が業務執行決定機関により決定された場合または実際に異動があった場合（開示府令19条2項3号）

② 主要株主の異動（主要株主であった者が主要株主でなくなることまたは主要株主でなかった者が新たに主要株主になること。なお、主要株主とは、総株主等の議決権の10％以上を保有する株主をいいます）が業務執行決定機関により決定された場合または実際に異動があった場合（開示府令19条2項4号）

2 臨時報告書の記載内容

臨時報告書には、開示府令が定める様式（第五の三様式）に従い、①提出理由と②報告内容を記載しなければなりません。さらに、報告内容については、提出の理由となった場合ごとに記載すべき事項が定められています（開示府令19条）。

たとえば、有価証券（新株予約権付社債以外の社債等を除きます）の募集のうち発行価額の総額が1億円以上の募集を日本国外で行う場合（上記(1)①の場合）、臨時報告書には、発行数や発行価格、発行価額の総額等を記載する必要があり、その内容は有価証券届出書で記載が求められる内容と一部重複します。

また、親会社の異動があった場合（上記(2)①の場合）、異動にかかる親会社の名称、住所、代表者の氏名、資本金または出資の額および事業の内容、当該異動の前後における親会社の所有にかかる議決権の数および総株主等の議決権に対する割合、異動の理由およびその年月日等を臨時報告書に記載する必要があります。

なお、有価証券届出書の訂正が必要になる場合と同様に、たとえば発行価格等が未定のままで臨時報告書を提出したときは、発行価格等が決定されたときに臨時報告書の訂正報告書を提出しなければなりません（金商24条の5第5項）。

Q115 継続開示会社

継続開示会社とは何ですか。

継続開示会社とは、有価証券報告書等金商法上の継続開示書類の提出義務（継続開示義務）を負っている会社をいいます。

そして、金商法上、発行する有価証券が以下のいずれかに該当する発行会社は原則として継続開示義務を負うことになります（金商24条1項各号）。

① 金融商品取引所に上場されている場合（特定上場有価証券を除きます）
② 店頭売買有価証券として登録されている場合
③ 募集または売出しについて有価証券届出書や発行登録追補書類の提出がされている場合
④ 発行する株式の所有者数が、当該事業年度または過去4年事業年度のいずれかの末日において1000人以上である場合

上記のとおり、上場会社のみならず、非上場会社であっても資金調達の際に有価証券届出書を提出した会社等は、その後、継続開示義務を負うことになります。

Q116 有価証券報告書

有価証券報告書に記載すべき事項としてどのようなものがありますか。

有価証券報告書に記載しなければならない事項は金商法および開示府令で規定されており、発行者の属性（内国会社か外国会社か）等によって様式が異なるものの、その内容は有価証券届出書の企業情報（第二部）および提出会社の保証会社等の情報（第三部）（**Q109** 参照）とほぼ同じです。具体的には企業の概況、事業の状況、株式等の状況、経理の状況、親会社の情報等について記載する必要があります（金商24条、開示府令15条）。

また、有価証券報告書には、定款その他内閣府令で定める書類（たとえば、定時株主総会に報告し、またはその承認を受けた計算書類や事業報告等）を添付しなければなりません（金商24条6項、開示府令17条）。そして、有価証券報告書に記載する財務諸表については、金商法に従って公認会計士または監査法人の監査（金商法監査）を受ける必要があります（金商193の2第1項、金商法施行令35条1項）。

有価証券報告書は、事業年度終了後一定の期間内（内国会社の場合事業年度経過後3か月以内）に提出する必要があります（金商24条）。有価証券報告書は受理された日から5年間公衆の縦覧に供されます（金商25条1項4号）。

Q117　米国証券法上の規制

株式会社が資金調達を行う場合において、米国証券法上の規制について留意すべき事項としてはどのようなものがありますか。

米国証券法は、米国外での資金調達にも適用され（域外適用）、また、実務上米国投資家から資金調達を行う事例も多いため、日本の株式会社が有価証券の募集を行う場合、米国証券法上の規制について検討することが必要になる場合があります。

具体的には、1933年米国証券法（Securities Act of 1933）（その後の改正を含み、以下「1933年証券法」といいます）の Section 5(c)は、1933年証券法に従って登録届出書を提出しない限り、何人も有価証券の募集等を行うことができないことを定めています。

そこで、日本の株式会社が有価証券の募集を米国内外で行う場合、1933年証券法に従って、登録届出書を作成し、SEC（U.S. Securities and Exchange Commission）（米国証券取引委員会）に提出する義務が生じる可能性がある点に留意が必要です。

1933年証券法に従って登録届出書を作成し、SECに提出するには、SECが定めるフォームに従ってSECが要求する情報を正確に英文で作成する必要があるほか、米国会計基準に従った財務諸表の作成等が必要となります。このように

一般的に日本の株式会社が、1933年証券法に従って登録届出書を作成し、SECに提出するためには、米国法弁護士や米国会計士を起用するコストだけではなく、必要な情報を自ら収集し、集約するための労力を要します。

そこで、日本の株式会社が米国内外で有価証券の募集を行う場合は、実務上、1933年証券法上の免除規定や一定の要件に従えば登録届出書のSECへの提出が免除されるセーフハーバールール（safe harbor rule；一定のルールを遵守する限り米国証券法違反を問われない行為として類型化されたもの）に依拠して募集を行う事例が多く見られます。

1　米国外で、かつ、米国投資家以外に対して有価証券の募集を行う場合

日本の株式会社が米国外で、かつ、米国投資家以外に対して有価証券の募集を行う場合、「オフショア取引」（offshore transaction）であって、かつ「米国向け販売努力」（directed selling efforts in the United States）を含まない募集について、登録免除を認めるルール（レギュレーションS）に依拠して、SECに登録届出書を提出することなく、有価証券の募集を行うことが可能です。レギュレーションSに依拠して募集を行う場合、米国市場に影響を与えないように（「米国向け販売努力」を含まないように）するため広告・広報に関する規制を遵守するとともに、募集期間、募集総額および対象投資家の範囲の調整、必要な届出、書類の作成等を行う必要があります。

2　米国内で、または、米国投資家に対して有価証券の募集を行う場合

日本の株式会社が米国内で、または、米国投資家に対して有価証券の募集を行う場合、(i) 1933年証券法のSection 4(a)(2)に定める発行者による公募（public offering）以外であって、米国法上の要件（限定された数の勧誘対象、募集対象者の洗練性、一定の情報提供等）を満たす方法（Section 4(a)(2)に従った私募）により、(ii)証券会社等の引受人に対して私募により有価証券を発行したうえで、引受人が適格機関購入者（qualified institutional buyer）にのみ売付けを行う場合に登録免除を認めるルール（ルール144A）に依拠することにより、または(iii)レギュレーションDに従った私募（少額の場合、または投資家の属性が適格投資家（accredited investor）である場合等）により、SECに登録届出書を提出することなく、有価証券の募集を行うことが可能です。

さらに、米国内で、または、米国投資家に対して有価証券の募集を行う場合は、投資家に対する英文目論見書（Offering CircularまたはOffering Memorandum）を作成する必要があります。Offering Circular、Offering Memorandumには、免責条項、必要項目の記載、詳細なリスクファクターの記載等が求められ、日本法上作成が必要な目論見書とは異なる情報開示が求められる点にも留意が必要です。

② 金融商品取引所規則による規制

> **Q118　金融商品取引所による規制**
>
> 　上場会社が資金調達を行う場合の金融商品取引所の規制にはどのようなものがありますか。

　金融商品取引所では、重要な会社情報を上場会社から投資者に対して提供するために適時開示制度を設けており、上場会社が資金調達を行う等の一定の場合、上場会社が重要な会社情報を適時に開示することを求めています。なお、本問以下では、原則として「金融商品取引所」とは東証を、「上場会社」とは東証に株式を上場している株式会社をそれぞれ前提として解説します。

　東証では、有価証券の上場、上場管理、上場廃止その他上場有価証券に関して必要な事項を定める上場規程（上場規程1条1項）の第2編第4章第2節において、「会社情報の適時開示等」として適時開示制度について定めています（**Q119**参照）。

　適時開示が求められる会社情報は、金商法に基づく法定開示に加えて、投資家の投資判断に重要な影響を与える上場会社の業務、運営または業績等に関する情報です。開示が求められる情報には、一定の意見書、確約書、確認書等の取得を前提とするものや、当該意見書、確約書、確認書等の内容を含む場合もあります。

　たとえば、上場規程第2編第4章第4節では、「企業行動規範」を定めています。企業行動規範は、上場会社として最低限守るべき事項を明示する「遵守すべき事項」（第1款）と、上場会社が努力すべき事項を明らかにする「望まれる事項」（第2款）によって構成されており、「遵守すべき事項」に違反した場合には、特設注意市場銘柄の指定、改善報告書の提出命令、公表措置の対象となり、または上場契約違約金が課されることもあります（上場規程501条1項4号、502条1項2号、508条1項2号、509条1項2号）。

> **Q119　適時開示制度**
>
> 　適時開示とはどのようなものですか。

1　適時開示制度の趣旨と機能

　金融商品市場の機能は、国民の有価証券による資産運用と企業の有価証券の発行による長期安定資金の調達とを適切かつ効率的に結びつけることによって、国

民の経済の発展に資することにあります。この機能が十分に発揮されるためには、市場の公正性と健全性に対する投資者の信頼が確保されていることが必要であり、有価証券について適切な投資判断材料が提供されていることが前提となります。

　このような投資判断材料の提供の機能を果たす制度の1つが、金融商品取引所における適時開示制度です。適時開示制度は、金融商品取引所の規則により、金商法に基づく法定開示に加えて、重要な会社情報を上場会社から投資者に提供するために設けられているものであり、投資者に対して、報道機関等を通じてあるいはTDnet（東証適時開示情報伝達システム）等により、直接に、広く、かつ、タイムリーに伝達するという特徴があります。

2　適時開示が求められる会社情報

　適時開示が求められる会社情報は、有価証券の投資判断に重要な影響を与える上場会社の業務、運営または業績等に関する情報です。

　東証では、上場会社は、上場規程において定められる会社情報について、投資者の投資判断に及ぼす影響が軽微なものとして上場規程施行規則で定める基準（以下「軽微基準」といいます）に該当するもの等を除き、ただちにその内容を開示することが義務づけられています（上場規程402条柱書）。軽微基準に該当するかどうか明らかでない場合にも、適時開示を行うことが義務づけられていますので、留意が必要です。

(1)　適時開示が求められる会社情報の項目

　ア　上場会社の情報
　　①　上場会社の決定事実
　　②　上場会社の発生事実
　　③　上場会社の決算情報
　　④　上場会社の業績予想、配当予想の修正等
　　⑤　その他の情報

　イ　子会社等の情報
　　①　子会社等の決定事実
　　②　子会社等の発生事実
　　③　子会社等の業績予想の修正等

2　開示時期

　上場会社は、上場規程に基づき、重要な会社情報の決定または発生時に、ただちにその内容を開示することが義務づけられています。

　実際に開示すべき時期については、取締役会決議等の形式的な側面にとらわれることなく、実態的に判断することが求められます。すなわち、上場会社自らの意思による決定事実については、会社の業務執行を実質的に決定する機関（取締

役会に限られません）による決議・決定が行われた時点での開示が必要となり、外部要因により生じた発生事実については、その発生を認識した時点での開示が必要です。

会社情報の適時開示については、投資者への情報伝達の迅速化をふまえ、立会時間中であるか否かを問わず、情報の発生後すみやかに行うことが要求されている点に留意が必要です。

資金調達を行うに際して具体的に開示が必要となるケースおよび開示すべき情報等は、次の質問以降をご参照ください。

Q120　資金調達を行う場合の適時開示

東証上場会社が資金調達を行う場合、どのような適時開示を行う必要がありますか。

1　発行する株式、処分する自己株式、発行する新株予約権、処分する自己新株予約権を引き受ける者の募集

上場会社は、「会社法 199 条 1 項に規定する株式会社の発行する株式若しくはその処分する自己株式を引き受ける者の募集」または「会社法 238 条 1 項に規定する募集新株予約権を引き受ける者の募集」を行うことについての決定をした場合で、かつ、以下のいずれかに該当する場合には、ただちにその内容を開示することを義務づけられています（上場規程 402 条 1 号 a、上場規程施行規則 401 条 1 号）。

① 払込金額の総額（新株予約権については、当該新株予約権の払込金額と新株予約権の行使に際して出資される財産の価格の合計額の総額）が 1 億円以上の場合
② 株主割当てによる場合
③ 買収防衛策の導入または発動に伴う場合

具体的に開示が必要となるケースおよび開示事項は、以下の表のとおりです。

発行する株式、処分する自己株式、発行する新株予約権、処分する自己新株予約権を引き受ける者の募集の際の適時開示事項

①	公募による株式発行にかかる募集の場合（自己株式処分にかかる募集を含む）	・発行新株式数 ・発行価額 ・発行価額の総額 ・資本組入額 ・募集方法 ・申込期間 ・払込期日 ・発行の目的および理由 ・資金使途、株主への利益配分等 ・ブックビルディングの日程等（ブックビルディング方式で行う場合） ・その他投資者が会社情報を適切に理解・判断するために必要な事項 ・（自己株式処分にかかる募集の場合）自己株式処分にかかる募集である旨および処分後の自己株式の数
②	株主割当てによる株式発行にかかる募集の場合	・発行新株式数 ・割当方法 ・発行価額 ・発行価額の総額 ・資本組入額 ・申込期間 ・払込期日 ・発行の目的および理由 ・資金使途、株主への利益配分等 ・その他投資者が会社情報を適切に理解・判断するために必要な事項
③	公募または株主割当てによる新株予約権発行にかかる募集の場合（自己新株予約権処分にかかる募集を含む）	・新株予約権の名称および数 ・発行の理由 ・目的となる株式の種類および数 ・発行価額（無償の場合はその旨）およびその算定根拠 ・割当日 ・払込期日を定める場合には当該期日 ・新株予約権の行使に際して出資される財産の価格およびその1株あたりの金額（行使価額）ならびにその算定根拠 ・行使請求期間

		・行使の条件 ・組織再編時の取扱い ・取得事由・その対価・消却の条件等（取得条項付新株予約権である場合） ・資本組入額（行使によって株式を発行する場合） ・行使請求受付場所および払込取扱金融機関 ・譲渡制限および新株予約権証券の発行に関する事項 ・募集方法 ・資金使途 ・その他投資者が会社情報を適切に理解・判断するために必要な事項 ・（自己株式処分にかかる募集の場合）自己株式処分にかかる募集である旨および処分後の自己株式の数
④	公募による新株予約権付社債発行にかかる募集の場合	・社債の名称 ・発行の理由 ・社債の発行価額 ・新株予約権の発行価額（無償の場合はその旨）およびその算定根拠 ・割当日 ・払込期日を定める場合には当該期日 ・新株予約権の内容 ・社債の内容 ・その他投資者が会社情報を適切に理解・判断するために必要な事項
⑤	第三者割当てによる株式、新株予約権または新株予約権付社債発行にかかる募集の場合（自己株式処分、自己新株予約権処分にかかる募集を含む）	・募集の概要 ・募集の目的および理由 ・調達する資金の額、使途および支出予定時期 ・資金使途の合理性に関する考え方 ・発行条件等の合理性 ・割当予定先の選定理由等 ・第三者割当後の大株主および持株比率 ・今後の見通し ・最近3年間の業績およびエクイティ・ファイナンスの状況 ・発行要項 ・企業行動規範上の手続 ・その他投資者が会社情報を適切に理解・判断するために必要な事項 ・（支配株主との取引等である場合）支配株主との取引等に関する事項

なお、①第三者割当てによる株式、新株予約権、新株予約権付社債発行にかかる募集の場合、②第三者割当てによる自己株式処分、自己新株予約権処分にかかる募集の場合、③MSCB等の発行にかかる募集の場合、または、④その他開示上特に考慮を要する事情があると判断される場合には、公表予定日の遅くとも10日前までに、東証に事前相談を行う必要がある点に注意が必要です。

2 株式無償割当てまたは新株予約権無償割当て

上場会社の業務執行を決定する機関が、「株式無償割当て又は新株予約権無償割当て」を行うことについての決定をした場合は、ただちにその内容を開示することが義務づけられています（上場規程402条1号f）。

具体的に開示が必要となるケース（買収防衛策の導入・発動に伴うケースを除きます）および開示事項は、以下の表のとおりです。

株式無償割当てまたは新株予約権無償割当ての際の適時開示事項

①	株式無償割当ての場合	・割当ての目的 ・割当ての内容 ・割当ての日程 ・その他投資者が会社情報を適切に理解・判断するために必要な事項
②	新株予約権無償割当ての場合（コミットメント型ライツオファリングに限る）	・割当ての目的および理由 ・割当方法 ・割当ての日程 ・株主に割り当てる新株予約権の内容 ・取得条項に基づいて取得した新株予約権の処分予定の内容（引受証券会社名、処分価額および引受証券会社による権利行使の予定等） ・既存株主等の動向 ・行使状況の公表方法 ・引受契約の概要 ・資金使途 ・その他投資者が会社情報を適切に理解・判断するために必要な事項
③	新株予約権無償割当ての場合（コミットメント型ライツオファリングを除く）	・割当ての概要 ・割当ての日程 ・割当ての目的および理由 ・調達する資金の額、使途および支出予定時期 ・資金使途の合理性に関する考え方 ・発行条件等の合理性

	・既存株主等の動向 ・行使状況の公表方法 ・増資の合理性にかかる評価手続の内容 ・今後の見通し ・その他投資者が会社情報を適切に理解・判断するために必要な事項 ・最近3年間の業績およびエクイティ・ファイナンスの状況 ・発行要項

　なお、新株予約権無償割当てにより発行する新株予約権証券を上場しようとする場合（ライツオファリングの場合）には、遅くとも公表予定日の10日前までに、東証まで事前相談を行う必要がある点に注意が必要です。

3　社債の発行その他

　社債の発行（募集事項の決定）は、上場規程上、開示すべき個別の項目に挙げられていませんが、「上場会社の運営、業務若しくは財産又は当該上場株券等に関する重要な事項であって、投資者の投資判断に著しい影響を及ぼすもの」を行うことの決定に該当する場合には、募集事項の決定後ただちにその内容を開示する必要があります（上場規程402条1号ar、「バスケット条項」）。

　その他、開示すべき個別の項目に挙げられていなくとも、バスケット条項が適用になるものは、適時開示が必要となります。

　他方、上場規程上、適時開示の必要はなくても、上場会社が任意に開示を行うことも実務上はよく行われています。

4　資金調達による主要株主または主要株主である筆頭株主の異動

　上場会社は、「主要株主又は主要株主である筆頭株主の異動」が生じた場合は、ただちにその内容を開示することが義務づけられています（上場規程402条2号b）。

　「主要株主」とは、金商法163条1項に規定する株主のことをいい、自己または他人の名義をもって総株主の議決権の10%以上の議決権を保有している株主をいいます（上場規程402条2号b）。

　「筆頭株主」とは、主要株主のうち、所有株式数の最も多い株主をいいます（上場規程402条2号b）。

　具体的に開示が必要となる事項は、以下のとおりです。

①　異動年月日
②　異動について上場会社が知るに至った経緯
③　異動した株主の概要

④　異動前後における当該主要株主等の所有する議決権の数・所有株式数、総株主の議決権の数に対する割合および議決権のない株式として発行済株式総数から控除した株式数
⑤　今後の見通し
⑥　その他投資者が会社情報を適切に理解・判断するために必要な事項

なお、発行済株式数の増加により既存の主要株主の議決権比率が10%を下回った場合のように、所有株式数に変動がない場合であっても、総株主の議決権数に変動がある場合には、「主要株主の異動」に該当し、開示が必要となる場合がある点に注意が必要です。

5　資金調達による親会社の異動、支配株主（親会社を除く）の異動またはその他の関係会社の異動

上場会社は、親会社の異動、支配株主（親会社を除く）の異動またはその他の関係会社の異動が生じた場合は、ただちにその内容を開示することが義務づけられています（上場規程402条2号g）。

「親会社」とは、財務諸表等の用語、様式及び作成方法に関する規則8条3項に規定する親会社をいいます（上場規程2条2号）。

「支配株主」とは、次の①または②のいずれかに該当する者をいいます（上場規程2条42号の2、上場規程施行規則3条の2）。

①　親会社
②　主要株主で、当該主要株主が自己の計算において所有している議決権と、次の(i)または(ii)に掲げる者が所有している議決権とを合わせて、上場会社の議決権の過半数を占めているもの（①に掲げるものを除きます）。
　(i)　当該主要株主の近親者（二親等内の親族をいいます）
　(ii)　当該主要株主および(i)に掲げるものが、議決権の過半数を自己の計算において所有している会社等（会社、指定法人、組合その他これらに準ずる企業体（外国におけるこれらに相当するものを含みます）をいいます）および当該会社等の子会社

「その他の関係会社」とは、財務諸表等の用語、株式及び作成方法に関する規則8条17項4号に規定するその他の関係会社をいいます（上場規程2条3号参照）。

具体的に開示が必要となる事項は、以下のとおりです。

①　異動の年月日
②　異動について上場会社が知るに至った経緯
③　親会社、支配株主（親会社を除く）、その他の関係会社の概要
④　異動前後における親会社、支配株主（親会社を除く）、その他の関係会社の

所有する議決権の数および議決権所有割合
⑤　今後の見通し
⑥　その他投資者が会社情報を適切に理解・判断するために必要な事項
⑦　（親会社の異動の場合またはその他の関係会社の異動の場合）「開示対象となる非上場の親会社等」の変更の有無

なお、発行済株式数の増加により既存の親会社の議決権比率が50％を下回った場合のように、所有株式数に変動がない場合であっても、総株主の議決権数に変動がある場合には、「親会社の異動、支配株主（親会社を除きます）の異動又はその他の関係会社の異動」に該当し、開示が必要となる場合がある点に注意が必要です。

> **Q121　第三者割当てによる株式等の募集の場合の適時開示**
>
> 　株式等を第三者割当てにより募集する場合には、上場規則上、具体的にどのような事項を開示することになりますか。

　Q120の記載のとおり、上場会社が第三者割当てにより株式、新株予約権または新株予約権付社債を募集する場合には、Q120の図表に記載の事項を開示する必要があります（上場規程402条1号a、上場規程施行規則401条1号）。以下では株式の第三者割当てを行う場合の開示事項の各項目を具体的に見ていきますが、新株予約権または新株予約権付社債を第三者割当てにより募集する場合の適時開示の内容も以下で述べるところに準じます。

1　募集の概要

　①払込期日、②発行新株式数、③発行価額、④調達資金の額、⑤募集または割当方法（割当予定先含む）、⑥その他投資判断上重要または必要な事項を記載する必要があります。

2　募集の目的および理由

　募集の目的および理由について具体的に記載します。特に第三者割当てによる資金調達を選択しようとする理由をわかりやすく具体的に記載する必要があります。

3　調達する資金の額、使途および支出予定時期

　調達する資金の額（差引手取概算額）、具体的な使途および支出予定時期について説明が必要となります。あわせて、実質的な資金の入手スケジュールおよび実質的な調達額（払込後これらが変更するリスクがある場合には当該リスクを含みます）、調達資金の支出実行までの管理方法についてもわかりやすく具体的に記載する必要があります。

4 資金使途の合理性に関する考え方

資金使途の合理性に関する考え方を記載します。

調達する資金が有効に活用され、結果として、将来的な収益の向上、あるいは借入金の返済等を通じたバランスシートの改善につながることが見込まれる等、既存株主にとっても合理性があることが望まれます。また、既存の株式の希薄化を補うだけの1株あたりの利益の向上が図られるものであることが望まれます。

5 発行条件等の合理性

(1) 払込金額の算定根拠およびその具体的内容

払込金額の算定根拠およびその具体的な内容について、わかりやすく具体的に記載する必要があります。

また、払込金額が割当予定先に特に有利でないことにかかる適法性に関する監査役、監査等委員会または監査委員会が表明する意見等をわかりやすく具体的に記載する必要があります。詳細については、**Q122**をご参照ください。

(2) 発行数量および株式の希薄化の規模が合理的であると判断した根拠

発行数量および株式の希薄化の規模が合理的であると判断した根拠について、考慮した主な要素を含めて、わかりやすく具体的に記載する必要があります。

6 割当予定先の選定理由等

(1) 割当予定先の概要

割当予定先の概要について、名称、本店の所在地、代表者の役職・氏名、事業内容、資本金、設立年月日、発行済株式数、決算期、従業員数、主要取引先、主要取引銀行、大株主および持株比率、上場会社(上場会社の支配株主等を含む)と割当予定先(割当予定先の支配株主等を含む)との間の関係、最近3年間の財政状態および経営成績を記載する必要があります。

また、割当予定先が反社会的勢力と関係がないことを確認している旨を記載し、割当てを受ける者と反社会勢力との関係がないことを示す確認書を東証に提出する必要があります(**Q124**参照)。

(2) 割当予定先を選定した理由

割当予定先を選定した理由について、割当予定先を選定するに至った経緯を含め、わかりやすく具体的に記載する必要があります。また、証券会社による買受けまたはあっせんである場合には、その旨およびその証券会社の名称を記載する必要があります。

(3) 割当予定先の保有方針

割当予定先の保有方針について可能な範囲で記載する必要があります。

また、上場規程の定めに基づき、募集株式の割当てを受けた者との間で、書面により募集株式の譲渡時における東証への報告ならびに当該報告内容の公衆縦覧

等の事項について確約する予定がある旨を記載する必要があります（**Q125**参照）。

(4) 割当予定先の払込みに要する財産の存在について確認した内容

割当予定先の払込みに要する財産の存在について確認した内容を記載する必要があります。特に、割当予定先が過去において失権を起こしている場合や、割当予定先の売上高・総資産・純資産等の規模に照らし、当該第三者割当ての払込みに要する金額を有しているまたは調達しうることが合理的に推認されない場合には、十分に確認を行い、確認方法および確認結果についてより具体的に記載する必要があります。

7　第三者割当て後の大株主および持株比率

第三者割当て後における大株主の状況および持株比率の見込みを記載します。

8　今後の見通し

当期以降の業績に与える影響の見込みを記載する必要があります。また、今後の方針等がある場合には、その内容を記載する必要があります。

9　最近3年間の業績およびエクイティ・ファイナンスの状況

下記の事項を記載する必要があります。

① 最近3年間の売上高、営業利益、経常利益、親会社株主に帰属する当期純利益、1株あたり当期純利益、1株あたり配当金、1株あたり純資産

② 最近3年間のエクイティ・ファイナンスの状況等について、方法、時期、調達した資金の額、募集時の発行済株式数、募集による発行株式数（新株予約権および新株予約権付社債の場合は潜在株式数）、行使状況、当初の資金の使途、当初の支出予定時期および現時点における資金の充当状況（当初の資金の使途と異なる場合は、その経緯および理由）

③ 最近の3決算期末における株価および直近6か月の株価の推移

10　発行要項

有価証券届出書記載事項のうち、当該募集株式のスキームを理解・判断するために必要な事項を記載する必要があります。

11　その他

(1) 企業行動規範上の手続（**Q123**参照）

ア　企業行動規範上の独立第三者からの意見入手または株主の意思確認を要する場合には、以下の事項を記載する必要があります。

① 経営者から一定程度独立した者による当該割当ての必要性および相当性に関する意見の入手を行う場合には、当該意見の入手日、入手先、内容（その理由を含む）の概要

② 当該割当てにかかる株主総会の決議等の株主の意思確認を行う場合には、当該意思確認手続きの内容および当該意思確認手続の実施予定日

イ　アの手続を要しない場合には、その旨および以下の事項を記載する必要があります。
①　当該第三者割当ての希薄化率が25％未満である旨
②　当該第三者割当てにより支配株主の異動（新株予約権の転換・行使による異動を含む）が見込まれない旨
(2)　その他投資者が会社情報を適切に理解・判断するために必要な事項
(3)　支配株主との取引等に関する事項
　当該第三者割当てが、支配株主との取引等に該当する場合には、以下の事項を記載する必要があります。
①　当該取引が支配株主との取引等である旨
②　当該取引の「支配株主との取引等を行う際における少数株主の保護の方策に関する指針」との適合状況
③　公正性を担保するための措置および利益相反を回避するための措置に関する事項
④　当該取引等が少数株主にとって不利益なものではないことに関する、支配株主と利害関係のない者から入手した意見の概要（Q127参照）

Q122　監査役、監査等委員会または監査委員会の適法性意見

　上場会社において、第三者割当てに関する監査役、監査等委員会または監査委員会の適法性意見が必要となるのはどのような場合ですか。

　上場会社が第三者割当てによって株式、新株予約権または新株予約権付社債の募集を行う場合、上場会社は、適時開示の前提として、払込金額が割当予定先に特に有利でないことにかかる適法性に関する監査役、監査等委員会または監査委員会が表明する意見等を得て、適時開示においてその内容を記載する必要があります。ただし、①株主総会において会社法に基づく有利発行の特別決議を経る場合、または、②決議の直前日の価額、決議日から1か月、3か月、6か月の平均の価額からのディスカウント率を勘案して会社法上の有利発行に該当しないことが明らかな場合（上場株式の場合に限る）であって、かつ、①または②であることの記載が当該適時開示にある場合は除かれます。

Q123　第三者割当てにかかる上場制度

　上場会社が第三者割当てを行う場合、適時開示以外に、上場制度上、どのような点に留意する必要がありますか。

東証では、既存株主の権利を著しく侵害し、市場の信頼性に重大な影響を及ぼす第三者割当てを未然に防止するために、①300％を超える希薄化を伴う第三者割当て等は上場廃止の審査の対象とすることとされており、また、②希薄化率が25％以上となるとき、または支配株主が異動することとなるときは、事前に一定の手続をとることが必要とされています。

　「希薄化率」とは、以下のとおり、第三者割当てにかかる募集事項の決定前における発行済株式にかかる議決権の総数に対する、当該第三者割当てにより割り当てられる募集株式等にかかる議決権の総数の比率をいいます（上場規程施行規則435条の2第1項）。

希薄化率の算出方法

> 算式：(A ÷ B) × 100（％）
> 算式の符号
> A：当該第三者割当てにより割り当てられる募集株式等にかかる議決権の数（当該募集株式等の転換または行使により交付される株式にかかる議決権の数を含む）
> B：当該第三者割当てにかかる募集事項の決定前における発行済株式にかかる議決権の総数（潜在株式は含みません）

1　第三者割当てに基づく上場廃止

(1) 希薄化率が300％を超える場合

　上場会社が、第三者割当てを行う場合において、希薄化率が300％を超えるときは、株主および投資家の利益を侵害するおそれがないと東証が認める場合を除き、その上場が廃止されます（上場規程601条1項17号、上場規程施行規則601条14項6号）。

(2) 支配株主の異動を伴う場合

　上場会社の第三者割当てにより、当該上場会社の支配株主が異動した場合において、3年以内に支配株主との取引に関する健全性が著しく毀損されていると東証が認めるときは、当該上場会社の上場が廃止されます（上場規程601条1項9号の2、上場規程施行規則601条9項）。

　「支配株主」の範囲については、Q120をご参照ください。

　「3年以内」とは、上場会社が第三者割当てにより支配株主が異動した場合に該当した日が属する事業年度の末日の翌日から起算して3年を経過する日までの期間をいいます。

　また、第三者割当てにより支配株主が異動した場合に該当した上場会社は、原則として1年に1回、「支配株主との取引状況等に関する報告書」を提出する必

要があります（上場規程609条1項9号の2、上場規程施行規則601条9項3号）。

   (3) 第三者割当てによる裏口上場の場合

　非上場会社を主たる割当先とする第三者割当てについては、いわゆる裏口上場の防止を目的とする不適当合併等にかかる上場廃止審査の対象となることがあります（上場規程601条1項9号a、上場規程施行規則601条8項1号g）。

2　第三者割当てにかかる企業行動規範上の遵守事項

　上場会社が、第三者割当てを行う場合で、①希薄化率が25％以上となる場合、または②支配株主が異動することになる場合には、以下のいずれかの手続を行わなければなりません。ただし、たとえば、資金繰りが急速に悪化してこれらの手続を行うことが困難である等、緊急性がきわめて高い場合は、例外的に当該手続を不要とすることとされています（上場規程432条、上場規程施行規則435条の2第3項）。

　①　経営者から一定程度独立した者による当該割当ての必要性および相当性に関する意見の入手
　②　当該割当てにかかる株主総会決議等による株主の意思確認

　上記の「経営者から一定程度独立した者」とは、第三者委員会、社外取締役、社外監査役等が想定されており、「株主の意思確認」とは、正式な株主総会決議のほか、いわゆる勧告的決議を行うこと等が想定されています。

　かかる規制に違反した場合には、改善報告書・改善状況報告書の徴求（上場規程502条1項2号・3項、503条1項）、処罰的な観点からの公表措置（上場規程508条1項2号）、上場契約違約金の徴求（上場規程509条1項2号）、特定注意市場銘柄への指定（上場規程501条1項4号）等の措置がとられる可能性があります。

Q124　第三者割当てにおける割当予定先の反社会的勢力との関係の確認

　上場会社が第三者割当てによる資金調達を行う場合に、割当予定先の属性につき留意すべき事項はありますか。

　上場会社が第三者割当てを行う場合には、開示の有無にかかわらず、「割当を受ける者と反社会的勢力との関係がないことを示す確認書」を作成後ただちに提出することが義務づけられています。なお、割当先のすべてが東証の上場会社、取引参加者またはその他東証が認める者（国、地方公共団体またはこれに準ずる者が想定されています）である場合には、確認書の提出は不要となります（上場規程421条1項、上場規程施行規則417条1号g関係）。

　この確認書は、第三者割当ての発行決議日の前営業日までに東証に提出するこ

とが要請されており、やむをえない理由により発行決議日までに提出することが困難である場合には、東証と事前に相談する必要があります。

なお、上場会社は、反社会的勢力の関与を受けているものとして上場規程施行規則で定める関係を有することが禁止されています（上場規程443条、上場規程施行規則436条の4）。この禁止規定に反してかかる関係を有している事実が判明した場合において、その実態が東証の市場に対する株主および投資者の信頼を著しく毀損したと東証が認めるときには、その上場が廃止されることとなります（上場規程601条1項19号、上場規程施行規則601条17項）。

> **Q125　第三者割当てにおける譲渡報告**
>
> 上場会社が第三者割当てによる資金調達を行う場合に、割当予定先による譲渡につき留意すべき事項はありますか。

上場会社が、第三者割当てによる募集株式の割当てを行う場合には、募集株式の割当てを受けた者との間で、書面により下記の事項について確約することが必要となります（上場規程422条、上場規程施行規則428条、429条）。

① 割当てを受けた者は、割当てを受けた日から起算して2年間において、割当てを受けた株式の譲渡を行った場合には、ただちに上場会社に書面によりその内容を報告すること
② 上場会社は、割当てを受けた者が上記①に掲げる期間において割当株式の譲渡を行った場合には、ただちにその内容を東証に報告すること
③ 割当てを受けた者は、確約書に記載すべき内容および割当株式の譲渡を行った場合にはその内容が、公衆縦覧に供されることに同意すること
④ その他東証が必要と認める事項

> **Q126　MSCB等の発行**
>
> 上場会社がMSCB等を用いて資金調達を行う場合に、上場規則との関係で留意すべき点はありますか。

東証は、MSCB等を用いた資金調達について、下記のようなルールを定めています。

ここで、「MSCB等」とは、上場会社が第三者割当てにより発行する「CB等」であって、「CB等」に付与または表章される新株予約権または取得請求権の行使に際して払込みをなすべき1株あたりの額が、6か月間に1回を超える頻度で、当該新株予約権等の行使により交付される上場株券等の価格を基準として修正が

行われうる旨の発行条件が付されたものをいいます（上場規程410条、上場規程施行規則411条2項）。そして、「CB等」とは、上場会社が第三者割当てにより発行する新株予約権付社債、新株予約権および取得請求権付株式をいいます（上場規程410条、上場規程施行規則411条2項）。

MSCB等として典型的なものは、行使価額修正条項付転換社債型新株予約権付社債（いわゆるMSCB）および行使価額修正条項付新株予約権（いわゆるMSワラント）です（**Q84**、**73**参照）。

(1) MSCB等の発行にかかる企業行動規範上の遵守事項

上場会社がMSCB等を発行する場合には、MSCB等の買取契約において、新株予約権等の転換または行使をしようとする日を含む暦月において行使数量が当該MSCB等の発行の払込日時点における上場株券等の数の10%を超える場合には、以下に掲げる内容を定めることが義務づけられています（上場規程434条、上場規程施行規則436条）。

① 当該10%を超える部分にかかる新株予約権等の転換または行使を行うことができない旨
② 上場会社は、MSCB等を保有する者による制限超過行使を行わせないこと
③ 買受人は、制限超過行使を行わないことに同意し、新株予約権等の転換または行使にあたっては、あらかじめ、上場会社に対し、当該新株予約権等の行使が制限超過行使に該当しないかについて確認を行うこと
④ 買受人は、当該MSCB等を転売する場合には、あらかじめ転売先となる者に対して、上場会社との間で上記②および③の内容ならびに転売先となる者がさらに第三者に転売する場合にも上記②および③の内容を約させること
⑤ 上場会社は、転売先となる者との間で、上記②および③の内容ならびに転売先となる者がさらに第三者に転売する場合にも上記②および③の内容を約すること

なお、MSCB等の発行、以下で説明する適時開示にあたっては、決定・公表日の10日前までに、東証に事前相談を行う必要がある点に留意が必要です。

(2) MSCB等の発行に際しての適時開示

MSCB等の発行にかかる募集の場合にも、**Q120**に記載の適時開示が必要となります。適時開示をすべき事項は、**Q120**の1に記載の図表中の⑤「第三者割当てによる株式、新株予約権または新株予約権付社債発行にかかる募集の場合（自己株式処分、自己新株予約権処分にかかる募集を含む）」と共通となりますが、各開示事項の中でMSCB等の特性に応じた詳細な記載が必要となる点に留意が必要です。

(3) MSCB等の転換または行使の状況に関する開示

上場会社は、MSCB等を発行している場合には、毎月初に、前月における

MSCB 等の転換または行使の状況を開示することが義務づけられています（「MSCB 等の月間行使状況に関する開示」）。また、「①月初からの MSCB 等の転換累計若しくは行使累計が当該 MSCB 等の発行総額の 10% 以上となった場合」および「②さらに同月中における開示後の転換累計若しくは行使累計が当該 MSCB 等の発行総額の 10% 以上となった場合」についても、当該転換または行使の状況をただちに開示することが義務づけられています（「MSCB 等の大量行使に関する開示」）（上場規程 410 条、上場規程施行規則 411 条）。それぞれの開示事項は、下記のとおりです。

ア　MSCB 等の月間行使状況に関する開示の開示事項
① 銘柄名
② 対象月間の交付株式数
③ 対象月間の転換または行使額面総額および発行総額に対する転換または行使比率
④ 対象月の前月末時点における未行使残存額
⑤ 対象月の月末時点における未行使残存額
⑥ 対象月間における転換（行使）状況
⑦ 転換（行使）制限に関する状況
⑧ その他投資者が会社情報を適切に理解・判断するために必要な事項

イ　MSCB 等の大量行使に関する開示の開示事項
① 銘柄名
② 月初からの交付株式数
③ 月初からの転換（行使）額面総額および発行総額に対する転換または行使比率
④ 前月末時点における未行使残存額
⑤ 現時点における未行使残存額
⑥ 月初からの転換（行使）状況
⑦ その他投資者が会社情報を適切に理解・判断するために必要な事項

Q127　支配株主からの資金調達

東証上場会社が支配株主から資金調達を行う場合に、留意すべき点はありますか。

支配株主を有する上場会社は、当該上場会社またはその子会社等の業務執行を決定する機関が、支配株主その他上場規程施行規則で定める者が関連する重要な取引等を行うことについての決定をする場合には、当該決定が当該上場会社の少

数株主にとって不利益なものでないことに関し、当該支配株主との間に利害関係を有しない者による意見の入手を行うものとするほか、必要かつ十分な適時開示を行うことが義務づけられています（上場規程441条の2、上場規程施行規則436条の3）。

「支配株主」の範囲については、Q120をご参照ください。

上場会社が、適時開示を行う必要がある株式、新株予約権または新株予約権付社債の第三者割当てを支配株主に対して行うことを決定することは、上場規程441条の2に定める「重要な取引等」を行うことについての決定をすることに該当するため、企業行動規範上、当該決定が当該上場会社の少数株主にとって不利益なものでないことに関し、当該支配株主との間に利害関係を有しない者による意見の入手をすることが必要となります（同条1項1号）。

当該事項の決定が当該上場会社の少数株主にとって不利益なものでないことに関する意見は、通常重要な取引等を決定する日までに求められます。ただし、決定の際に当該重要な取引等にかかる条件の全部または一部が決まっていないために、適切な意見の形成が困難と認められる事情がある場合については、後日の条件決定の際に当該意見の入手を行うことができます。この場合には、当初の適時開示において、意見の入手が未了である旨および今後の見通しについて言及する必要があります。

なお、上場会社の議決権の希薄化率が25％以上となる第三者割当てを行う場合に、上場規程432条1号に基づいて入手する意見（Q123参照）において、当該第三者割当てが少数株主にとって不利益なものでないことについて言及されているときは、上場規程441条の2に基づく意見の入手を行ったものとして取り扱われます。

資金調達の結果、支配株主等や親会社等となった者がいるときは、その後それらの者についての開示が必要になる場合があります（Q128、129参照）。

Q128 支配株主等に関する開示

上場会社が上場規則に基づき支配株主等に関する事項の開示が必要となるのは、どのような場合ですか。

支配株主またはその他の関係会社を有する上場会社は、毎事業年度経過後3か月以内に、支配株主等に関する事項を開示することが義務づけられています（上場規程411条1項、上場規程施行規則412条）。

当該開示においては、原則として、最近事業年度の末日現在の状況についての記載が必要となりますが、その後、支配株主またはその他関係会社の異動が生じ

た場合には、その状況をふまえて、最近日現在の状況についての記載が必要となります。

具体的には、以下の事項（ただし、⑧および⑨については、継続開示会社等でない親会社等を有するJASDAQ上場株式に限ります）を開示することが必要となります。

① 親会社、支配株主（親会社を除く）、その他関係会社またはその他の関係会社の親会社の商号等
② 親会社等が複数ある場合は、そのうち上場会社に与える影響が最も大きいと認められる会社等の商号または名称およびその理由（一般的には、議決権（間接保有を含みます）をより多く保有している親会社等や、最終的影響力を行使しうる立場にあり、企業グループとしての方向性を決定できる資本上位会社である親会社等が、影響力が最も大きいと考えられます）
③ 非上場の親会社等にかかる決算情報の適時開示が免除されている場合、その理由
④ 親会社等の企業グループにおける位置づけその他親会社等との関係
　1．親会社等の企業グループにおける上場会社の位置づけについて、親会社等やそのグループ企業との取引関係や人的関係、資本関係等の面から記載が必要となります。
　2．1.の記載をふまえ、親会社等の企業グループに属することによる事業上の制約、リスクおよびメリット、また、上場会社が、親会社等やそのグループ企業との取引関係や人的関係、資本関係等の面から受ける経営・事業活動への影響等についても記載の必要があります。
　3．2.に記載した親会社等の企業グループに属することによる事業上の制約、経営・事業活動への影響等がある中における、親会社等からの独立性の確保に関する考え方およびそのための施策について記載する必要があります。
　4．1.から3.をふまえて、親会社等から一定の独立性の確保の状況について、理由を含めて記載する必要があります。
⑤ 支配株主等との取引に関する事項
⑥ 支配株主を有する場合は、支配株主との取引等を行う際における少数株主の保護の方策の履行状況
⑦ その投資者が会社情報を適切に理解・判断するために必要な事項
⑧ 親会社等が継続開示会社等ではない旨
⑨ 親会社等の将来的な企業グループにおける位置づけその他親会社等との関係

Q129 親会社等の決算情報の開示

上場会社に親会社等が存在する場合で、当該親会社の決算情報を開示する必要があるのはどのような場合ですか。また、その場合どのような内容の開示が必要となりますか。

上場会社は、親会社等の「事業年度若しくは中間会計期間（当該親会社等が四半期財務諸表提出会社である場合には、四半期累計期間）又は連結会計年度若しくは中間連結会計期間（当該親会社等が四半期財務諸表提出会社である場合には、四半期連結累計期間）に係る決算の内容が定まったとき」は、ただちにその内容を開示することが義務づけられています（上場規程411条2項・3項・4項）。

開示の対象となる親会社等は、非上場の親会社等に限定されています。また、その対象は、「会社」のみであり、「組合等」は、開示対象の範囲から除かれています。

具体的には、以下の事項を開示することになります。
① 親会社等の概要
② 当該親会社等の財務諸表
③ 当該親会社等の株式の所有者別状況、大株主の状況、役員の状況
④ その他投資者が会社情報を適切に理解・判断するために必要な事項

Q130 エクイティ・ファイナンスのプリンシプル

日本取引所自主規制法人が策定したエクイティ・ファイナンスのプリンシプルとはどのようなものですか。

日本取引所自主規制法人は、平成26年10月に、「エクイティ・ファイナンスのプリンシプル」を策定しました。

このエクイティ・ファイナンスのプリンシプルは、法令や取引所規則等のルールで定められている最低限の規律にとどまらず、資本市場を利用して資金調達を行う場合に依拠すべき基本的な考え方を示すものであり、ルールのように上場会社や市場関係者の行動を一律に拘束するものではないとされています。

そもそも、上場会社がエクイティ・ファイナンスにより資金調達を行うにあたっては、法令や取引所規則等のルールに従う必要がありますが、ルールに違反さえしなければよいというものでもありません。また、ルール・ベースの規制方法のみでは、新しい金融商品や取引手法が登場した場合等に、当該ルールの「すき間」が生じ、形式的なルール遵守がかえって実質的な不公正取引に正当性の衣

を装わせてしまう、といったデメリットも生じます。そこでプリンシプル・ベースのアプローチにより、上場会社や市場関係者がそれぞれの持ち場で、取引の公正性、資本市場の機能発揮、公正な価格形成、投資者の保護等、市場に共通の規範をより強く意識して行動することになれば、ルール・ベースの規制方法とあいまって、資本市場の透明性と公正性の維持に大きな効果をもたらし、資本市場全体の質的向上の実現を図ることができるのではないかというのが、エクイティ・ファイナンスのプリンシプルの思想です。

エクイティ・ファイナンスのプリンシプルの内容は、以下の4つの原則から構成されています。

① 企業価値の向上に資する

調達する資金が有効に活用されて上場会社の収益力の向上につながることが、調達目的、資金使途、過去に調達した資金の充当状況、業績見通し等に基づいて合理的に見込まれるものであり、また、その合理的な見込みに疑いを生じさせるような経営成績・財政状態および経営実態となっていないこと。

ファイナンスの実施後において、健全な経営管理が行われて持続的な企業価値向上の実現が十分に期待されること。

② 既存株主の利益を損なわない

ファイナンス手法、実施時期、発行条件等は、ファイナンスに伴う株式の希薄化や流通市場に与える影響等について十分に配慮されたものであり、既存株主に対して合理的な説明が可能なものであること。

③ 市場の公正性・信頼性への疑いを生じさせない

公正でない方法により利益を得ようとする主体やその協力者を、資本市場に参入させないこと。

個々はただちに法令や取引所規則等の違反とはいえない取引を組み合わせ、全体として不当な利益を得るようなスキームになっていないこと。

④ 適時・適切な情報開示により透明性を確保する

情報開示は、その時期が適切であり、その内容が真実で一貫性があり、その範囲が十分であり、かつ、開示資料等における説明がわかりやすく具体的で、株主や投資者が行う投資判断に有用なものであること。

ファイナンス実施後においても、発行時の開示内容が適切であったことを示せること。

エクイティ・ファイナンスのプリンシプルは、あくまでプリンシプル（原理・原則）であり実体的なルールではないので、これに違反したり、充足度が低いからといって、上場規則の根拠なしに、上場会社に対する措置等が行われることはありません。

3 投資家に課される規制

Q131 投資家に課される規制の概要

資金調達の際に、投資家に課される規制としてはどのようなものがありますか。また、資金調達を受ける会社としてはどのような点に留意すべきでしょうか。

資金調達の際に、投資家に課される規制としては、当局に対して事前に届出等が求められたり、一定期間（待機期間／不作為期間）は取引の完了が禁止されたり、事後的に報告を求められたりするものがあります。これらは、主として株式等の発行による資金調達の際に問題となりますが、これらの準備に必要な期間や待機期間（不作為期間）については、スケジュールに影響を与えうることから、資金調達を受ける会社としても考慮する必要があります。なお、当局の審査によって、規制の趣旨に照らして不相当と認められた場合には、取引を行うことができないことがあるほか、発行会社が特殊な業法規制を受けている場合には、外国人株主比率が一定以上となる取引を行うことができない場合があります。

1 事前の届出が必要となる場合

投資家による事前の届出が必要となる規制のうち主なものとしては、①独禁法上の企業結合に関する事前の届出制度（Q132参照）と、②外為法上の外国投資家による対内直接投資等についての事前届出制度（Q133参照）とがあります。いずれも、主として株式発行により資金調達を行う場合に投資家に課される可能性がある規制ですが、届出が必要とされる場合は、届出後一定期間は取引を行ってはならないとされていることから、株式発行により資金調達を行う会社としても、事前届出の要否について検討し、必要な場合は、かかる届出のための準備期間や待機期間（禁止期間・不作為期間）についても考慮したうえでスケジュールを策定する必要があります。また、これらの届出を行うのは基本的には投資家ですが、届出書には発行会社についての情報の記載も必要になるため、発行会社としても、投資家による届出書の作成に協力することが求められます。

2 事後の報告が必要となる場合

投資家による事後的な報告が必要となるケースのうち主なものとしては、①投資家が外国投資家であって、事前届出の対象とならない対内直接投資等に該当するため、外為法に従って報告書が必要になる場合（Q133参照）のほか、②株式等の発行により資金調達を行う会社が上場会社であって、投資家の株券等保有割合が5％を超えるため、金商法に従って大量保有報告書を提出しなければならな

い場合（**Q134**参照）や、③株式の発行により資金調達を行う会社が有価証券報告書提出会社である上場会社または店頭売買有価証券の発行会社であって、投資家が当該会社の議決権の過半数を所有することとなるため、金商法に従って親会社等状況報告を提出しなければならない場合（**Q135**参照）が挙げられます。

　これらはいずれも事後的な報告であり、原則として資金調達のスケジュールには影響しません。ただし、投資家が大量保有報告書を提出しなければならなくなる案件であるものの、過去にEDINET登録を行ったことがない場合には、EDINETを利用可能にするための手続を提出期限までに終えなければなりません。かかる手続には、添付資料の準備を含めて相応の期間が必要となる可能性がある一方で、大量保有報告書の提出期限は、原則として義務発生日から5営業日と比較的短いことから、それまでに確実に手続を終えられるように資金調達のスケジュールの中で考慮しなければならないケースもあります。

3　取引を行うことができない場合

　外為法や独禁法に基づき事前の届出等を行った場合でも、当局が、当該取引を行うことが規制の趣旨に照らして不相当と認めた場合には、取引が禁止されることがあります。

　また、発行会社が、放送法93条1項6号の基幹放送事業者としての認定や同法159条2項5号による基幹放送事業者の持株会社としての認定に関する規制、あるいは航空法4条1項4号による航空機の登録や同法101条1項5号による航空運送事業者としての許可に関する規制のように、特殊な業法により規制されている場合には、外国人株主比率が一定の割合を超えることができないことがあります。このような場合には、当該規制に抵触しないかたちで資金調達を行う必要があるため、発行会社としても留意する必要があります。

Q132　独禁法上の留意点

資金調達の際、独禁法上留意すべき事項には、どのようなものがありますか。

　独禁法は公正かつ自由な競争を促進することを目的とする法律であり（独禁1条）、適用される業種や取引類型には原則として限定がありません。資金調達においても、エクイティによる資金調達によって投資家側との間に株式保有という関係を通じた結合関係が生じ、競争に悪影響を及ぼすこととなる場合には、独禁法により禁止される可能性が生じます。また、公正取引委員会（公取委）は、一定の規模を超える案件については株式取得が完了する前に届出をするよう求め、事前に審査を行うこととしています。したがって、エクイティによる資金調達においては独禁法の規制にも留意すべき場合があるといえます。

1 株式保有に関する独禁法上の制限

公取委は、会社が他の会社の株式を取得または保有することによって、一定の取引分野（市場）における競争を実質的に制限することとなる場合には、株式売却等必要な措置（排除措置）を命じることができます（独禁10条1項、17条の2第1項）。なお、「会社」はその形態を問いませんので、株式会社、特例有限会社、合名会社、合資会社、合同会社、相互会社および特定目的会社のみならず外国会社も含まれますし、「株式」には社員持分も含まれます。

市場における競争を実質的に制限することとなるとは、当事会社（株式を発行する会社およびそれを取得する会社）間の株式取得という企業結合によって、競争に関する条件（価格、品質、数量等）をある程度自由に左右できる状態が容易に現出しうると見られる場合をいいます。

競争の実質的制限をめぐる検討においては、通常は、当事会社や競争者の市場における地位、顧客の価格交渉力、商品特性等、具体的な事実関係をふまえて行われる必要があります。しかし、公取委は「セーフハーバー」（競争を実質的に制限することとなるとは通常考えられない場合）を公表しており、たとえば同業他社による株式取得については、市場で活動しているすべての事業者の市場シェアをそれぞれ2乗した数値の総和（HHI指数。株式取得後のHHIは、当事会社については合算市場シェアを用いて計算します）を算出し、①株式取得後のHHIが1500以下、②株式取得後のHHIが1500超2500以下、かつHHIの増分が250以下、③株式取得後のHHIが2500を超えるがHHIの増分が150以下、のいずれかにあたる場合には、具体的検討を行う必要があるとは通常考えられないとされています。

2 公取委に対する事前届出

企業結合には合併、事業譲渡、株式取得などさまざまな形態がありますが、これらの中には、事後的に排除措置を命じて結合前の状態を回復することが困難なものも少なくありません。そこで公取委は、一定の規模を超える企業結合計画については事前届出を行うよう当事会社に対して義務づけ、公取委が審査を行うための所定の期間（届出受理の日から30日間。「禁止期間」）を経過するまでの間、株式取得を実行することを禁止しています（独禁10条2項・8項）。

(1) 届出要件

株式取得計画に関する事前届出の要否は、①株式発行会社およびその子会社の国内売上高合計額（最終事業年度において50億円超）、②株式取得会社およびその親会社（直接の親会社だけではなく、最終親会社（他の会社の子会社ではない、企業グループのいわば頂点にある親会社）まですべてを含みます）、さらにはそれらの子会社を含む各社の国内売上高合計額（200億円超）、ならびに、③株式取得後に

おける議決権保有割合（20％超または50％超。潜在株式は考慮しません）を基準として判断されます（独禁10条2項）。株式発行会社側の国内売上高について、親会社（およびその子会社）が企業結合の対象に含まれないため、その国内売上額が上記①の合計額から除かれていることに留意が必要です。

なお、組合（民法上の組合、投資事業有限責任組合、有限責任事業組合等）のうち会社の子会社であるものが組合財産として株式を取得しようとする場合には、当該組合の親会社（業務執行決定権限の50％超を有する会社等）がすべての株式を取得するものとみなして、当該親会社について上記②の国内売上高要件を満たすか否か検討します（独禁10条5項）。

(2) 届出およびその後の手続

株式取得届出は株式取得会社（投資家側）の名義で行うものとされています。しかし、公取委が定める届出書様式に必要情報を記入するためには株式発行会社からの情報提供等が必要ですので、届出準備の進め方について株式発行会社と十分に協議することが重要です。

公取委は、届出を受けた株式取得計画に関して排除措置を命じようとする場合には、下記の第2次審査を行う場合を除き、上記の禁止期間（届出受理から原則30日）の間に排除措置命令書の案、届出会社から意見を聴取する期日等を通知しなければならないものとされています（意見聴取通知。独禁10条9項）。他方、公取委は、排除措置を命じないこととした場合にはその旨の通知書を届出会社に交付しており（届出規則9条）、実務上、上記期間の経過ないし当該通知が、株式取得計画の承認（クリアランス）と呼ばれています。

公取委は、競争を実質的に制限することとならないことが明らかな場合には、届出会社からの書面による申出があれば禁止期間の短縮を認めることができ、たとえば、上記「セーフハーバー」に該当する案件は短縮が認められる場合にあたることが多いといえます。禁止期間短縮が資金調達スケジュール上必要となる案件では、禁止期間短縮申請について、届出前の段階から公取委担当官と十分に協議しておくことが重要です。

なお、公取委は、禁止期間の間に、株式取得会社に対して報告、情報または資料の提出を要請することができます（第2次審査の開始。独禁10条9項、届出規則8条）。公取委は、第2次審査を開始した場合にはその旨をただちに報道発表し、あわせて、第三者からの意見を募集します。第2次審査が開始された場合において公取委が排除措置命令書（案）等を通知すべき期限は、原則として、要請に応じた報告等が届出会社からすべてなされた日から90日間を経過する日までとされており（独禁10条9項）、実際上は、届出会社が報告等を完了するまでの間に相当の期間を要する等の事情により、公取委が審査を終了して排除措置命

令を行わない旨通知するまでの間に第2次審査開始から6か月以上を要することも珍しくありません。

3 まとめ

会社が株式発行による資金調達を計画する場合には、株式取得届出の要否を検討し、届出を要する場合には、禁止期間短縮が認められる可能性や第2次審査開始の可能性もふまえながら資金調達スケジュールを策定することが重要です。

Q133 外為規制

会社の資金調達に関連する外為法上の規制にはどのようなものがありますか。

外為法上、会社の資金調達取引は、外国投資家による対内直接投資や資本取引に該当する場合には、事後報告や事前届出が必要となることがあります。また、クロスボーダーの支払いや支払いの受領については、居住者が支払等の報告を行う必要があります。これらの手続の概要は、以下のとおりです（平成28年4月1日時点）。なお、実際の手続の要否の判断にあたっては、日本銀行のホームページなどで最新の情報を確認し、日本銀行や事業所管省庁に照会する必要があります。

1 対内直接投資

対内直接投資とは、外国投資家による国内法人の株式等の取得、日本支店等の設置、国内法人に対する金銭貸付け、国内法人の社債の取得等のうち一定の取引をいいます（外為26条、直投令2条9項1号～3号）。

ここにいう「外国投資家」には、非居住者である個人や外国法人だけでなく、それらの者が直接または間接に議決権の50％以上を保有する会社等も含まれます（外為26条1項各号）。したがって、外国法人の日本子会社等も外国投資家に該当します。

対内直接投資に該当する場合は、原則として、外国投資家の居住者代理人が、取引実行日の翌月15日までに、所定の報告書を日本銀行経由で財務大臣および事業所管大臣宛てに提出する必要があります（事後報告。外為55条の5第1項、直投令6条の3第1項）。

ただし、以下のいずれかに該当する対内直接投資については、事前届出が必要となります。

- 外国投資家の国籍が日本および「掲載国」以外の場合

「掲載国」とは、対内直接投資に関する命令別表第1に掲載される国をいいます。掲載国の数は、平成28年4月1日現在、166か国・地域に及んでおり、ほとんどの国・地域が含まれています。掲載国に含まれない国としては、たとえば

北朝鮮やイエメン共和国等が挙げられます。
- 投資先となる会社の事業目的が「事前届出業種」であるもの

「事前届出業種」とは、「業種を定める告示」（対内直接投資等に関する命令第三条第三項の規定に基づき財務大臣及び事業所管大臣が定める業種を定める件）に詳細が定められていますが、大別すると、①国の安全にかかる業種（武器・航空機・原子力・宇宙開発に関連する製造業、軍事転用の蓋然性が高い汎用品の製造業等）、②公の秩序にかかる業種（電気業、ガス業、熱供給業、水道業、通信事業、放送事業、鉄道業、旅客運送業）、③公衆の安全にかかる業種（生物学的製剤製造業、警備業等）、および、④わが国固有の事情により、経済協力開発機構に通報したうえで自由化を留保している業種（農林水産業、石油製造・備蓄・卸売・小売業、皮革・皮革製品製造業、航空運輸業、海運業等）に分けられます。

ここでいう事業目的は、定款上の事業目的だけではなく、実際に行っている事業活動により判断されます。また、子会社または完全対等合弁会社の事業目的も含めて判断されます。
- イラン関係者により行われる一定の対内直接投資

事前届出が必要な場合、外国投資家は、居住者である代理人を通じて、取引実行日の前6か月以内に、所定の様式の届出書を日本銀行経由で財務大臣および事業所管大臣宛てに提出する必要があります（外為27条1項、直投令3条3項）。この場合、外国投資家は、事前届出の受理日から原則として30日間（不作為期間）は、届け出た取引を行うことができません（外為27条2項）。不作為期間は、通常2週間（可能な場合には、5営業日間）に短縮されます（同項、対内直接投資等に関する命令10条2項）。ただし、国の安全等についての審査の結果、問題ありと認められる場合は、届け出た行為の変更・中止の勧告や命令が出されることがあります（外為27条3項・5項・7項・10項）。中止命令の実例は、ザ・チルドレンズ・インベストメント・マスターファンドによる電源開発株式会社の株式20％までの追加取得の届出に対するもの（平成20年5月13日）のみです。

2　資本取引

対内直接投資に該当しない取引であっても、「資本取引」として事後報告や許可等が必要となる場合があります（外為20条、21条、55条の3）。居住者・非居住者間の預金契約、信託契約、金銭の貸借契約、債務の保証契約、対外支払手段・債権の売買契約、金融指標等先物契約に基づく債権の発生等にかかる取引、証券の取得または譲渡や居住者による外国における証券の発行・募集または本邦における外貨証券の発行・募集等のうち一定のものは資本取引に該当します（外為20条）。

資本取引については、原則として事後報告制とされていますが、多くの取引は、報告も不要とされています。ただし、経済制裁措置の対象となる取引（テロリストやタリバーン関係者等、国連安保理決議により資金凍結対象者されている者との間の取引）は許可の対象とされています（外為21条1項）。

3　支払等の報告

対内直接投資や資本取引の規制とは別に、外為法上、①居住者もしくは非居住者が、本邦から外国へ向けた支払いもしくは外国から本邦へ向けた支払いの受領をしたとき（クロスボーダーの資金移動を対象とし、居住者間の取引も含まれます）、または、②本邦もしくは外国において、居住者が非居住者との間で支払いまたは支払いの受領をしたときには（通関を伴う貨物の輸出入代金の支払の場合は除かれます）、原則として、居住者が日本銀行を経由して財務大臣宛てに支払等の報告を行う必要があります（外為55条）。

支払等の報告の手続は、支払いまたは支払いの受領を日本国内の銀行等を経由して行う場合とそうでない場合に応じて、報告書式や報告期限が異なります。銀行を経由しない場合（たとえば、債権債務の相殺による支払い）は、自ら日本銀行に報告書を提出しなければなりませんので、注意が必要です。

4　対内直接投資・資本取引規制の適用関係の具体例

会社の外国投資家に対する株式の発行および非居住者からの借入れの場合に、対内直接投資または資本取引としての報告や届出等が必要となるかどうかの概要をまとめた表は、以下のとおりです。

なお、外国投資家による会社の社債の取得の場合は、基本的に、取得日から元本の償還日までの期間が1年超であり、特定の外国投資家に対して募集されるものを取得する場合であって、①当該社債の取得後の外国投資家の所有する当該会社の社債の残高が1億円に相当する額を超え、かつ、②当該残高と当該外国投資家からの貸付け等の残高の合計額が当該社債取得後の当該会社の負債額の50％に相当する額を超える場合には、対内直接投資に該当します。対内直接投資に該当する場合は、上記1のとおり事後報告または事前届出が必要となります。また、対内直接投資に該当しなくても、非居住者に対する社債の発行、外債の発行・募集、本邦における外貨証券の発行または募集は、資本取引となり、原則として事後報告が必要となります（外為55条の3第1項5号・7号）。

(1) 株式発行の場合

本邦法人 X 社の発行する株式を外国投資家 Y が取得する場合

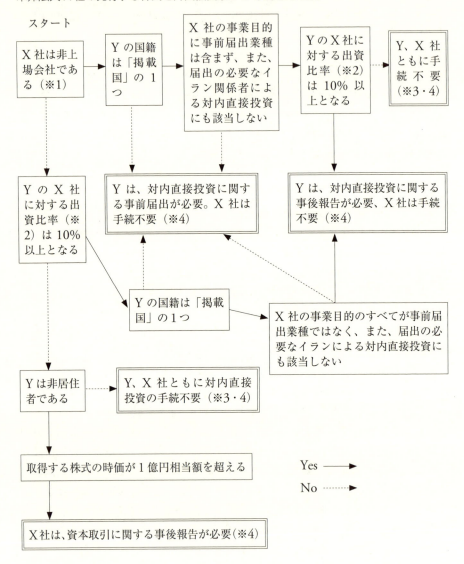

※1 上場・店頭登録を予定した募集等にかかる株式の取得の場合はこの表と異なる取扱いになります。
※2 外国投資家と特別の関係を有する者の所有分を含みます。潜在株式は考慮しません。
※3 X 社は、資本取引（証券の発行または募集）としての報告が必要となる場合があります。
※4 出資金の支払い・受領にあたり、支払等の報告が必要な場合があります。

(2) 借入れの場合

居住者Aが非居住者Bから借り入れる場合

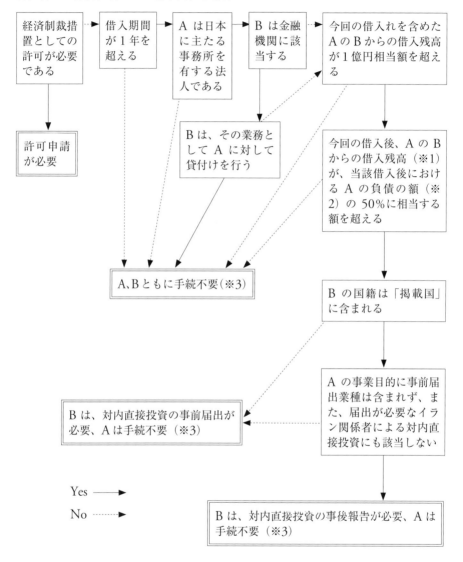

※1　一定の社債の残高も含まれます。また、Bと特別の関係にある者からの借入れ・社債残高も含まれるものがあります。
※2　原則として直前の貸借対照表の負債総額と当該借入額の合計です。
※3　ただし、借入金を海外から受領する際に、支払等の報告が必要な場合があります。

Q134 大量保有報告

大量保有報告はどのような場合に必要になりますか。

　大量保有報告とは、上場会社の株券等を保有する者の株券等保有割合が5％を超える場合に、金商法上、提出が必要となる報告制度です（金商27条の23）。上場会社の株券等を大量に保有する者の株券等の保有状況は、上場会社の経営に及ぼす影響や市場の需給の観点から見て、投資家にとって重要な情報であるため、当該情報を投資家に提供する大量保有報告制度が設けられています。

1　大量保有報告書の提出が必要となる場合

(1)　提出要件

　金融商品取引市場に上場している法人の「株券等」の「保有者」で、その「株券等保有割合」が5％を超える者（「大量保有者」）は、大量保有者となった日から5営業日以内に、大量保有報告書を、提出者の居住地を管轄する財務局に提出することが必要となります（金商27条の23第1項）。

(2)　報告対象の株券等

　「株券等」には株券（無議決権株式は含まれませんが、議決権株式に転換可能なものは含まれます）のほか、新株予約権証券、新株予約権付社債券、カバードワラント、預託証券等が含まれます。

(3)　提出義務者

　大量保有報告の提出義務を負う「保有者」には、①自己または他人の名義をもって株券等を直接所有する者のほか、②売買その他の契約に基づき株券等の引渡請求権を有する者その他これに準ずる者（金商27条の23第3項本文、金商法施行令14条の6）、③金銭の信託契約等に基づき、株券等の発行者の株主としての議決権その他の権利を行使することができる権限または当該議決権その他の権利の行使について指図を行うことができる権限を有する者であって、当該発行者の事業活動を支配する目的を有する者（金商27条の23第3項1号）、ならびに、④投資一任契約その他の契約または法律の規定に基づき、株券等に投資をするのに必要な権限を有する者（同項2号）も含まれます。

(4)　株券等保有割合

　「株券等保有割合」は、おおむね以下の算式により算出されます（金商27条の23第4項）。

株券等保有割合の算出方法

$$株券等保有割合 = \frac{\begin{pmatrix}保有者分の\\「株券等の数\\(自己株式は除く)\\+潜在株券等\\の数」(a)\end{pmatrix} - \begin{pmatrix}(a)のうち信用取\\引等により引渡義\\務を有するもの\\(共同保有者に対\\するものを除く)\end{pmatrix} + \begin{pmatrix}共同保有者分\\の「株券等の\\数+潜在株券\\等の数」(b)\end{pmatrix} - \begin{pmatrix}(b)のうち保\\有者・共同保\\有者間で引渡\\請求権等の存\\在するもの\end{pmatrix}}{発行株式総数+保有者・共同保有者の保有分の株券および潜在株券数}$$

(5) 共同保有者

「共同保有者」とは、以下の①または②の者をいいます。

① 実質共同保有者(金商27条の23第5項)

合意の形態にかかわらず、共同して株券等を取得し、譲渡し、または議決権その他の権利の行使等を行うことを合意している者

② みなし共同保有者(金商27条の23第6項、金商法施行令14条の7)

①の合意がない場合でも、株券等の保有者と一定の関係(たとえば、支配株主(50%超の議決権を有している者)と被支配会社の関係、支配株主を同じくする被支配会社同士の関係等)にある他の保有者は、共同保有者とみなされます。ただし、当該保有者または他の保有者いずれかの単体での株券等保有割合が、内国法人の発行する株券等については0.1%以下である場合等には、みなし共同保有者から除外されます(大量保有府令6条)。

2 変更報告書の提出が必要となる場合

大量保有報告書の提出後に、株券等保有割合が1%以上増減した場合、その他の大量保有報告書に記載すべき一定の重要な事項の変更があった場合には、原則として、当該変更があった日から5営業日以内に、変更報告書の提出が必要となります(金商27条の25)。

3 大量保有報告書に記載すべき事項

大量保有報告書に記載すべき事項は、主に以下のとおりです(大量保有府令2条・第一号様式)。

大量保有報告書に記載すべき事項

(1) 保有株券等の発行者に関する情報	名称、証券コード、上場金融商品取引所等
(2) 提出者に関する事項	
・提出者の概要	個人の場合には、生年月日、職業、勤務先等 法人の場合には、設立年月日、代表者氏名、役職、事業内容等

・保有目的	「純投資」、「政策投資」、「重要提案行為等を行うこと」等の目的およびその内容
・重要提案行為等	重要提案行為等を保有目的としている場合、重要提案行為等を行う予定である旨
・保有株券等の内訳	保有株券等の数、株券等保有割合
・最近60日間の取得または処分の状況	報告義務日前60日間の発行者の株券等の取得や処分の年月日、数量、単価等
・保有株券等に関する担保契約等重要な契約	保有株券等に関する担保契約等重要な契約の有無および内容等
・保有株券等の取得資金	取得資金の内訳（自己資金額、借入金額等）、借入金の内訳、借入先の名称等
(3) 共同保有者に関する事項	共同保有者の概要（個人・法人の別、氏名または名称、住所または本店所在地等）、共同保有者の保有株券等の内容（保有株券等の数、株券等保有割合）

　大量保有報告書は、EDINETにより提出する必要があります。はじめてEDINETにより書面を提出する際には、事前に管轄財務局における手続が必要です。

Q135　親会社等状況報告書

　親会社等状況報告書とはどのようなものですか。また、どのような場合に提出が必要となりますか。

1　親会社等状況報告書

　親会社等状況報告書とは、金商法に基づき、上場会社等（「提出子会社」）の親会社等が、親会社等の事業年度ごとに管轄財務局長等に提出することが義務づけられている報告書をいいます（金商24条の7第1項）。

　上場会社等に、一定以上の議決権を有する親会社等が存在する場合、その親会社等の状況は、提出子会社である上場会社等の経営やガバナンスの状況等に大きな影響を及ぼすことになります。そのため、投資家にとっては、提出子会社の情報だけでなく、その親会社等の情報も投資判断のための重要な情報となります。しかし、親会社等が有価証券報告書提出会社等でない場合、投資家が親会社等の状況を知ることは通常困難です。そのため、有価証券報告会社でない親会社等に対して、親会社等状況報告を提出することを通じて一定の開示を行うことを義務

づけたものです。

　親会社等状況報告書には、提出会社の株式や役員の状況、計算書類等の内容等について記載することとされていますが、提出会社が日本法人か外国法人かにより様式が異なるため注意が必要です（開示府令19条の5第2項。日本法人につき第五号の四様式、外国法人につき第十号の三様式）。

2　提出要件

　親会社等状況報告書は、①上場会社または店頭登録会社（金商24条1項1号、2号）の②議決権の過半数を、(i)直接所有する会社、または、(ii)自身が議決権の過半数を有する会社を通じて（またはそれとともに）間接的に所有する会社（金商法施行令4条の4）（「親会社等」）に提出が義務づけられています。ただし、親会社等自身が有価証券報告書提出会社またはそれに準じる一定の場合（開示府令19条の5第1項）は、親会社等状況報告の提出は不要とされています。

　事業年度の途中で親会社等になった場合には、遅滞なく当該事業年度の直前事業年度にかかる親会社等状況報告書を提出する必要があり、その後、事業年度ごとに、事業年度終了後3か月以内に親会社等状況報告書を提出することが必要とされています（金商24条の7第2項、1項）。外国会社の場合は、財務局長等の承認を得て提出期限を延長することができることとされています（金商24条の7第1項、金商法施行令4条の5、39条3項4号）。

編者・著者紹介

【編者】

伊藤　見富法律事務所

　　伊藤　見富法律事務所は、ニューヨーク、ワシントンD.C.、サンフランシスコ、東京、香港、北京、上海、シンガポール、ロンドン、ブリュッセル、ベルリンなど世界17か所の事務所に1000名を超える弁護士を擁するモリソン・フォースターLLPの日本法を担当する部門として、2001年4月よりモリソン・フォースター外国法事務弁護士事務所と特定共同事業（現：外国法共同事業）を開始いたしました。現在モリソン・フォースター外国法事務弁護士事務所とあわせて110名あまりの弁護士が所属しています。当事務所は、一般企業法務、キャピタルマーケット、M＆A、不動産、ファイナンス、独占禁止法、知的財産権、ベンチャーファイナンス、労働法、訴訟・仲裁・ADR等企業間紛争、内部調査、コンプライアンス、プライバシー等幅広い分野において、モリソン・フォースターの国内外の弁護士と連携してチームを組成し、クライアントの国内外のニーズに対応しています。

　　〒100-6529　東京都千代田区丸の内一丁目5番1号 新丸の内ビルディング29階
　　電話番号：03-3214-6522（代表）FAX番号：03-3214-6512（代表）
　　http://www.mofo.com（グローバルサイト）/http://www.mofo.jp（日本語サイト）

【著者】

藤平克彦（ふじひら　かつひこ）
　　1982年東京大学法学部卒業。1985年弁護士登録（第37期）。
　　1989年ペンシルバニア大学ロースクールLL.M.取得。1990年米ニューヨーク州弁護士登録。

吉村龍吾（よしむら　りゅうご）
　　1988年東京大学法学部卒業。1990年弁護士登録（第42期）。
　　1994年ハーバード大学ロースクールLL.M.取得。米ニューヨーク州司法試験合格。

斎藤三義（さいとう　みつよし）
　　1990年一橋大学法学部卒業。1992年弁護士登録（第44期）。
　　1998年コロンビア大学ロースクールLL.M.取得。1999年米ニューヨーク州弁護士登録。

合田久輝（ごうだ　ひさてる）
　　2001年東京大学法学部卒業。2002年弁護士登録（第55期）。
　　2008年コロンビア大学ロースクールLL.M.取得。2009年米ニューヨーク州弁護士登録。

亀髙聡子（かめたか　さとこ）
　2003年慶應義塾大学法学部卒業。2004年弁護士登録（第57期）。2010年ケンブリッジ大学LL.M.取得、2011年ハーバード大学ロースクールLL.M.取得。2012年米ニューヨーク州弁護士登録。

高　賢一（こう　けんいち）
　2003年早稲田大学政治経済学部卒業。2006年弁護士登録（第59期）。2013年南カリフォルニア大学ロースクールLL.M.取得。

児玉友輝（こだま　ともき）
　2007年慶應義塾大学法学部卒業、2009年慶應義塾大学法科大学院卒業。2010年弁護士登録（第63期）。

古田暁洋（ふるた　あきひろ）
　2008年東京大学法学部卒業、2010年東京大学法科大学院卒業。2011年弁護士登録（第64期）。

井上悠梨（いのうえ　ゆり）
　2010年慶應義塾大学法学部卒業、2012年慶應義塾大学法科大学院卒業。2013年弁護士登録（第66期）。

雲居寛隆（くもい　ひろたか）
　2010年慶應義塾大学法学部卒業、2012年慶應義塾大学法科大学院卒業。2013年弁護士登録（第66期）。

坂根　賢（さかね　けん）
　2009年京都大学経済学部卒業、2012年京都大学法科大学院卒業。2013年弁護士登録（第66期）。

大橋久維（おおはし　ひさただ）
　2011年京都大学法学部卒業、2013年東京大学法科大学院卒業。2014年弁護士登録（第67期）。

片山喜敬（かたやま　よしたか）
　2011年慶應義塾大学法学部卒業、2013年慶應義塾大学法科大学院卒業。2014年弁護士登録（第67期）。

コンパクト解説会社法 7
資金調達

2016年8月10日　初版第1刷発行

編　　者　　伊藤　見富法律事務所

発 行 者　　塚　原　秀　夫

発 行 所　　株式会社　商 事 法 務
　　　　　〒103-0025 東京都中央区日本橋茅場町 3-9-10
　　　　　TEL 03-5614-5643・FAX 03-3664-8844〔営業部〕
　　　　　TEL 03-5614-5649〔書籍出版部〕
　　　　　http://www.shojihomu.co.jp

落丁・乱丁本はお取り替えいたします。　　印刷／広研印刷㈱
© 2016 伊藤　見富法律事務所　　　　　　Printed in Japan
　　　　　　　　　　　　　Shojihomu Co., Ltd.
　　　　ISBN978-4-7857-2442-9
　　　＊定価はカバーに表示してあります。